映画で ひもとく 英語学

Linguistic Inquiries through Movies

倉田 誠 編

くろしお出版

はしがき

　本書をお手にとってくださった皆さまは，それぞれの目的で英語に関して学習の必要がある方（あるいは，英語を学ぶのが趣味である，というような方）であるかと思います。

　突然ですが，「英語学で扱われる項目」と聞いたとき，どのようなイメージを持たれるでしょうか。「小難しい」とか，「机上の空論」であるとか，大学で専門的に学ぶ人以外にとっては必要のない「高度な知識」であるとかいうようなことを思い浮かべる方も多いのではないかと予想します。

　本書は，それらのイメージを払拭したい，という思いのもと，昨今，視聴方法が多様化し，より身近になった「映画」（および海外ドラマ）のセリフでもって，英語学で扱われる基本的な 109 の諸項目をひもとく入門書です。

　セリフのような日常会話の理解にも英語学の知識は大いに役立つことを伝えたい，そして「あのシーンで使われた英語」で学ぶことによって，無味乾燥と捉えられがちな英語学の諸現象に命を吹き込みたい——，そのような思いで本書を編みました。

　また英語学の知識は，大学受験で出題される英語にも有益であることを示すため，入試問題から例文を取り入れたことも本書の特色の一つです。

　一般の受験参考書を見る限りでは説明しづらいような現象も，本書の知識を取り入れることにより理解を助けることができるのではないかと考え，教員の方々（これから教員を目指す方々）にもお役立ていただくことを願っています。

　では本書の内容について，もう少し詳しく説明させていただきます。

本書の前身として『映画で学ぶ英語学』（くろしお出版，2011 年）があります。この前書もご好評いただき順調に刷を重ねてまいりましたが，項目の取捨選択・追加を行い，例文や解説，レイアウトを一新，大学入試問題からの用例や音声データを加えたものが本書となります。

1. なぜ映画のセリフなのか？

「なぜ英語学習に映画のセリフを使うの？」というお声に答えさせていただきます。

まず，小説で使われている様々な文章について考えてみてください。これらは特別な文才を持った作家が構想を練り，計算を尽くして書いた極めて完成度の高い作品です。映画のセリフも基本的に同じですが，更に完成度は高くなる可能性があります。脚本家が各シーンや登場人物等を緻密に計画した上でセリフを練り上げ，撮影現場では監督や俳優の面々が演技と連動させて更に昇華させていきます。つまり，映画のセリフは複数のフィルターを通した，これ以上ない珠玉の「口語表現集」であり，しかもそれが，声の大小や声色のような要素も含めて，完璧な形で音声化されています。

また，「映像」があるという点も大きく，セリフと同時に行われる行動，喜怒哀楽の表情やジェスチャーを観察することもまた，英語学習において非常に大きな意味を持ちます。本書では残念ながら「映像」をお届けすることは叶いませんが，例文の出典元である映画そのものもぜひご覧いただけると，学習効果が（学習の楽しさも！）高まることをお約束します。また，これと同様の考え方により，海外ドラマからのセリフも本書には含まれています。

2. 本書の構成

英語学の諸ジャンルを以下のような6章に分け，109の各項目を配置しました。

　　1章　英文法と語法
　　2章　音声学
　　3章　形態論と音韻論
　　4章　統語論
　　5章　意味論と構文文法論
　　6章　言語と社会

※加えて章末には，Linguistic Clapperboard として6つの記事を用意しています。

また，各項目を見開きページでコンパクトに構成。挫折することなく，知りたい情報にアクセスしていただけます（各項目の詳しい構成は，次の「項目の読み方・凡例」をご参照ください）。

3. 収録した例文について

2000年〜2020年代に公開された映画（および海外ドラマ）200本以上，350を

超えるセリフから例文を掲載しました（この元となったデータベースを本書では「KUFS データベース」と呼んでいます）。

　映画からの引用は，アカデミー賞受賞・ノミネート作品，あるいは国内興行収入ランキング入り作品を，海外ドラマからの引用は歴代アメリカドラマ視聴率ランキング入り作品を原則とし，知名度の高いものを採用しています。英語学の知識を学ぶとともに「あのシーンで使われた英語」をぜひお楽しみください。

　また，大学入試で使用された例文は，2021 年度から過去 20 年をさかのぼった問題から吟味して掲載しました。

4．対象読者

　対象読者として，以下のような方々を想定しています。

- ・大学で，英語学や言語学を学ぶ学生（自学自習用としても，概論やゼミのテキストとしてもお使いいただけます）
- ・中高の英語教員およびその志望者，予備校や塾の英語講師
- ・ワンランク上の英語表現の習得を目指す方
- ・映画（および海外ドラマ）のファン

　気軽に，手軽に「英語学」の世界をのぞいてみたいという方すべてを歓迎します。

　終盤の校正やデータの整理には，大井一真氏（京都外国語大学大学院生）にも手伝っていただきました。またくろしお出版編集部の藪本祐子氏には，多大なるご理解とご協力をいただきました。この場をお借りして感謝申し上げます。

　また，巻末の参考文献に掲げているように，本書に収録されているのは多くの先行研究の積み重ねをもとに執筆者が練り上げた解説であり，先学への深い敬意を表します。

　最後に，本書は前書の経験も踏まえて細心の注意で編んだつもりですが，思いもよらないミスがあるかもしれません。読者諸氏のご叱正をいただければ幸いです。

2022 年晩秋，京都嵐山にて

編者　倉田　誠

項目の読み方・凡例

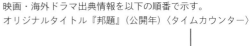

映画・海外ドラマ出典情報を以下の順番で示す。
オリジナルタイトル『邦題』（公開年）〈タイムカウンター〉

① 冒頭の🎥 で，本項目で扱う事象が
使用されている例文を確認。

② Linguistic Tips では本項目
を解説。上の🎥例文とリン
クさせながら学びましょう。

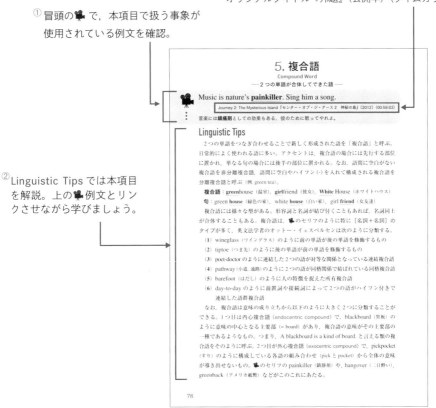

凡例

- 本書は映画・海外ドラマの各セリフに注目するものです。同じ作品の他のシーンにはさまざまな描写を含むことをご承知ください。また例文に関して，実際の音声をより忠実に書き出すため字幕とは異なる場合があります。タイムカウンターの表示は，視聴方法・機器等により異なる場合があるため，目安としてお考えください。
- 例文に付されている＊は，文法的に成立しない「非文」であることを表します。
- 各項目の参考文献情報は，巻末（**pp. 231-244**）に示しています。また，本文中に出てくる「**KUFS** データベース」の詳細も巻末（**p. 244**）に掲載しています。

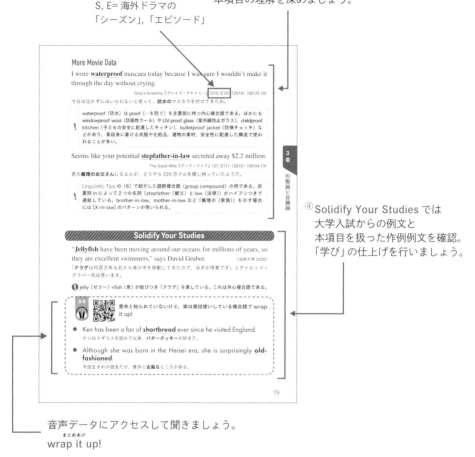

③More Movie Data で追加例文 &
❗(例文の解説)を確認。
本項目の理解を深めましょう。

S, E= 海外ドラマの
「シーズン」,「エピソード」

More Movie Data

I wore **waterproof** mascara today because I was sure I wouldn't make it through the day without crying.

Grey's Anatomy『グレイズ・アナトミー』(S10, E19) (2014) (00:35:18)

今日は泣かずにはいられないと思って、**防水**のマスカラを付けてきたわ。

❗ waterproof(防水)は proof(…を防ぐ)を主要部に持つ内心複合語である。ほかにも windowproof wool(防風性ウール)や UV-proof glass(紫外線防止ガラス)、childproof kitchen(子どもの安全に配慮したキッチン)、bulletproof jacket(防弾チョッキ)などがあり、普段身に着ける衣服や化粧品、建物の素材、安全性に配慮した構造で使われることが多い。

Seems like your potential **stepfather-in-law** secreted away $2.2 million.

The Good Wife『グッド・ワイフ』(S7, E11) (2016) (00:04:13)

君の**義理のお父さん**になる人が、どうやら 220 万ドルを隠し持っていたようだ。

❗ Linguistic Tips の (6) で紹介した語群複合語(group compound)の例である。前置詞 in によって 2 つの名詞(stepfather〈継父〉と law〈法律〉)がハイフンつきで連結している。brother-in-law, mother-in-law など「義理の〈家族〉」を示す場合には [X-in-law] のパターンが用いられる。

3章
形態論×音韻論

Solidify Your Studies

"**Jellyfish** have been moving around our oceans for millions of years, so they are excellent swimmers," says David Gruber. (法政大学 2020)

「**クラゲ**は何百万年も前から海の中を移動してきたので、泳ぎが得意です」とデイビッド・グラバー氏は言います。

🔊 jelly(ゼリー)+fish(魚)が結びつき「クラゲ」を表している。これは外心複合語である。

④Solidify Your Studies では
大学入試からの例文と
本項目を扱った作例例文を確認。
「学び」の仕上げを行いましょう。

 3-5 意外と知られていないけど、実は普段使いしている複合語で wrap it up!

● Ken has been a fan of **shortbread** ever since he visited England.
ケンはイギリスを訪れて以来、**バタークッキー**が好きだ。

● Although she was born in the Heisei era, she is surprisingly **old-fashioned**.
平成生まれの彼女だが、意外と**古風な**ところがある。

音声データにアクセスして聞きましょう。
まとめあげ
wrap it up!

★『映画でひもとく英語学』
音声ダウンロードページ
https://www.9640.jp/books_917/

※音声は、原則としてアメリカ英語で収録しています。2 章の 1, 2 の項目に関しては、それぞれイギリス英語、オーストラリア英語も収録しています。

CONTENTS

🎞 2章　音声学

🎞 3章　形態論と音韻論

4章　統語論

5章　意味論と構文文法論

🎞 6章　言語と文化

1章

英文法と語法

本章では，英語学習において最も関心が高いと言える文法と語法について扱います。前者は，単語同士がどのような順序で，どういう関係で結び付くのかを構成する規則のことであり，後者は，単語や語句の適切な使い方や，それらの特有のふるまいのことです。

1. ことばの選択制限について

Selection Restriction

──多くの学習者が使えていない辞書の実践情報──

You **challenged my authority** in front of the entire football team, Coach.

Remember the Titans『タイタンズを忘れない』(2000)〈00:55:26〉

コーチ，あんたはフットボールチームの全員の前で**私の権限に異議を唱えた**んだぞ。

Linguistic Tips

　一般的な英語学習者が英和辞典で単語を引く時は，単に「日本語の訳語」のみに目がいきがちである。手元にある辞典をじっくり見てみると気が付くことになるが，最近の英和辞典は英語表現のデータベースを基に編まれているものが多く，訳語以外にも実践的で興味深い情報が組み込まれている。その1つに「選択制限」と呼ばれる，ある語が結合する語に対して求める意味的な制約（相性）があり，＜＞という表記法が使われている。たとえば動詞の場合，組み合わさる名詞に対して＜人＞＜物＞＜事＞といったおおまかな意味を指定したり，provide のように「＜必要な事・物＞を提供する」といった特定の意味を目的語に対して指定したりする。動詞の適切な訳語を探すには，動詞と組み合わさる名詞が＜人＞＜物＞＜事＞のどれに該当するのかを最初に注視すべきである。

　の challenged my authority は「私の権限に挑戦した」と理解して良いだろうか？　まずはじめに目的語が authority で＜人＞ではないことに気づいてほしい。それによって challenged my authority が下記の **2** ではなく **1** に該当する例だと判別できる。日本語の「チャレンジする」に惑わされることなく，**2** に付されている注記を踏まえることで，求める訳語が的確に見つけ出せる。英和辞典は一般に語義が頻度順に配列されているので，**1** の「異議を唱える」の方が英訳の際にふさわしい場合が多いことも押さえておきたい。

> **challenge** 動 他 **1** ＜人が＞＜意見・考え方など＞**について異議を唱える**
>
> 　　　　 **2** ＜人が＞＜人＞**に挑戦する**（！日本語の「難問にチャレンジする」のように物・事を目的語としない）　　　　（『ウィズダム英和辞典　第4版』）

　名詞の場合は後続するものに対して制約（相性）があり，共起する前置詞や that 節に注意を払いたい。たとえば，名詞 argument ではどの前置詞が後続しているかに着目して意味解釈を行うことが肝要となる。下に記すので考えてみよう。

> **argument** 名 ❶**論争，言い争い，口論，けんか**＜about, over, as to …についての；with …との＞
>
> 　　　　 ❷**議論**，（筋道立った）**立論**　❸（賛否の）**論拠，論点** …＜ for …に賛成の；against …に反対の／that 節 …という＞　　　　（『オーレックス英和辞典　第2版』）

More Movie Data

The **argument for** surgery outweighs the possible risks.

Chicago Med『シカゴ・メッド』(S1, E13)（2016）〈00:18:22〉

手術**に賛成する論拠**は起こり得る危険性に勝っています。（＝手術の危険性を考慮した上でも，手術という選択を支持します。）

> ！ 前置詞 for を頼りに Linguistic Tips の argument 名 ❸ を参照してほしい。「KUFS データベース」で argument に後続する高頻度語は 1 位 for，2 位 is，3 位 with となっている。

For all that time, the black help has been paid **a smaller salary** than the white help.

The Butler『大統領の執事の涙』（2013）〈01:43:19〉

その間ずっと，黒人スタッフには白人スタッフよりも**安い給料**が支払われています。

> ！ cheap でなく small であることに注目。『ジーニアス英和辞典　第5版』の cheap の項目には「cheap 形 ❶＜品物が＞（思ったより）安い，安価な（⇔ expensive）」とあり，＜品物が＞の選択制限に着目したい。当該辞典の語法注記には「安い給料は a small salary といい，×a cheap salary とはいわない」という明快な解説が付けられている。

Solidify Your Studies

Also, at this stage, you may feel that your home country is an **absolutely wonderful** place and there was nothing wrong there. 　（北海学園大学 2009）

また，この段階では自分の母国は**本当に素晴らしい**ところであり，何も問題はなかったと感じるかもしれません。

> 🔊 この英文はカルチャーショックを語る文脈で用いられている。absolutely 副 は，非段階的な（最上級的な意味が組み込まれた）形容詞と結合する選択制限を内在するため，absolutely ×good とは言わず，absolutely {wonderful / perfect} などの組み合わせが適格となる。

1-1 選択制限（＜意見・考え方など＞について異議を唱える；＜価格・数値が＞高い）が満たされた表現で **wrap it up!**

- We need to **challenge the assumption** that new is better.
  私たちは新しいものは良いと**思い込むことに異議を唱える**必要がある。

- The **price** of gas is **high** now. **Living costs** are also **high**.
  今，ガソリンの**値段が高い**。**生活費**も**上がっている**。

2. 動詞 develop の意外な使い方
Surprising Usages of "develop"
―― 良いものも悪いものも何でも「目立たせる」――

In fact, if current trends continue, one out of every three children born in the year two thousand will **develop diabetes** in their lifetime.　Super Size Me『スーパーサイズ・ミー』(2004)〈00:29:46〉

実際，このような流れが続くと，2000 年に生まれた子どもの 3 人に 1 人は生きている間に**糖尿病を発症する**ことになります。

Linguistic Tips

　develop は古フランス語起源で de（脱却させる）＋ velop（筒）から成る。この動詞は使用頻度が高い一方で，多くの日本人英語学習者が使いこなせていない動詞でもある。

　英和辞典などで示される「＜事業・能力・技術など＞を発達［発展］させる」という記述ばかりに注目してしまい，「何かを良くする」という意味の動詞だと誤解している学習者も多い。しかし，develop の使い方を本当にマスターするためには，その中核的意味「de（脱却させる）＋ velop（筒）＝筒状のものから出す⇒見えない状態から見える状態にする⇒顕在化させる」を知っておくことが有効だろう。つまり，develop は「良いものも悪いものも「目立たせる」動詞」である。反意語の動詞は envelop（包む・覆う）であり，その名詞形は envelope（封筒）である。

　🎥 のセリフについて考えてみよう。develop diabetes は「糖尿病を発症する」という意味である。この例では develop は決して「何かを良くしている」わけではない。次の例を見てみよう。

(1) a. The trainer is **developing a new exercise.**
　　　　そのトレーナーは**新しいタイプのエクササイズ（体操）を開発中**である。

　　 b. The nurse **developed cancer** after exposure to radiation.
　　　　その看護師は放射線被曝で**癌を発症**した。

　　 c. The photographer is **developing film** in the darkroom.
　　　　その写真家は暗室で**フィルムを現像**している。

　(1a) は develop の典型的使用例である「開発する」という意味だが，今回の 🎥 の例や (1b) の例のように「＜病気＞を発症する」という，悪くなる兆候を表す場合にも develop を使うことがある。さらに (1c) のように「＜フィルム＞を現像する」という善悪が中立的な意味もあるが，「顕在化させる」という意味だけで十分対応できる。ちなみに，現像液を photographic developer というのも興味深い。

More Movie Data

Today we're gonna do some blood work. It's standard stuff, just to see how **the baby's developing**.

Waitress『ウェイトレス　おいしい人生のつくりかた』(2007)〈00:56:26〉

今日は血液検査をしますね。**胎児の発育状態**を見るための通常の検査です。

> develop と grow は類義語であるが，grow は成人に向けて単に身体的に大きくなることを指すのに対して，develop は胎児の母体内での変化や身体の異常，男女の特徴などにも焦点がある。

Christopher **developed a chemical weapon system** called Sentox nerve gas for Omicron.

24-Twenty Four-『トゥエンティフォー』(S5, E11)(2006)〈00:23:05〉

クリストファーはセントックス神経ガスという**化学兵器システム**をオミクロン社のために**開発した**。

> develop は make と入れ替えが可能な場合もあるが，make は「完成」という結果に焦点がある一方，develop は「完成に至るまでのプロセス（変化）」に焦点がある。

Solidify Your Studies

By contrast, in a principles-first math class, you first prove the general principle, and only then use it to **develop a concrete formula** that can be applied to various problems.

（青山学院大学 2020）

一方，原理優先の数学の授業では，まず一般的な原理を証明し，それを使って様々な問題に適用できる**具体的な公式を作り出します**。

> a concrete formula（具体的な公式）も数学的証明を行った後に「顕在化」するものである。「見えない状態から見える状態にする」という develop の持つ中核的意味のはたらきがしっかりと表れている。

  develop の典型例と，悪化を示す表現 develop a beer belly（ビール腹になる）で **wrap it up!**

- Our technical team has recently **developed a new version** of our software.

  弊社の技術部は最近，**ソフトの最新版を開発しました**。

- Our teacher has **developed a beer belly**. He should exercise.

  私たちの先生は**ビール腹になってきました**。運動しないとダメですね。

3. 固有名詞に冠詞が付く原理
Articles and Proper Nouns
── 冠詞のロジックは普通名詞でも固有名詞でも同じ ──

When I'm older ... I travel back in time to see my wife when she's a little girl. She says I mentioned **a Dr. Kendrick**. I found three in the Chicago area: one an ENT, one a podiatrist, so ...

The Time Traveler's Wife 『きみがぼくを見つけた日』(2009) 〈00:55:56〉

もう少し年をとった私が…タイムトラベルして幼い頃の妻に会いにいくんです。妻は私が**ケンドリックという医師**のことを話したと言います。シカゴ地域で3人のケンドリック先生を見つけました。1人は耳鼻咽喉科の医師, 1人は足の治療専門の医師, そしてあなたが…

Linguistic Tips

　不定冠詞 a/an の起源は 1,000 年以上遡り, a より先に生まれたとされる an は one と any の両方の特徴を引き継いでいる (an は音声と意味において one に似ており, any とは形式と意味が似ている)。つまり an には one の意味があり, 冠詞の後の名詞 (句) は「丸々1個」の意味がある。そこに any の「無作為抽出」の意味が入り, その名詞 (句) は世の中に複数存在し, その中から1個が無作為に抽出されるという意味が付加される。一方, 定冠詞の the の意味は極めてシンプルである。ルーツは指示代名詞の that である。the も that も「直示的に直後の名詞 (句) を指し, 直後の名詞 (句) は唯一のもの」という解釈になる (cf. (**1a**))。🎥 はタイムトラベルができる主人公が幼い頃の妻から聞いた「ケンドリックという医師」がシカゴに3人いてその1人が遺伝学の専門医であることをケンドリック医師本人に伝えるシーンである。英和辞典の a/an の項目には「…という人」という意味で載せているが, この用例も無作為抽出された1人のケンドリック医師という one と any が合体した意味が出ている。

　ホテル名も定冠詞の the を付けるのが定番だが, 下記の (**1a**) と (**1b**) のような使い分けもあるので整理しておきたい。

(**1**) **a.** We stayed at **the Russell Hotel** in Sydney for a few days.

　　　　私たちはシドニーの**ラッセルホテル**に数日泊まりました。

　　b. We stayed at **a Holiday Inn** in Los Angles for a few days.

　　　　私たちはロサンゼルスの**ホリデーイン**に数日泊まりました。

(**1a**) では定冠詞の the が付くことにより, シドニーには1店舗しかないチェーン展開していないホテルであることがわかる。一方, (**1b**) のように不定冠詞が付くと, チェーン店でありロサンゼルスにある1店舗であることがわかる。

More Movie Data

Because the second you give evil a face, **a bin Ladin, a Gaddafi, a Mandarin**, you hand the people the target.

Iron Man 3『アイアンマン 3』(2013)〈01:21:30〉

なぜなら，**ビンラディン，カダフィ，マンダリン**のような極悪人を創ってやれば，世間は絶好の攻撃対象を手に入れることになるからだ。

> ! a bin Ladin のように不定冠詞を付けることにより，ビンラディン本人を指すのではなく，「ビンラディンのような悪党」を意味する。a Gaddafi も a Mandarin も同様。

You've reached **the Smiths**. We can't take your call, but leave a message after the tone and we'll get back to you.

Mr.& Mrs. Smith『Mr.& Mrs. スミス』(2005)〈00:52:46〉

スミス家の留守番電話です。ただいま，電話に出られませんが，サイン音の後に，メッセージを残していただければ，折り返しお電話します。

> ! 名前の複数形の前に the を置くと，「…家の人々」と家族の構成員を一括りにする。逆に a Smiith と姓の単数に不定冠詞を付けると「スミス家の一員」という意味になる。野球チームなどの The Yankees（ヤンキースのチーム）という用法も同じロジック。

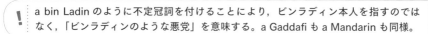

Solidify Your Studies

In the first few years, it sold very few bikes —— compared to **a Harley**, **a Honda** seemed like a poor man's motorcycle.

（鳥取大学 2014）

最初の数年で，それ（ホンダ）が販売したバイクの数は大変少なかったのです —— **ハーレーのバイク**と比べると，**ホンダのバイク**は貧しい人のバイクのように思われました。

> ❗ Harley や Honda という会社名に不定冠詞の a が付くと，その会社の一製品という意味になり，ここではバイクのことを表す。

  社名に a を付けてベンツ車。the Mr. Kato で「私が知っている加藤先生」で **wrap it up!**

- Emily has been putting away money to buy **a Mercedes**.
  エミリーは**メルセデス社の車（ベンツ）**を買うためにたくさんのお金を貯めています。

- I saw Mr. Kato near Kyoto Station yesterday, but he was very different from **the Mr. Kato** I had known before.
  昨日，京都駅の近くで加藤先生と会いましたが，私が知っている**加藤先生**とは別人でした。

4. 代名詞の one

Pronominal "one"
── 1 つではない one の用法 ──

A million dollar suit turns into **a $20 million one**.

The Good Wife『グッド・ワイフ』(S2, E19)（2011）〈00:01:04〉

100 万ドルの訴訟が **2 千万ドルのもの**に変わります。

Linguistic Tips

　通常，代名詞は先行する文脈上の特定の名詞句を指すが，不定の可算名詞（句）を指す場合 one が用いられ，基本的には〈a(n) + 単数普通名詞〉の意味で 1 つの同類の物を表す。ほかにも修飾語を伴う場合があり，one の用法は複数に及ぶ。

（1）**a.** He has bought a car, and I want to buy **one**, too.

　　　　彼は車を買いました。私も（**車**を）買いたい。

　　b. I thought I had lost my smartwatch, but Dad found **it** in the drawer.

　　　　スマートウォッチをなくしたと思ったけど，お父さんが**それ**を引き出しの中から見つけてくれた。

　　c. * I prefer white wine to red **one**.

（**1a**）での one は a car を指すが，（**1b**）の it は my smartwatch そのものを指す。したがって，それぞれの文で one と it を置き換えることはできない。また，（**1c**）の不可算名詞 wine を one で指すことはできない。one は前置形容詞を伴う場合，冠詞と共に現れるが（**2a**），前置詞句などによって後置修飾される場合は冠詞が省略される場合がある（**2c**）。

（2）**a.** I've lost my smartwatch and so I want to get **a new one**.

　　　　スマートウォッチを失くしてしまったので**新しいもの**が欲しい。

　　b. I like this boy with short hair better than **that one with long hair**.

　　　　この短い髪の男の子の方が，**あの長い髪の男の子**よりも好きだ。

　　c. I'd prefer a boy with short hair to **one with long hair**.

（**2a**）や（**2b**）の one は名詞主要部（smartwatch と boy）のみをそれぞれ指し，🎥 も同様に one は suit を代用している。（**2c**）の one は，a boy を指していることに注意が必要である。さらに，メガネや靴などを指す場合は通常，複数形（ones）になる（**3**）。どのような修飾語句が one に付随するのかを含め，さらなる用例の発掘が必要である。

（3）I broke my glasses, so I need to buy **new ones**.

　　　　メガネを壊してしまったので，**新しいもの**を買わなければならない。

More Movie Data

You see that car? **The one** with the pretty yellow shoe on it?

The Pursuit of Happiness『幸せのちから』(2006)〈00:06:26〉

あの車が見えるかい。あの黄色い靴を履いた**ヤツ**だ。

> ！ この one は先の出てくる car を指し，前置詞句で修飾されている。ここの the pretty shoe とは，駐車違反を取り締まるためにタイヤに付けられた金属装置を指している。

Benjamin: Did you give them all names, Rosie?

Dylan: **Which one**'s **that one** right there?

Rosie: Lucy. Wait, not Lucy. Peaches.

We Bought a Zoo『幸せへのキセキ』(2011)〈01:35:29〉

ベンジャミン：この子たち（＝孔雀の赤ちゃん）全てに名前を付けたの，ロージー？

ディラン：あそこにいる**子**は，**なんていう名前**なの？

ロージー：ルーシー。いや，ちょっと待って，ルーシーじゃなくって，ピーチース。

> ！ 1つ目の one は先行する name を代用し，2つ目の one は実際に孔雀の赤ちゃんに指をさして話し，数匹存在するうちの1匹を示している。

Solidify Your Studies

I've narrowed my choice to three universities ― **one in the Philippines**, **one in Australia**, and **one in the Czech Republic**.

（高知大学 2017）

（語学留学について）僕は3つの大学に選択肢を絞ったよ ―― **フィリピン，オーストラリア，チェコの大学**さ。

> ❗ 語学留学のための進学先の大学を three universities に絞ったと述べておき，それらひとつひとつを one で代用している例である。

  修飾語を付けて，ショッピングでも使える one で wrap it up!

- Which tie do you like, **this blue one** or **that red one**?

  どちらのネクタイが好きですか。**この青い方**ですか，それとも**あの赤い方**ですか。

- These T-shirts are too small for me. Please get me **those ones in a larger size**.

  これらのTシャツは私には小さすぎます。**もっと大きなもの**をください。

5. 節の代用を担う so/not

"so/not" Substituting a Clause
── 節を指す代名詞的役割 ──

Peter: I won't let you down.

Kelly: Yeah, I hope **not**.　Chicago Fire『シカゴ・ファイア』(S5, E21)(2017)〈00:01:10〉

ピーター：後悔はさせません。

ケリー：**そう**願うよ。

Linguistic Tips

　通常の代名詞は既出の名詞句を指すが，主節動詞の後に先行文脈における that 節を so や not を用いて代名詞のように用いることがある。that 節の中に否定を含むか含まないかによって使い分けられ，so は that 節内に肯定的内容を含む場合に，not は that 節内に否定を含む場合にそれぞれ使われる。

（**1**）Will John help us?

　　　　ジョンは手伝ってくれるかな。

　　　a. I hope **so**.（= I hope that **John will help us**.）

　　　　　だと（＝**ジョンが手伝ってくれる**）といいけど。

　　　b. I'm afraid **not**.（= I'm afraid that **John won't help us**.）

　　　　　残念ながら**して**（＝**ジョンは手伝って**）**くれ**ないでしょう。

　このような代名詞を目的語にとる主な述語動詞は，believe, be afraid, expect, guess, hope, suppose, think などである。では，not が先行する否定的内容を持つ you won't let me down を表す。be afraid や hope, suppose などの動詞や certainly, probably などの一部の副詞は（**2a, b**）のように not が直接後続する形を許すが，ほかの動詞では（**2c**）のように主節に否定辞を置き，代わりに補部には so を用いるのが一般的である。

（**2**）Will he play for the Kings?

　　　　彼はキングスでプレーするでしょうか。

　　　a. I am {afraid / hope / suppose} **not**.（= He won't play for the Kings.）

　　　b. {Certainly / Probably / Perhaps} **not**.

　　　c. I don't {believe / expect / suppose / think} **so**.（= He will play for the Kings.）

一方，so は発話動詞を伴う場合，動詞の直後と異なる位置に現れることもある。

（**3**）Did John buy another new car?

　　　　ジョンはもう 1 台新しい車を買ったの？

　　　a. He said **so**.　**b. So** he said.　**c.** He told me **so**.　**d. So** he told me.（cf. So I hear.）

More Movie Data

I used to order that every time. I guess **so**.

Wall Street: Money Never Sleeps 『ウォール・ストリート』(2010)〈01:02:04〉

昔，それをいつも注文していました。**そうだと**思います。

> **!** 映画内では，that は ginger-garlic lobster を指し，so は先行する文の I used to order that every time. の代用をする。

You lost your job. Yes, **so** I heard.　　　　Stardust 『スターダスト』(2007)〈00:10:13〉

お前は失業したんだろ。**そう**聞いたぞ。

> **!** You lost your job. を受ける so が前置されているが，heard の目的語として機能している。

Solidify Your Studies

Allan: They're having a welcoming party tonight. Are you going?

Beth: I'm afraid **not**. I've got to study and prepare for my classes.

（桜美林大学 2018）

アラン：今夜は歓迎会だそうです。君は行くのかい？

ベス：残念ながら**行かない**わ。授業の準備をしなければならないから。

🛈 I'm afraid that I am not going. を I'm afraid not. で表現している。yes / no 疑問文に対して「おそらくそうはしない」という意思を示す。

  文脈上の否定内容は not，肯定内容は so のルールを用い，重複を避けた表現で **wrap it up!**

- Will you come to the anniversary ceremony this weekend? ── Well, probably **not**.
  この週末の記念式典には来ますか。── おそらく，**来ない**と思います。

- Alex is going to retire, isn't he? ── I don't think **so**. He is still young.
  アレックスは引退するのでしょ。── **そう**とは思わないけど。彼はまだ若いよ。

---

6. be different {from / than / to} X の再考

Word Usages of "be different {from / than / to} X"

── 注視が必要な米変種の be different than X ──

I'm **no different than** anybody else. I want to live long and be happy. But I'll not be focusing on what I want today. I'm focused on what God wants.
Selma『グローリー　明日への行進』(2014)〈01:51:57〉

私はどこにでもいるような**平凡な男です**。ほかの人と同じように長生きをして幸せでいたい。でも今大事なことは自分の希望ではなく，神のご意思です。

Linguistic Tips

　学校英語では「…とは違う」という英語表現は (**1a**) の be different from X という形で習う。(**1b**) のような比較級を彷彿とさせる be different than X は単なる米語の変種と考えられていた。また (**1c**) の be different to X も英語・豪語の変種とされているが，これは be {similar / superior / inferior / senior / junior} to X というラテン語系の比較表現と同じく前置詞 to が from の代わりに使われている点が面白い。

(**1**) **a.** My idea **is different from** yours. **b.** My idea **is different than** yours.
　　　c. My idea **is different to** yours.
　　　　私の考えは君の考え**とは違います**。

　以前は (**1a**) の方が (**1b, c**) よりも知名度も生起頻度も高かったが，「KUFS データベース」で見る限り，近年の映画での使用状況は変わってきている。まず be different {from / than / to} の形式の全ヒット数は 180 件であり，生起数の順位は ① be different than X（92 件），② be different from X（82 件），③ be different to X（6 件）という結果である。はキング牧師が支持者の白人に物静かに「私は崇高な志を持つ人間ではない」と言うセリフ。be **no** different than のパターンが①の be different than の用法の約 4 分の 1 の 22 件を占めており，「全く違わない ≒ 同じである」という意味となる (cf. no ＋比較級＋ than : pp. 14–15)。

(**2**) **a.** Susan **is different than** {**from** / **to**} what she used to be.
　　　b. Susan **is different than** {*from / *to} she used to be.
　　　　スーザンは以前の彼女**とは違っている**。

(**2a**) のように wh 節との共起は than, from, to の全てが容認されるが，(**2b**) のような wh が省略された節の場合は from や to では容認されない。than でも容認度が落ちるという文法家もいる一方で，一部の辞典は than と省略節の共起を容認している。また右頁のように入試問題にも出題されており，今後も語法の注視が必要であろう。

More Movie Data

I can definitely get you work as a model, but you do realize it**'s different from** the runway work you did in New York and Milan.

Desperate Housewives『デスパレートな妻たち』(S1, E11)(2005)〈00:14:00〉

モデルの仕事を用意できますよ。でもあなたがニューヨークやミランでやっていたようなきらびやかなランウェイの仕事**とは違う**ことはおわかりですよね。

> **!** 本家本元の be different from X の用法である。関係代名詞で後置修飾された「ランウェイの仕事」という名詞句を from の目的語としてとっている。

There's such distance between me and him. He**'s so much different to** me and so much older. It doesn't really work.

Once『Once ダブリンの街角で』(2007)〈00:53:03〉

私と彼には距離があるの。性格も年齢も**違う**から，うまくなんていかないの。

> **!** このセリフはダブリン（アイルランド）在住のチェコ人女性によるものであるが，イギリスに近接している，アイルランドでも be different to X が頻繁に使われる。ただし，be different to X の形式は米語中心のハリウッド映画では珍しい。

Solidify Your Studies

Was it something to do with World War II? Or maybe Austrians and Germans **are more different than** they seem.

（神戸大学 2014）

第 2 次世界大戦と関係があるのだろうか。それとも，オーストリア人とドイツ人は，見た**目以上に違う**のだろうか。

> **!** 大学入試の用例においても be different than they seem のような省略節の例に遭遇することがある。また比較級をはじめ，quite, no, not much, so といった「どれくらい違うか」に焦点があたる文脈での使用例が多い。

1-6 英米豪で人気の変種の be different than と be different to で
wrap it up!

- Max **is no different than** any other guy. He loves barhopping.
  マックスはほかの男と**全く変わらない**わ。はしご酒が大好きなのよ。

- My three daughters **are a bit different to** one another.
  私の 3 人の娘はそれぞれが**少し違います**。

7. no ＋比較級＋ than

no + Comparative + than

── 反義的な比較対象を要求する慣用表現 ──

 You are a funny animal. You are **no thicker than** a finger.

The Little Prince 『リトルプリンス　星の王子さまと私』(2015)〈00:36:46〉

〈蛇に向かって〉君っておかしな生き物だね。**指くらいの太さしかない**（＝指くらい細い）。

Linguistic Tips

　比較級を伴う重要表現のひとつに，〈no ＋比較級＋ than A〉を雛型とし，「A 以上に…では決してない，A も同然に…」などと訳される一連の表現がある。このタイプの表現の興味深いところは，比較級に対して反義的な意味を表す語句が A に生じ，それが比較級を意味的に打ち消すという点である。たとえば🐍のセリフでは，主語の太さについて述べる上で「指」という細い物が比較の対象として用いられており，これが感情的で強い否定を表す no と合わさることで，「指と比べてもちっとも太くない」，すなわち「指くらいの太さしかない（＝指くらい細い）」という解釈を生み出している。

　学習面では，〈no ＋比較級＋ than A〉型の表現は日本語訳との対応関係が捉えにくいことがしばしば問題となる。たとえば，no better than A（A も同然で，A に過ぎない）は一般的な英和辞典でも成句として取り上げられているほど慣用句化しているが，表面的には better が訳出されていないため，なぜそのような日本語訳になるのかが直感的には理解しづらい。その結果，下記（1）のような文の解釈が困難になると考えられる。

　（**1**）That man is **no better than** a thief.

　　　　あの男は泥棒**も同然**だ。

　しかしながら，than 以下には比較級に対して反義的な意味を持つ語句が現れるというこの表現の特性を理解しておけば，「泥棒と比べてちっとも良くない」から「泥棒も同然」という解釈を導くことは比較的容易であると思われる。同じことは，やはり慣用句化している no more than A（（数量が少ないことを強調して）たった A：A に過ぎない）や no less than A（（数量が多いことを強調して）A ほども）などにもあてはまる。

　なお，関連表現の no more A than B（B でないのと同様 A でない）や no sooner A than B（A するとすぐに B する），no different {from/than/to} A（A と違いがない，A と同じである）などは，いずれもこの〈no ＋比較級＋ than A〉と同様の意味的特性を持つと考えられる（cf. be different {from/than/to} X の再考：pp. 12–13）。

More Movie Data

If we can't accept limitations, if we're boundary-less, we're **no better than** the bad guys.

Captain America: Civil War 『シビル・ウォー　キャプテン・アメリカ』(2016)〈00:30:15〉

制限を受け入れられないのなら，野放しになるのなら，俺たちは悪党ども**と同じ**だ。

> **!** no better than の実例である。比較対象として the bad guys（better に対して反義的な意味を持つ表現）が用いられている点に注意してほしい。

Our optimal route to the data vault places only 89 Stormtroopers in our path. We will make it **no more than** 33% of the way before we are killed.

Rogue One: A Star Wars Story 『ローグ・ワン スター・ウォーズ・ストーリー』(2016)〈01:32:46〉

データ保管庫への最適ルートには 89 名のストームトルーパーのみが配備されています。殺されるまでに道のりの 33 ％**しか**到達でき**ない**でしょう。

> **!** no more than の実例である。than 以下に「33 ％」という低い数値が現れており，これが more に対して反義的な意味を表している点に注意してほしい。

Solidify Your Studies

However, remembering several such phrases is **no easier than** remembering several randomly chosen passwords.

(関西大学 2014)

しかし，このようなフレーズをいくつか覚えておくことは，ランダムに選ばれたいくつかのパスワードを覚えておくことと**比べてもちっとも簡単ではありません**。

> **!** これまでで挙げられた例以外では，no easier than ...（…と比べてもちっとも簡単ではない），no happier than ...（…よりちっとも幸せではない），no longer than ...（ほんの…しか）などが大学入試でよく見られる形である。

  比較対象が比較級に対して反義的（bigger に対して a grain of rice（米粒），fewer に対して 65%）であることを確認して **wrap it up!**

- The insect is **no bigger than** a grain of rice.
  その昆虫は米粒**ほどの大きさしかない**。

- **No fewer than** 65% of the students at our high school go on to university.
  私たちの高校の学生の**実に** 65 ％が大学へ進学する。

8. 様態副詞

Manner Adverb

── 「どんな風に」は -ly 副詞を使って表現 ──

Take this paint **very carefully** and paint any little smudge or mark or anything on the baseboard there, behind the door and all around the doorways on the inside.

Boyhood『6才のボクが，大人になるまで。』(2014)〈00:09:09〉

このペンキを**よく注意して**持って，木枠とかドアの後ろとかドアの内側の辺りにある汚れや落書きとかに塗ってちょうだい。

Linguistic Tips

英語には，slowly や easily のように「形容詞 + ly」という形態の副詞が多い。このような -ly 副詞には，動詞句を修飾して，ある動作がどのような様子で行われるのかを表す「様態副詞」と呼ばれるものがある。

🎥 のセリフでは，ペンキの入ったバケツを very carefully という態度を伴って手に持つようにという指示がされている。では次の例を見てみよう。

(1) a. David was singing **strangely**.

　　デヴィッドは**妙な（感じで）**歌っていた。

b. David was singing **loudly**.

　　デヴィッドは**大声で**歌っていた。

c. David was singing **angrily**.

　　デヴィッドは**怒って（怒ったように）**歌っていた。

-ly 副詞は，(1a) の strangely のように動詞の後ろに現れると「奇妙な様子で」という解釈になるが，Strangely, David was singing. のように文頭に現れると，「奇妙なことに」という解釈になる（ただし，(1a) は strangely の前にコンマがあると，「奇妙なことに」という解釈になる）。しかし，全ての -ly 副詞にこのような意味的な曖昧性があるわけではない。(1b) の loudly のように，動詞句を修飾して動作の様子を表すだけの -ly 副詞もある。また，certainly や hopefully のように，様態副詞の解釈はないものもある。

　様態副詞が表す様子は，話者の判断によるものである。たとえば，上記の strangely, loudly, angrily は，どのような様子でデヴィッドが歌っているのかについての話者の個人的な見解である。したがって，(1c) の angrily は「話者の認識によると，怒っているような様子で」という意味で，実際にデヴィッドが angry だったかどうかについては言及されていない。

More Movie Data

If you'd like, Tony, I'd **happily** buy you the stone.

Green Book『グリーンブック』(2018)〈00:46:08〉

トニー，君さえ良ければ私が**喜んで**その石を買ってやるのに。

> ! 様態副詞の基本的な出現位置は動詞（と目的語）の後ろであるが，この例のように動詞の前に現れることもある。ただし，その副詞が様態の解釈である場合，助動詞より前には現れない。

I know, and I'm gonna answer **truthfully**, and then you're gonna ask me to lie intentionally.

Mission: Impossible-Rogue Nation『ミッション：インポッシブル　ローグ・ネイション』(2015)〈00:23:35〉

知ってるさ，**正直に**答えることになってるけど，その次にはわざと嘘をつかせるんだ。

> ! truthfully は，この例のように「正直に（…する）」という様態解釈で用いられる場合と，文全体を修飾し「正直に言えば」という意味で用いられる場合がある。

I de-escalate, talk **calmly**, **firmly**. Find a way out of there ASAP.

BlacKkKlansman『ブラック・クランズマン』(2018)〈00:14:01〉

緊張をほぐして，**穏やかに**，**しっかりと**話して，早急に脱出する方法を見つける。

> ! calmly と firmly ともに話し方の様子について述べている。

Solidify Your Studies

Upon arriving, the child began to run **happily** across the playground, as she was accustomed to doing every day..

（立命館大学 2013）

到着すると子どもは毎日慣れ親しんだように運動場を**嬉しそうに**走り始めた。

> 🔔 happily は「嬉しそうに」という様態副詞である。これが run across the playground を修飾している。in a happy manner のようにパラフレーズ可能であることが，様態副詞の特徴の１つである。

  どんな風に動作が行われるのか，soft な感じや serious な様子を表しながら wrap it up!

- "I'll miss you," Ben said **softly** to Christine.
  「寂しくなるね」とベンはクリスティーンに**静かに**言いました。

- Owen was **seriously** concerned about his health.
  オーウェンは**真剣に**健康のことを気にしていました。

9. 文副詞
Sentential Adverb
── 話題に対する個人的見解を -ly 副詞を使って表現 ──

Personally, I think if you stuck to the classic stuff, it would've been a big mistake.　　　　Green Book『グリーンブック』(2018)〈01:21:17〉

個人的には，クラシックにこだわっていたら，大きな失敗になっていたと思うがね。

Linguistic Tips

「形容詞 + ly」で表される副詞には，出現位置によって解釈が異なるものがある (cf. 様態副詞：pp. 16–17)。基本的に動詞の後ろに現れるものは，「様態副詞」のような動詞句修飾の副詞である。一方，文頭に現れる副詞は，文全体を修飾し，文が表す内容に対する話者の評価や判断が述べられる。このような副詞を「文副詞」という。

🎥の文頭の Personally のような文副詞は，文の内容を柔らかい言い回しで伝える「クッションことば」の役割を担うこともある。このセリフでは，話者がPersonally を文頭に置くことで，自分の意見が「個人的な見解である」という前置きをしている。文副詞の personally は，この例の I think のほか，I prefer や I believe などと共起することも多い。また，personally は，同じ映画の We're not insulting him personally.（彼を個人的に差別しているわけではない。）〈01:42:39〉というセリフの personally のように動詞修飾の用法もあるので，副詞の位置で解釈が異なる。

文副詞は基本的に文頭に現れるのだが, 副詞が別の場所に移動する場合もある。

(1) a. **Seriously**, you need to think about your future.

　　　冗談抜きで，君，将来について考えないと。

　 b. You **seriously** need to think about your future.

　　　君，**冗談抜きで**，将来について考えないと。

　 c. You need to think about your future, **seriously**.

　　　君，将来について考えないと，**冗談抜きで**。

(1a) の文頭の seriously が基本的な文副詞解釈の -ly 副詞の位置であるが，(1b) の seriously のように主語の後ろに移動することもある。ただし，(1b) のように主語の後ろに移動する場合，助動詞より前に現れる。また，(1c) のように文末まで移動する時は，発話の際，-ly 副詞の前で少し音声的なポーズが置かれる。

More Movie Data

Neil: **Optimistically**, I'd say that's right.

Protagonist: **Pessimistically**?

Tenet『TENET テネット』(2020)〈01:39:20〉

ニール：**楽観的に考えれば**，そうだろうね。　主人公：**悲観的にはどうだ？**

> ❗ このシーンでは，optimistically を用いて楽観的な可能性について述べた後，相手がその逆の悲観的な可能性について，pessimistically という 1 語で質問をしている。

But you have lost your beard and, um, two big teeth. And even though it should be sad, it's actually very funny, **unfortunately**.

Yesterday『イエスタデイ』(2019)〈00:10:06〉

でも，あなた，ひげと大きな歯が 2 本なくなっちゃったのよ。それって嘆かわしいことのはずなんだけれども，それがすごく笑えるのよ，**申し訳ないんだけど**。

> ❗ 文副詞の unfortunately が追加情報として文末で述べられている。unfortunately には，様態副詞の解釈はなく，文副詞の用法に限られる。文副詞に限られる -ly 副詞には，apparently, certainly, hopefully, surprisingly, probably などがある。

More importantly, no one heard from her after she was fired.

Bombshell『スキャンダル』(2019)〈00:52:03〉

より重要なのは，彼女が解雇された後，誰とも連絡をとっていないことだ。

> ❗ importantly は比較級の more importantly という形で使われることが多い。

Solidify Your Studies

Admittedly, there are exceptions. Some articles are read and cited by hundreds of researchers.

(横浜国立大学 2015)

確かに，例外はあります。何百人もの研究者に読まれ，引用される論文もあります。

> ❗ admittedly は「確かに」「自ら認めるように」という意味の文副詞である。これも文副詞に限られる -ly 副詞の 1 つである。

1-9 obviously や not surprisingly で話題に対する個人的な評価や判断を伝えながら **wrap it up!**

- **Obviously**, Nicole had no idea this was coming.
  明らかに，ニコールはこんな事態になるとは思っていませんでした。

- **Not surprisingly**, Reese is fully supportive of her friend.
  驚くことではないが，リースは友達を全面的に応援しています。

10. フラット副詞

Flat Adverb

── 形を変えずに副詞になれる形容詞たち ──

And if you touch me, I scream **so loud** he hears.

Tenet『TENET テネット』（2020）〈01:04:16〉

私に触れたら，彼に聞こえるように**大声で**叫ぶわよ。

Linguistic Tips

　形容詞から派生する副詞は，slowly のように形容詞に接尾辞 -ly が付与され，副詞になる。一方，副詞には，fast のように元々 -ly 形の副詞を持たず，形容詞と同形で副詞として使用されるものもある。ところが，Drive safe.（安全に運転して。）の safe のように，Drive safely. とも言えるのに，形容詞の形のままの safe が副詞として使われることがある。このように，形容詞と同形で副詞として使われるものを「フラット副詞」（または「単純形副詞」）という。

　🎥のセリフでは，フラット副詞の loud が使われているが，loud を loudly に置き換えて scream so loudly ということもできる。フラット副詞の loud と -ly 副詞の loudly に意味的な違いはないが，このセリフのように so や，あるいは very と共に現れる場合は，loudly よりフラット副詞の loud と共起することが多い。

　フラット副詞として使用できる形容詞は loud のほかに，clean, clear, deep, flat, full, light, sharp, slow, tight などが挙げられる。これらの語には，cleanly や clearly のように対応する -ly 副詞もあるが，両者に意味の違いはほとんどない。ただし，フラット副詞はくだけた会話で用いられることが多く，アメリカ英語でより多く観察される。

(1) **a.** Leo was talking **loudly** on the phone. / Leo was **loudly** talking on the phone.

   b. Leo was talking **loud** on the phone. /*Leo was **loud** talking on the phone.

   レオは**大声で**電話で話していた。

   c. The bus arrived at 9 o'clock **sharp**. / The bus stopped **sharply**.

   バスは 9 時**きっかり**に来た。／バスは**急に**停車した。

フラット副詞の多くは対応する -ly 副詞に意味的な差異はないが，出現位置には違いが生じる。基本的に，-ly 副詞は動詞の後ろに現れるが，動詞の前に現れることもある。しかし，フラット副詞の場合，必ず動詞の後ろに現れる。また，(**1c**) の sharp と sharply のように，フラット副詞と -ly 副詞では解釈が異なるものもある。

More Movie Data

Sir, they treat me **right**, I treat them **right**. Like I said before, I was raised up the right way, so...   BlacKkKlansman『ブラック・クランズマン』(2018)〈00:06:10〉

きちんと対応してくれたら，こちらも**きちんと**対応します。先ほども申し上げましたが，ちゃんと育てられましたので。

> ! rightly という副詞もあるが，このセリフではフラット副詞の right が使用されている。right の反意語 wrong も wrongly と同じ意味で副詞として使うことができる。-ly 副詞とフラット副詞の両方がある場合，くだけた会話ではフラット副詞が使用されることが多い。

Red Neck #1: Say it **nice**.

Tony Lip: I just said it **nice**.   Green Book『グリーンブック』(2018)〈00:57:27〉

労働者の男：**丁寧に**言えよ。

トニーリップ：**丁寧に**言ったとこだろ。

> ! 形容詞の nice を副詞として使用する場合，-ly 副詞の nicely を使うのが標準的であるが，アメリカ英語では，非常にくだけた会話で，このセリフのように nice が副詞として使われることがある。また，play nice（仲良く遊ぶ）のようにイディオムとして定着しているものもある。

Solidify Your Studies

I had to **lie flat** on this table, get strapped up then a nurse raised the table slowly to be at 90 degrees.   （関西医科大学 2020）

私はこの手術台の上に**仰向けになり**，固定され，看護師さんがゆっくりと手術台を上げて 90 度にしてくれました。

> ❗ lie flat は「仰向けに寝る」という意味。文字通りフラット副詞の代表例である。また，この例が示すように，順序を示す then は and が省略されることがある。その場合，カンマ（,）やセミコロン（;），コロン（:）を伴うことが多い。今回のように then を接続詞のように用いるのは誤りと捉えられることもあるので注意しよう。

1-10　形容詞の bad や different の形を変えずに，副詞として動詞句を修飾しながら wrap it up!

● Why do people want diamonds **so bad**?
なぜ人は**そんなにも**ダイヤモンドを欲しがるのでしょうか。

● Think **different**. That's the only thing I can say.
考え方を**変えなさい**。私に言えるのはそれだけです。

11. 分離不定詞
Split Infinitive
── 不定詞の仲を裂く副詞の存在 ──

 Uh, it's nice **to finally meet** you face to face, Ms. Grey.

I Feel Pretty『アイ・フィール・プリティ！ 人生最高のハプニング』(2018)〈00:34:06〉

ええっと，**やっと直接お会いすること**ができて光栄ですわ，グレイさん。

Linguistic Tips

　to 不定詞の to と原形動詞の間に副詞が挿入され，その副詞が to 不定詞の内容を直接的に修飾する形を「分離不定詞」という。のセリフでは to と meet の間に finally が挿入され，これが meet you face to face（あなたに直接会うこと）という行為を修飾していることがわかる。

　分離不定詞は研究者によってその賛否が分かれ，特に 19 世紀には一部の文法家から厳しく非難された歴史を持つ。そのため長く学校文法では使用を避けた方が良いとされてきたが，現代英語における実際の生起頻度は決して低くはなく，特にアメリカ英語では話しことば・書きことばを問わず広く用いられる。とりわけ，のセリフのような It's {nice/good/a pleasure, etc.} to finally meet you. や，類似表現の I'm glad to finally meet you. などはコーパス内での生起頻度も高く，「ようやくお会いできましたね」という喜びの気持ちを伝える表現としてかなり慣用化していることがうかがえる。

　分離不定詞の存在意義を示す事例としてよく取り上げられるものに，「文意の曖昧さをなくす」というのがある。たとえば，下記（**1a**）は completely が failed を修飾する場合（**2a**）と to understand を修飾する場合（**2b**）の 2 通りの解釈が可能なため，文意が曖昧である。一方，（**1b**）は分離不定詞を用いることで completely と結び付くのは to understand のみであることが保証され，その解釈は（**2b**）だけとなる。

(1) **a.** They failed to understand my intention completely.

　　b. The failed **to completely understand** my intention.

(2) **a.** 彼らは私の意図を全く理解できなかった。　　　　　　　〈完全否定〉

　　b. 彼らは私の意図を完全には理解できなかった。　　　　　〈部分否定〉

　分離不定詞において挿入される副詞は様態や程度を表すもの（多くは語尾が -ly で終わる）がその典型だが，それ以外の副詞や否定辞の not，さらには副詞句が挿入されることもある。

More Movie Data

He has **to actually say** he's sorry.　Carnage『おとなのけんか』(2011)〈00:08:22〉

あの子は**ちゃんと**ごめんなさいって**言わ**ないといけないわ。

> **!** finally 以外の -ly 副詞では，actually と共起したものが多く見られる。

But you're supposed **to just count** the stars.

The Little Prince『リトルプリンス　星の王子さまと私』(2015)〈01:21:25〉

でもあなたは**ただ**星を**数えるだけ**のはずよ。

> **!** 語尾が -ly で終わる副詞以外では，just を伴うものが多く観察される。

Mary Shelley: Then why are you here?

Percy Bysshe Shelley: **To once again feel** the curdling of my blood and the quickening of the beatings of my heart.

Mary Shelley『メアリーの総て』(2017)〈00:23:11〉

メアリー・シェリー：ではなぜここへ？

パーシー・ビッシュ・シェリー：自分の血が凝結し心臓の鼓動が速まるのを**もう一度感じる**ためさ。

> **!** 副詞句 once again が挿入された例である。

Solidify Your Studies

And the only guaranteed way to avoid getting a rotten strawberry is **to not buy strawberries**.　（一橋大学 2021）

そして，腐ったイチゴを買わないための唯一の確実な方法は，**イチゴを買わないこと**です。

> **❶** 否定の副詞である not が to do の間に入り込んで分離不定詞を作ることがある。to not do は，not to do と異なり，否定の度合いが強まり，積極的否定となると解釈する考え方もある。

1-11　分離不定詞の典型例である -ly 副詞と共起した用例で wrap it up!

● Our band didn't have a chance **to actually perform** in front of the audience.
　私たちのバンドは観客の前で**実際に演奏する**機会をもてなかった。

● I'd like **to formally apologize** for what I said to you last night.
　昨夜あなたに言ったことを**正式にお詫び**したいと思います。

12. have to と must

"have to" and "must"

── 客観性を表す have to と主観性を表す must ──

Mr. Connelly, I do apologize, but I'm afraid we **have to** change the location of our interview.　Suits『スーツ』(S3, E4)(2013)〈00:03:16〉

コネリーさん, 誠に申し訳ございません。残念ですが, 面談の場所を変更**しなければなりません。**

Linguistic Tips

　学校文法では, must も have to も「…しなければならない（義務）」「…に違いない（推量）」という 2 つの意味を持つことから, must = have to と教えられる場合が多いが, この 2 つには少なからず意味の違いが見られる場合がある。元々, have to は have something to do（何かやるべきことがある）という事実を客観的に伝える構文の to do が have にくっついて生まれた表現とされる。このことから 通例 have to は客観的な意味を表す（(1a)(2a)）。一方, must にはそのような意味はなく, 話し手の主観を表す傾向にある（(1b)(2b)）。

(1) a.　I'm afraid I **have to** go now.　　　　　　〈客観的な理由〉

　　b.??I'm afraid I **must** go now.　　　　　　〈主観的な理由〉
　　　申し訳ありませんが, 帰らなければ**なりません。**

(2) a.　He **has to** be right.　　　　　　　　　　〈客観的推量〉
　　　彼の言うことが正しい**のは間違いない。**

　　b.　He **must** be right.　　　　　　　　　　〈主観的推量〉
　　　彼の言うことが正しい**はずだ。**

　(1a)の have to は規則などの客観的な必要性や止むを得ない義務を表すため, 話し手の遺憾な気持ちを表す I'm afraid とうまく嚙み合う。一方 (1b) の must には話し手自身がお暇する必要性を感じているという主観的な含みがあるため, I'm afraid を添えると「帰りたくないけど帰りたい」のようにどっち付かずに聞こえ奇妙に響く。推量の意味では, (2a) は彼が正しいことを裏付ける根拠を踏まえて, 話し手は「彼が正しいのは間違いない」と客観的な推量をしている。それに対して, (2b) は見た目や話の内容から話し手が主観的に, 「彼は正しいのではないか」と推測している。以上のように, 規則や周囲の状況からそうしなければならないという客観的義務や確証に基づく推量を表す場合に have to が用いられる傾向がある。🎥のセリフでは, インタヴューを受ける予定だったエヴァという女性の事情を考慮して仕方なくそうしなければならないという客観的必要性を述べるため, have to が積極的に選択されていることが読みとれる。

More Movie Data

That'd be great. I'll bring a pizza so you **don't have to** cook.

Desperate Housewives『デスパレートな妻たち』(S8, E10)（2012）〈00:26:04〉

誘ってくれて嬉しいよ。じゃあ，僕はピザを持っていくから，料理を作る**必要はない**よ。

> **!** don't have to は not が have to にかかっていることから「…する必要はない」「…しなくても良い」などの不必要を表す。一方，must not ... は not が ... にかかることから「…しないことが義務である」の意味，つまり「…してはいけない」という禁止を表す。not のかかる位置が異なることによって，両者の意味も異なっていることに注意する。

Edwards, why? There **has to** be a good reason why, because you are too smart for this. Grey's Anatomy『グレイズ・アナトミー』(S12, E4)（2015）〈00:24:34〉

エドワーズ，なぜそんなことしたの？　正当な理由がある**に違いない**わね。あなたはそんなことをするほど愚かではないでしょう。

> **!** エドワーズが聡明な人物であるということを踏まえて話し手が客観的に推量しているシーンである。このように，正しさを裏付けるような証拠に基づいて推量を行う場合は，have to が好んで使用される。

Solidify Your Studies

When you get ill, you **may have to** take some medicine to get better.

（大阪経済大学　2018）

病気になった時は，良くなるように薬を飲んだ**方が良さそうです**。

> **!** may have to do は「…した方が良さそうだ」という have to do が持つ義務感を和らげるようなニュアンスを持ちながらも，実際には話し手は「そうすべきだ」と思っている一種の婉曲表現で使う。

>   同じ義務と推量でも，客観性を表す have to と主観性を表す must を意識しながら wrap it up!
>
> ● Ken **had to** walk home last night because he missed the last train.
> 昨夜ケンは終電に乗り過ごしたため，家まで歩いて帰る**必要があった**。
>
> ● Have you been working all day? You **must** be tired.
> 1 日中仕事をしていたのですか。お疲れ**でしょう**。

13. ought to

ought to

── 話し手の焦燥感を表す助動詞 ──

There he is. You **ought to** be ashamed.

Grey's Anatomy『グレイズ・アナトミー』(S10, E20)(2014)〈00:12:52〉

やってきたわね。あなた，恥を知り**なさい**。

Linguistic Tips

　本来，ought to は動詞句の owed to（…を負っていた）から生成され，規則などの客観的義務を表すようになった。ought to と should を比較し，前者は客観的意味，後者は主観的意味を表す点で異なると記述している文法書もある。このように，もともとは主観と客観で使い分けがされていたものの，実際にはその区別が曖昧，もしくは見られないケースが多い。むしろ，現代英語における ought to の最も顕著な特徴として，「話し手の焦燥感」という情緒的意味を伝える場合もある。次の例を見てみよう。

（1）**a.** You **ought to** finish the task soon.

　　　　　君はその仕事をすぐに終わらせる**義務を負っている**。

　　b. How **ought I to** do this?

　　　　　こんなことしなきゃいけない**義務が**どうして**ある**の。

上の例はどちらも義務の意味を表すが，（1a）は腰が重く，なかなか行為に移らない相手に発話することで，「ぐずぐずするな」という苛立ちの含みがある。一方，（1b）は疑問詞と共に用いられる例であるが，反語的に「いや，そうする必要なんかない」という話者の強い焦燥感を表す効果がある。同様のことが，のセリフにも言える。ここは，友人ノヴァの手術を何度も延期した医者が現れたところで，彼に対して，話者チェルシーが怒りを露わにして責めているシーンである。

　このように，従来文法書で言われているような客観的意味を表す状況で好んで使用されるというよりは，話者の焦燥感が露わになるような場合に，ought to が好んで使用される傾向が高い。なお，（2）のような付加疑問文の文末では，oughtn't ではなく shouldn't を用いるのが普通である。

（2）Sophia **ought to** come here tomorrow, **shouldn't** she?

　　　ソフィアは明日ここに来る**義務がありますよね**。

More Movie Data

Well, maybe you **ought to** go on and stay down there with her.

Fences『フェンス』(2016)〈01:19:28〉

じゃあ，そのままその女性と一緒に暮らした**方がいい**んじゃないの。

> **!** 長年連れ添った女性と別れ家を出ると告げた夫に対して，涙を流しながら別の人生を送るよう告げているシーン。このように話し手の情緒を伴う場合 ought to が好まれる。

I mean, you know I love Casey. But he **ought to** have more respect for Rescue Squad.

Chicago Fire『シカゴ・ファイア』(S6, E5)(2017)〈00:12:29〉

つまり，私がケイシーを好きなことは知ってるよね。でも彼は救助隊にもっと敬意を払って**しかるべき**ですよ。

> **!** ため息をつきながら救助隊である話者が中隊長ケイシーのふるまいを批判しているシーンである。ここでも，ought to を用いることで話者は焦燥感を表している。

We spend enough time here at work. It **ought to** be fun, right?

Grey's Anatomy『グレイズ・アナトミー』(S10, E18)(2014)〈00:17:31〉

長時間ここにいるわけですから，楽しんでも**罰はあたらない**でしょう。

> **!** 音楽をかけながら手術していることを疑問視された医師が返答しているシーンである。ここの ought to は文法書のいう客観的義務ではなく，「手術中の雰囲気が楽しくない」ことを前提として，明るい雰囲気で行うべきだという個人的見解を表している。

Solidify Your Studies

The same duty of audience protection **ought to** be brought to today's dominant medium.

（慶應義塾大学 2015）

視聴者保護の義務は，今日の支配的なメディアにも同様にもたらされて**当然です**。

> **!** 「視聴者保護がなされていない」ことを前提として ought to do が用いられている。そしてそのような保護を喫緊に行うべきだという焦燥感が読み取れる。

  1-13 「話し手の焦燥感」など，情緒的意味を伴う傾向のある ought to で **wrap it up!**

- You **ought to** study every day, but you don't.
  君は毎日勉強を**するのが当たり前**なのに，やっていないじゃないですか。

- Why **ought** he **to** quit his job?
  彼が仕事をやめなきゃいけない**義務**がどこに**ある**んだ。

14. BE X TO (1) : be to

BE X TO (1) : be to
── 変数 X がゼロの構文 ──

Major Marco, you will stay clear of Congressman Shaw. And you **are to** resume your medication. That is an order.

The Manchurian Candidate 『クライシス・オブ・アメリカ』(2004)〈00:30:52〉

マルコ少佐，ショウ議員には近づかないように。それから，投薬を再開し**なさい**。これは命令だ。

Linguistic Tips

　一般的に，be able to, be about to, be going to, be supposed to, be bound to などの助動詞表現は別々の「決まり文句」と習う場合が多いが，本書では be X to という 1 つの構文でくくり，統一的な説明を試みる。X は変数を表すので，本項目の be to は変数 X が「ゼロ」ということになる。be to の意味は文字通り，「文の主語が未来の動作や出来事に（経路のように）つながっている」であり，転じて「すでに決まっている未来」を表す。そこから，そうすることになっている（予定 = **1a**），そうする予定になっているからそうしなければならない（義務 = **1b**）という風に意味が拡張しており，さらに，be to に表される内容が「既定路線」のように提示されると，(**1c**) のように「運命」の意味に解釈される。また，否定語と共に受動態で用いられる場合は「不可能」(= **1d**) を，if 節の中で用いられる場合は「意図」と解釈されることが多い (= **1e**)。

(**1**) **a.** The Prime Minister **is to** visit France next week.

　　　　首相は来週フランスを訪問する**予定だ**。

b. You **are to** report to us by 11 a.m.

　　　　午前 11 時までに報告して**ください**。

c. They **were** never **to** meet again.

　　　　彼らは二度と会えない**運命だった**。

d. Nobody **was to** be found when I arrived here.

　　　　私がここに到着した時には，誰も見つけられる**ことはなかった**。

e. If she **is to** win gold at the next Olympics, she needs to work much harder.

　　　　次のオリンピックで金メダルを獲る**つもりなら**，彼は一層努力しなければならない。

ここで， のセリフを見てみよう。文末の That is an order. からもわかるように，上官が部下に対して投薬の義務を伝えていることを be to が示しているが，義務の意味を表す場合，主語が you であることが多い。

More Movie Data

There **is to** be a groundbreaking ceremony at Coney Island with our friend Assemblyman Perez.

Two Weeks Notice『トゥー・ウィークス・ノーティス』(2002)〈01:07:06〉

コニーアイランドで起工式が開かれる**予定です**。我々の友人ペレス議員も来ます。

> **!** be to は，「起工式」のように容易に変更されない「公的な予定」を表すことも多い。

One must be brave if one **is to** take the wheel.

The Iron Lady『マーガレット・サッチャー　鉄の女の涙』(2011)〈00:37:20〉

ハンドルを握ろ**うとする**ならば，勇気が必要です。

> **!** 運転を恐れている相手に対するマーガレットのセリフである。if 以下は意図や目的を表す in order to の意味に近い。

Hardly two blocks away... meet the man who **is to** be the final occupant of that booth.

Phone Booth『フォーン・ブース』(2003)〈00:03:37〉

ここから 2 ブロックもない距離に，このブースの最後の利用者**になる**男がいる。

> **!** ここでは be to に表される事態が「あらかじめ決められたこと」のように述べられており，「運命」の意味に相当する。

Solidify Your Studies

If you **are to** study a foreign language other than English, which language would you like to choose?

(名古屋工業大学 2016)

もし英語以外の外国語を学ぶ**つもり**なら，どの言語を学びますか。

> **!** If you are to do というほぼ決まった形で「意図」を表す表現を作ることができる。「意図」の意味は基本的には if 節の中で使われる場合である。

1-14 「文の主語が未来の動作や出来事につながっている」という文字通りの意味から「予定」や「義務」などを表す be to で wrap it up!

- We **are to** hold a meeting at 1 p.m. tomorrow.
  明日 1 時から会議を開く**予定です**。

- You **are to** submit the form before the end of the month.
  月末までに書類を提出して**ください**。

15. BE X TO (2) : be going to と be about to

BE X TO (2) : "be going to" and "be about to"

── 変数 X が決める 2 つの未来表現の意味 ──

This deal meant staying on for five more years and doubling my workload. I **am going to** take my grandchildren on a cruise to Tahiti.

Suits『スーツ』(S1, E5) (2011)〈00:15:27〉

この契約を結んでいたら，あと 5 年は仕事を続けなきゃいけないし仕事量も今の倍になるところだったわ。私はね，孫を連れてタヒチへクルーズ旅行をする**心づもりでいる**のよ。

Linguistic Tips

　前項 (cf. BE X TO (1) : pp. 28–29) で見たように，be to は文脈によって義務や予定などの意味が決まる。本項の be X to は，変数 X に，going や about が代入されるというパターンである。be going to と be about to の類似点と相違点を考えてみよう。まず be going to は，学校で will との書き換え練習をするためか，学習者の多くは be going to = will だと思い込んでいる。しかし，この両者には未来の事柄を表すという共通点はあるものの，違いが存在する。will は，その場の判断 (will) に基づいた未来の行為や出来事を表す助動詞である。一方，be going to は近い将来を表すのみならず，発話の時点で兆候や準備が進んでいる (going) と経路でつながっている (to) という含意から，「…するつもりだ」や「…することになる」という計画や予定の意味になる。のセリフでは，近いうちに孫と海外旅行をするという話者の計画や準備の進捗状況を be going to が表す。

　この be going to と同じく，近い未来の事柄を示す表現に be about to がある。多くの文法書は「今にも…する」という意味の「イディオム」として扱っているが，about の持つ「…の (すぐ) 近くに」という「近接性」の意味から，この表現は文字通り「主語が to 以下の未来の動作や出来事と時間的につながった状態にある」という近接未来を表す。よって be about to は一見すると be going to と同義に見えるが，より差し迫った未来を表すことから，(**1b**) が示すように tomorrow や next week といった未来の時を表す副詞句とは通例共起しない。

(1) a.　Mary **is going to** go to the U.S. next month.

　　b. ??Mary **is about to** go to the U.S. next month.

　(**1a**) は「来月アメリカ旅行をするつもりだ」というメアリーの計画を表しているが，be going to の表す近未来は時間的に差し迫った事柄に相当しないため，next month と共起可能である。一方，(**1b**) では be about to の表す時間的近接性と 1 ヶ月後を表す next month が意味的に噛み合わないため不自然に聞こえる。

More Movie Data

The Radiator Springs Grand Prix **is about to** begin. All spectators, clear the starting line.

Cars 2『カーズ 2』(2011)〈01:34:51〉

ラジエーター・スプリングスのグランプリが**間もなく**始まります。観客の皆さん，スタートラインの道を空けてください。

> **!** 実況中継者が開幕の宣言をしているシーンである。このように開始を目前に控えていることを伝える状況では，be going to よりも時間的に差し迫った未来を表す be about to が好まれる。

Right now I **am about to** remove a hematoma from Broca's area.

Grey's Anatomy『グレイズ・アナトミー』(S9, E18)(2013)〈00:24:59〉

ちょうど今，ブローカ領域の血腫を除去する**ところです**。

> **!** 血腫除去がまさに行われようとしている状況を be about to が表す例である。間際の状況であることをはっきりさせるために right now で近接性が補強されている。

Solidify Your Studies

Only a few days ago, I played a favorite trick of developmental psychologists on her. I covered a toy she **was about to** grab with a cloth, but she didn't try to take the cloth away and uncover the object.

（京都大学 2005）

ほんの 2，3 日前，発達心理学者が行うトリックを彼女にしかけてみました。彼女がつかも**うとしていた**おもちゃを布で覆ったのですが，彼女は布を取って，そのおもちゃを公開しようとはしませんでした。

> 生後 9 ヶ月の自分の娘に発達心理学の実験めいたものを行う文脈である。「今まさにつかもうとしている」という差し迫った状況を表すために be about to が使われている。

  1-15 to 以下の行為が近い予定，より迫った未来を表す be going to, be about to で **wrap it up!**

● My sister **is going to** go camping at Lake Biwa with her friends this weekend.

　妹は，今週末お友達と琵琶湖へキャンプをしに行く**予定です**。

● Tom said he **was about to** leave when he got a call from Emma.

　ちょうど出かけよう**としていた**時にエマから電話があったとトムが言っていましたよ。

16. BE X TO (3) : be supposed to と be bound to

BE X TO (3) : "be supposed to" and "be bound to"

——変数 X が決める 2 つの義務表現の意味——

Patients **are supposed to** fill out patient forms.

Grey's Anatomy『グレイズ・アナトミー』(S4, E8) (2007)〈00:11:43〉

患者さんは，患者票に記入する**ことになっております**。

Linguistic Tips

　前項（cf. BE X TO (2) : pp. 30–31）と同様に，本項でも be X to の変数 X に義務を表すとされる supposed と bound が代入される現象を扱い，この 2 つの違いについて見ていく。まず，be supposed to は通例 should と同義とされており，映画の英語字幕においてもスペースの関係上 be supposed to の発話が should で書き換えられることが多いが，この項目では，必ずしも主観的義務を表す should には置き換えられない例を紹介する。

(1) a. He **is supposed to** be the best player in our team.

　　　　彼はチームの最優秀選手だ**と考えられている**。

　　b. He **was supposed to** arrive here at five.

　　　　彼は 5 時に到着する**ことになっていた**。

be supposed to は，動詞 suppose（…と考える）の受身形であることから，(**1a**) のように「…だと考えられている」という客観的意味を表す。一方 (**1b**) は「そうすると考えられている以上，定刻に到着して当然である」という客観的義務を表すが，過去時制で用いられると，「実際にはそうならなかった」という出来事の非実現を含意する。のセリフを見てみよう。ここの are supposed to は，医者の助けを借りず自分の手で患者票の記入を行う必要があるという社会通念上の義務を表している。一方，be bound to は多くの参考書では通例 must よりも強い「義務」の意味を表すのみと記述されるが，動詞 bind（…を縛る）の受身形に由来することから，文字通り「何かに拘束されている」という意味を表す。よって，「義務」というよりは，次の (**2a**) が示すように「必ず…になる」という未来における必然性を表す場合に使用される。また (**2b**) のように「必ずそうなる」という話し手の希望的観測を表すこともある。

(2) a. The tragedy **was bound to** happen sooner or later.

　　　　その惨事は遅かれ早かれ，起こる**運命にあった**。

　　b. It's **bound to** be sunny tomorrow.

　　　　明日は**必ず**晴れるよ。

More Movie Data

You **are not supposed to** be walking around.

Grey's Anatomy『グレイズ・アナトミー』(S6, E24)（2010）〈00:11:55〉

この辺りを歩き回っては**困ります**。

> ！ 否定文で be supposed to を使用する場合，禁止の意味を表す。

And if you're as tired as you say you are, then you**'re bound to** sleep better tonight.　Desperate Housewives『デスパレートな妻たち』(S4, E8)（2007）〈00:11:53〉

そして，おっしゃるほど疲れているのなら，今夜は**必ず**よく眠れ**ます**よ。

> ！ be bound to は話し手が因果関係を踏まえて「必ず何かが起こる」と未来の必然性を述べる時に使用されるため，接続詞 if の帰結節で生起する場合も少なくない。

He'll use it against us, but I also know that he's familiar with the people at CM, and he**'s bound to** find out sooner or later.

Suits『スーツ』(S2, E4)（2012）〈00:07:19〉

彼は文書を使って私達に手を打ってくるだろうな。それに CM 社の人間と親交がある。遅かれ早かれ文書のことはバレる**ことになる**ぞ。

> ！ ここでは，be bound to の表す必然性が sooner or later で強調されている。

Solidify Your Studies

If a language is not learned by children then that language **is bound to** die.
（中央大学 2018）

もしとある言語が子どもたちによって学ばれないなら，その時はその言語は消滅する**運命にある**のだ。

> ！ 条件節に対する帰結節の中の生起例である。この例が示すように，be bound to do はある条件が真となる場合の帰結節の必然性を強調する。

 1-16

to 以下の行為が「想定されている」か「拘束されている」ために，「義務」や「不可避性」を意味する表現で wrap it up!

- My wife **was supposed to** be home by 7 pm, but she was late.
  妻は午後 7 時までに帰宅している**はずでした**が遅れました。

- When you try something new, mistakes **are bound to** happen.
  新しいことに挑戦する時，失敗は**つきもの**です。

17. 現在形で表す未来
Present Tense with Future Meaning
―確定的未来を表す方法―

I'm afraid opposing counsel is right. Demolition **begins next week**.

Suits『スーツ』(S3, E2) (2013)〈00:18:30〉

残念ですが，相手側弁護士が正しいと思います。**来週から解体工事を開始します。**

Linguistic Tips

のセリフでは next week という未来を表す副詞句があるにもかかわらず，動詞は begins と現在時制が使われている。これは，現在時制が未来の事柄を表すことを示している。現在時制は，今という時点を中心として過去や未来と「つながり」を持つ時制である。したがって，現時点で確定している未来の予定は現在とのつながりができているものとみなされ，のセリフのように現在形で表すのである。実現が確実な未来の事柄は next week などの未来を表す副詞を伴うことが多い点にも注目しよう。予定の時間がくれば行われる出来事は，話し手に発話時点との心理的な結びつきを生み出すので，現在形で表現するのである。

さらに，次の例を見てみよう。

(1) a. Tomorrow **is Christmas Eve**.　b. The train **leaves at exactly 11:00**.
　　　明日は**クリスマスイブだ。**　　　　　　電車は **11 時ちょうどに出発します。**

　　c. I will give him the money when I **see him tomorrow**.
　　　明日，彼に会ったら，**お金を渡す**よ。

　　d. I hope you **enjoy the show**.
　　　ショーをお楽しみください。

未来を表す現在形は，(1a) のようにカレンダーの日付上で確認できる未来の予定や，(1b) のように，交通機関に関する会話にはよく用いられる。そして，これは「時・条件の副詞節では未来のことでも現在形を使う」という学校文法の説明に対する理由付けとなる。(1c) のような when の副詞節の中でも現在形が使われるのは，「彼に会う」という未来の出来事は確定的なものだと話し手がみなしているので，現在と未来につながりが生じるからである。when 節が成立しないと生じない「お金を渡す」は確定的未来ではないので will で表すのである。さらに，(1d) の hope の that 節内に現在形を使うことがあるが，これは確定した未来が強い願望を表すことにつながる。反対に，未来の出来事が遠く，定かでない場合は，hope の that 節内に will が伴う場合多い。また，意志未来を表す場合も will を使う。

More Movie Data

Dre: Are you okay?

Meiying: My audition **is tomorrow at 6:00**.

The Karate Kid 『ベスト・キッド』(2010)〈01:27:07〉

ドレ：どうしたの？

メイ：**明日 6 時に**オーディションが**ある**の。

> ⚠ 心配そうな顔をしながら張り出されたオーディションの予定を見てメイが言ったセリフである。このシーンでは，オーディションの開催が確実に予定されているので現在形の be 動詞を用いている。

Colonel Glenn **launches in a few weeks**.

Hidden Figures 『ドリーム』(2016)〈01:21:28〉

グレン大佐は**数週間で出発します**。

> ⚠ NASA を支えた黒人女性計算手（computer）であるキャサリンのセリフである。宇宙飛行士であるグレン大佐の打ち上げの予定を述べるシーンで，現在形を用いて未来の予定を述べている。

Solidify Your Studies

Jetstar Japan, which **launches operations in July**, is one-third owned by Japan Airlines (JAL).

（上智大学 2016）

7 月に運航を開始するジェットスター・ジャパンは，日本航空（JAL）が 3 分の 1 を出資しています。

> ❗ 「運航を開始」という大規模なイベントが「7 月に」という具体的日程と共に使われることで，確定的未来とみなされ現在形で表現されている。これに対して，主節の is one-third owned by Japan は主語である Jetstar Japan のステータス（状態）を述べている。

1-17 今とつながりを持つ差し迫った未来や確実に実現する未来を思い描いて **wrap it up!**

- Mayuko **finishes** her master's degree **in the next year**.
  マユコは**来年**，修士号を**取得する予定です**。

- Our plane **leaves for** New York **at 11 o'clock tomorrow**.
  明日の 11 時にニューヨークに向けて我々が乗る飛行機が**出発します**。

18. 現在進行形で表す未来
Present Progressive for Future
── すでに下準備に入っていることを表す ──

The only family you have here... is me. They don't have long. No one **is coming to help them**.

Star Wars: The Rise of Skywalker『スター・ウォーズ　スカイウォーカーの夜明け』(2019)〈01:48:08〉
お前の唯一の肉親は…余である。奴らも長くは持ちこたえられまい。だれも**奴らを助けに来**ないのだ。

Linguistic Tips

　英語の「進行形」は中学校の英語で扱われるぐらい基本的な文法事項だが，それが果たす役割は多岐に渡る。通例，現在進行形は「今まさに起こっている状況」を表し，それは「一時的」であることが多い。この用法が発展して，現在進行形が近い未来の予定を表すことがある。

　次の例を見てみよう。

(1) a. The train **is soon arriving**.　　b. The bus **is stopping now**.
　　　電車が**間もなく到着する**ところだ。　　　バスが**今まさに止まりかけている**。

　　 c. **I'm leaving for** Tokyo **tomorrow**.
　　　明日，東京に**出発するつもりです**。

(1a) と (1b) は共に「到着」と「停車」という着点に到達しかかっていることを表す。このように現在進行形の表す未来は，すでにその動作の下準備が整っている場合に用いられる。したがって，(1c) ではたとえば出発の準備などを始めている場合に用いられるのである。

　のセリフは主人公レイの祖父でありながら，彼女の敵として立ちはだかるパルパティーンが劣勢にあるレジスタンスについて述べたセリフである。No one is coming to ... という表現は，緊迫する戦況の中で助けが来ないことを示唆することで，レイに戸惑いや焦りを与えるセリフとして効果的に使われている。

　このような未来を表す現在進行形では，arrive, come, go, leave, start など往来を表す動詞や，(2) にあるように前もって計画を立てられるような行為を表す動詞にも使うことができる。

(2) **I'm having** guests for dinner **tonight**.
　　今晩夕食にお客さんを**招いています**。

これらの表現は，目の前の動作を表す一般的な進行形の用法との曖昧さを避けるため，未来を表す副詞（句）と共に使う方が良い。

More Movie Data

Dory! The truck thing with your friends **is leaving**!

Finding Dory 『ファインディング・ドリー』（2016）〈01:12:45〉

ドリー！　君の友人を載せたトラックのようなものが**出ていこうとしている**よ！

 ナンヨウハギのドリーが両親であるチャーリーとジェニーと再会した後，今度はカクレクマノミの親子であるニモとマーリンとはぐれそうになるシーンである。トラックがその場を離れようとしている様子が描かれており，近接未来を表す進行形が緊迫感を表している。

What are you doing tonight, Ben? A frozen lasagna? Well... I could make a little salad, turn it into a dinner for two, like we did that time and never did again.

The Intern 『マイ・インターン』（2015）〈00:04:12〉

今夜は何にする，ベン？　冷凍ラザニア？　まあ…少しサラダを作って 2 人分の夕食にできるわ，この間食べてから一度もしていないものね。

 ベンの近所に住むパティが夕食に誘う時のセリフである。What are you doing に tonight という時を表す副詞が付くことで，今晩の夕食の予定を尋ねている表現になる。現在進行形を使うことにより，その予定を直近のものとして捉えている。そのような言い回しから，話し手のパティが積極的にベンを夕食に誘おうとしている様子も伝えられるのである。

Solidify Your Studies

And the reason I'm telling you is that Rufus Wainwright **is touring Japan in January**.

（名古屋市立大学 2010）

そして，なぜ私があなたにこの話をしたかというと，ルーファス・ウェインライトが**1 月に日本ツアーを行う予定**だからです。

❗ ルーファス・ウェインライトという歌手のコンサートツアーが直近であることから，現在進行形を用いて未来の予定を表している。

  現在進行形が持つ臨場感を意識して未来の事柄を表現できるように warp it up!

- **What are we having** for dinner?
  夕食に**何を食べる予定**なの？

- **I'm just going out** for a cup of coffee.
  コーヒーを飲みに**ちょっと出かけてくる**よ。

19. 未来進行形

Future Continuous
―― 主語や話し手の意図から切り離された未来の動作・状態 ――

Where **will** you **be spending** the summer?

The Queen『クィーン』(2006)〈00:09:02〉

夏はどのように**過ごされる予定でいらっしゃる**のですか？

Linguistic Tips

　未来進行形は〈will [shall] + be + -ing〉の形式で，未来での進行状態を表す基本的な意味だけでなく，既定路線的な未来の動作や状態への進行を表すことがある。主語や話し手の意図とは切り離された未来を指す点が，will do などの通常の未来表現と違う。

(1) **a. Will** you **come** to our party tonight?

　　　今晩のパーティーに**来ませんか**？

b. Will you **be coming** to our party tonight?

　　　今晩のパーティーに**来られる予定ですか**？

(1a) は未来形で相手に来る気持ちがあるかと意図を尋ねている文であるため，Yes や No 以外に Thank you. や I'm afraid I can't. などの社交辞令が必要となるが，(1b) は単に予定を尋ねている文であり Yes か No だけでも失礼にはならない場合が多い。また (1b) は，will の後に進行形が続くことによって，その行為に向けてことが進行していることが含まれるため，will が本来持っている意図を直接感じにくく，押し付けがましさがなく客観的に予定を尋ねられる。結果的に丁寧な印象を与える問い方となるため，丁寧さを必要とする場合に多用される。

　🎥のシーンでは，エリザベス女王が，就任が決まったブレア首相夫妻に夏の休暇の予定を尋ねている。女王として不躾な質問となることを避け，相手に敬意を表すためにも，未来進行形が使用されている。

　「既定路線的な未来の動作への進行」の意味は交通機関でも活用されており，運行上決められた駅を予定通りに停車していくという意味で未来進行形が用いられる。次の (2) は新幹線の実際のアナウンスである。

(2) This is the Nozomi superexpress bound for Tokyo. We **will be stopping** at Shin-Yokohama and Shinagawa stations before arriving at Tokyo terminal.

　　　この電車は，のぞみ号東京行きです。終点の東京駅まで，新横浜駅と品川駅に**停車いたします**。

More Movie Data

Carlyle: What **will** you **be doing**?　　Barnum: Watching my girls grow up.

The Greatest Showman『グレイテスト・ショーマン』(2017)〈01:34:22〉

カーライル：あなたは**今後どうするのですか**？　　バーナム：娘の成長を見守るよ。

> **!** バーナムがカーライルに劇団のショーマンを譲った際に，引退後を尋ねるために言ったセリフである。未来進行形を使って今後の予定を聞くことで丁寧さを出し，スムーズに相手から回答を得ている。

Uh, Loki **will be answering** to Odin himself.

Avengers: Endgame『アベンジャーズ　エンドゲーム』(2019)〈01:20:17〉

ロキはオーディンが**裁くことになってます**ので。

> **!** ピアース理事が囚人のロキを引き渡すよう命令したことに，ソーが反論するセリフである。裁きの流れとして，ロキはオーディンに対して弁明することになっている（＝オーディンが裁きを下す）ということを丁寧に説明している。

Yes, I **will be wearing** a necklace that Cartier has decided to loan me.

Ocean's Eight『オーシャンズ8』(2018)〈00:59:23〉

カルティエから借りるネックレスを**着けることになっている**の。

> **!** モデルのダフネがテレビの取材でネックレスを借りるのか問われ，答えるシーンである。すでにカルティエと話がついており客観的な予定として相手に伝えることで丁寧な印象を与えている。

Solidify Your Studies

The fact that their offspring **will be acquiring** a different set of values hits home.

(青山学院大学 2013)

彼らの子孫が異なる価値観を**身に付けることになるだろう**という事実が胸に突き刺さる。

❶ 未来進行形により「価値観の習得」が既定路線となっていることがわかる。The fact hits home で「事実が胸に突き刺さる」という意味である。

 通常の未来表現と違い，進行形のおかげで押し付けがましさがなく丁寧な問いになっている点を意識して **wrap it up!**

- How long **will** you **be staying**?
  どれくらい**滞在されるご予定**ですか。

- I **will be going** back to the place where I grew up.
  自分が育った場所に**帰る予定でいます**。

20. speaking of X の談話機能

The Discourse Particle "speaking of X"

――荒業もできる話題転換と展開の仕掛け――

Chuck: It's a perfect **marriage** between technology and systems management.

Morgan: **Speaking of marriage**, Chuck, when are you gonna make an honest woman out of Kelly? Cast Away『キャスト・アウェイ』(2000)〈00:15:33〉

チャック：弊社の技術とシステム管理の完璧な「マリアージュ」ですよ。

モーガン：「マリアージュ」といえばさ，チャック，いつになったらケリーと「結婚」してくれるんだ？

Linguistic Tips

　日本語では先行文脈での会話の内容を捉えて次に展開する時には「それはそうと…」や「…といえば」というような表現を使う。それに近い構文イディオムに speaking of X（以下 SoX と呼ぶ）がある。ほとんどの英和辞典の SoX の記述は「X のことだが，X といえば」とあるだけで詳しい記述や例文は全くなく，単なる慣用句のような扱いである。しかしながら，実はこの談話標識は先行文脈の内容の一部を X で捉え，さらなる内容に展開できる談話機能を持つ。

　🎥 の会話文に目を移すと，主人公のチャックは，婚約者のケリーの実家で彼女の親戚とクリスマスディナーを食べている。その場で，チャックは勤務する世界最大の宅配業者である，フェデックス社の最新技術管理システムについて雄弁に話をしている。チャックの隣に座っているのはケリーの叔父のモーガンは，姪のケリーとなかなか結婚しないチャックに少し焦燥感を抱いていた。チャックが流暢な話の中で「融合」という意味もある marriage という語を使う瞬間を逃さない。SoX を使って，原義である「結婚」の話題に引き込むという強引な会話の展開を行う。このように SoX は X に現れる語に多義性が存在する時には，その語の別の意味にすり替えるという「我田引水」的な荒業もできる。

　SoX の X は変数であり，🎥 のように marriage という具体的な語句をピンポイントに指すものが一般的だが，1970 年代以降，speaking of which（SoW）という変種のパターンの使用が急増した。変数が which（非制限用法の関係代名詞）のパターンでは先行文脈の語句をピンポイントではなく広範囲に捉えることが可能である。さらに SoX の変数の X に表面上何も存在しないゼロのパターン（SoZ）もあり，2000 年以降から顕著にみられるようになった。このパターンも先行文脈を広範囲に捉えるために，情報の関連性は若干希薄化する（cf. More Movie Data）。

More Movie Data

Katherine: She is such a sweet girl. **She's saving money for college**.

Karen: **Speaking of which**, where did Dave go to college?

Desperate Housewives『デスパレートな妻たち』(S5, E3)(2008)〈00:11 30〉

キャサリン：彼女は思いやりのある娘よ。（ウエイトレスの仕事をしながら）**大学の学費を貯めているの。**　カレン：**それはそうと**，デーヴはどこの大学に行ったの？

>
> SoW の好例。詮索好きなカレンは，イーディーの婚約者で謎の多いデーヴの情報を聞き出す目的で食事会に来ている。会話が大学の学費を稼いでいる女子大生の話になった瞬間，SoW で切り込み「デーヴの通った大学はどこなの」という質問に転じる。

If you swoon, let me know. I'll catch you. Like an agile peacock. **Speaking of**, so great to have the gates open. Why did they shut them in the first place? Do you know the reason? Frozen『アナと雪の女王』(2013)〈00:21:39〉

意識を失っても心配無用。素早い孔雀のようにつかみますからの。**それはそうと，**お城が開門されて良かったですな。でも元々どうして閉門したかご存じか？

>
> エルサの氷を操る能力が禍となり，アナが転倒し意識を失う。外部に事故の真相が漏れないように城を長期に渡って閉門することになるが，ついにエルサ女王の即位に合わせて再び開門する日が訪れる。上記はお祝いの舞踏会で公爵が SoZ で話を展開させて，アナから閉門の真相を聞き出そうとするセリフである。

Solidify Your Studies

You're right! It is hard to study in this **heat**. **Speaking of the heat**, do you have any dinner plans tomorrow? (弘前大学 2013)

この**暑さ**の中で勉強するのはキツイわね。**熱くなれることといえば，**明日は晩御飯の予定はあるの？

🔴 語の多義性で話題転換をする手法の一例で，heat（暑さ）を自分で受けて，heat（熱くなれること⇒わくわくすること）という別の意味にすり替える高度な SoX の用法である。

  相手のセリフからの「我田引水」的な会話術で **wrap it up!**

● A: My aunt enjoys **traveling** a lot.

　　私の叔母は**旅行**が大好きです。

● B: **Speaking of traveling**, would you like to go to Brisbane this summer with us?

　　旅行といえば，この夏，私たちと一緒にブリスベンに行かない？

大きな数値の誤差を後付けで示す表現

　映画やドラマを観ていると，会話の情報をわかりやすく約めるために，おもしろいイディオムが使われることがあります。give or take X はその一例です。

　この表現の語源を調べると，初出は 1958 年で，まだ新しいイディオムです。変数 X に小さな数量や時間を表す語句を代入し，直前に生起する大きな数字を微調整するこの表現は give がプラスを，take がマイナスを表し，先行の数値の誤差を示します。

（1）Dr. Webber: How long do you anticipate the entire surgery actually taking?

　　 Dr. Shepherd: 18 hours ... **Give or take some hours**.

Grey's Anatomy『グレイズ・アナトミー』(S11, E13)(2015)〈00:35:22〉

　　ウェバー医師：手術全体は実際にどれくらいかかると見込んでいますか？

　　シェパード医師：18 時間です，**数時間の前後はあるでしょうが**。

　上の会話は術後の報告会でシェパード医師が「18 時間」という大手術に費やす時間を聴衆に伝え，「数時間の誤差はあるかも」と付け加えているシーンです。この表現は後付けの表現で，先行する数値を微調整します。

　コーパスに裏付けられた詳しい語法情報でほかの辞典と一線を画する『ウィズダム英和辞典』は，初版（2003）から第 4 版（2019）まで一貫して X を省略して「およそ」の意味で用いられる場合があることを（2）と（3）の両例文で指摘しています。

（2）**Sydney is about a two-hour drive, give or take a few minutes**.

　　数分の違いはあるでしょうが，シドニーまで車で 2 時間ほどです。

（3）**This painting is worth $2 million, give or take**.

　　この絵画は**約** 200 万ドルの価値がある。

　「KUFS データベース」では give or take X は 27 件ヒットし，その 2/3 に相当する 18 例において X がゼロになっています。その結果から判断すると，X が省略されるのが主流になりつつあるのかもしれません。X をゼロにすると大きな数字や単位を小さくする操作が不要なので，話者にとって簡便です。（4）のような例です。

（4）A: How many workers?　　　　　B: Two hundred, **give or take**.

　　（ストに参加した）工員は何人だ？　　200 名**前後**です。

Ocean's Thirteen『オーシャンズ 13』(2007)〈01:04:51〉

皆さんも，映画を楽しみながら，このような切れ味のいい表現を身に付けてください。

2章

音声学

本章では，音声学という，言語の研究において長い歴史を持ち，欠かせない分野について扱います。言語として発声された音がどのように作られ，どのように聞こえて，どのように意味が理解されているのかについて解説します。

1. 標準米語と標準英語
General American and Received Pronunciation
── 発音の違い ──

Lionel Logue: Perhaps he should change jobs.
Queen Elizabeth: He **can't**.　　The King's Speech『英国王のスピーチ』(2010) 〈00:09:58〉

ライオネル・ローグ：ご主人は転職された方が良いかもしれません。
エリザベス妃：**できません。**

Linguistic Tips

　アメリカ英語の発音を大別すると，中西部型，南部型，東部型の 3 つである。アメリカ人の 7 割が話すと言われている中西部型が標準米語（General American: GA）と呼ばれる。一方イギリス英語の発音は，アメリカ英語よりも方言の種類が多い。その中で，南部イングランドの教養あるイギリス人によって話される容認発音（Received Pronunciation: RP）が標準発音とされている。RP にも BBC のキャスターや旧世代が話す Conservative RP，若い世代が使う Modern RP，年齢や職業などに関係ない Mainstream RP などがある。GA と RP の主な違いは以下の通りである。

(1) スペリング 'r' の発音：GA ではスペリングにある r は全て発音するが，RP ではスペリングにあっても母音の前の r 以外は発音しない。

　　例：car GA では /kɑːr/，RP では /kɑː/

(2) スペリング 'o' の発音：GA では 'o' は /a/（あごを下げて唇は丸めないで発音するア）となることが多く，copy はカピー，not はナットとなる。しかし，RP では /ɒ/（あごは少し下げ，唇を丸めるア）となり，限りなくオに近い発音になる。そのため，日本人発音と似た発音，コピー，ノットに近い。

(3) 二重母音の発音：GA の /oʊ/ は RP では /əʊ/，GA の /ʊə/ は RP では /ɔː/ になる。

　　例：no は GA では /noʊ/，RP では /nəʊ/

　　　　tour は GA では /tʊər/，RP では /tɔː/

(4) 母音の違い：GA の /æ/（エアを速く発音するア）は RP では /ɑː/（あごを下げ，唇は丸めないでアー）となる。の例は，この例である。

　　例：can't は GA では /kænt/，RP では /kɑːnt/

(5) 弾音化：GA では弾音化が起きるが，RP では起きない (pp. 52–53)。

　　例：butter は GA では /bʌdər/，RP では /bʌtə/

44

More Movie Data

Exactly. And on top of that, there's the old standby: "I **can't** believe a girl like that would actually be with a guy like me."

The Holiday 『ホリデイ』(2006) ⟨01:37:04⟩

その通り。それにあんな素敵な女性が，僕みたいな男といてくれることが信じ**られない**っていつも思っているからね。

> **!** GA の can't の発音。🎥 で取り上げた RP の /kɑːnt/ と比べると，母音が /æ/ となっていることが確認できる。

Mary: Hi. I'm Mary.

Tim: I'm Tim. Mary's my mother's name, actually.

Mary: Oh. Does it suit her?

Tim: **Sort of**.　　　About Time 『アバウト・タイム　愛おしい時間について』(2013) ⟨00:21:32⟩

メアリー：こんにちは，メアリーよ。　ティム：僕はティム。実はメアリーは母親の名前なんだ。
メアリー：あら。名前はお母さんに似合ってる？　ティム：**まあね**。

> **!** Sort of は GA ならリエゾンした後，弾音化して，ソゥロ v のような発音になる。このシーンのすぐ後の ⟨00:22:10⟩ に，メアリーの米発音の sort of も聴取できるので比較してほしい。ティムの英発音では弾音化せず，ソウ t オ v と発音されている。

McGonagall: Are the rumors true, Albus?

Dumbledore: I'm afraid so, Professor. The good and the **bad**.

Harry Potter and the Sorcerer's Stone 『ハリー・ポッターと賢者の石』(2001) ⟨00:01:43⟩

マクゴナガル：噂は本当なのでしょうか？

ダンブルドア：残念ながら本当です，先生。良い噂も，**悪い噂**も。

> **!** GA なら /bæd/ と発音する bad だが，RP では /bɑːd/ となっている。

Solidify Your Studies

2-1 poor（/pʊə/ と /pɔː/）と hot（/hɑt/ と /hɒt/）をそれぞれ GA と RP で **wrap it up!**

- Mother Theresa helped the **poor**, the sick and the dying.
  マザー・テレサは**貧しい人**，病んだ人そして死にゆく人を助けました。

- Mindfulness is a very **hot** topic nowadays.
  マインドフルネスは今日，**注目の**話題です。

2. オーストラリア英語の特徴

Australian Pronunciation
——米発音との違い——

Waiter: Excuse me, guys. Are you still waiting on someone? Or can I take this plate away?

Saroo: Yeah, you can take it away.

Sue: No, no, no. You can leave it.

Saroo: **No. Take** it.　　　　Lion『LION ライオン 25 年目のただいま』(2016)〈00:54:55〉

ウェイター：すみません。こちらの方をまだお待ちですか？　お皿をお下げしていいですか？

サルー：ああ，下げてください。　スー：いえ，置いておいてちょうだい。

サルー：**いや，下げて。**

Linguistic Tips

オーストラリア英語は 3 種類に分類される。

(**1**) General Australian

　　　人口の 6 割が話すという最も一般的な発音。

(**2**) Cultivated Australian

　　　人口の 1 割が話すという教養が高いとされる発音。

(**3**) Broad Australian

　　　人口の 3 割が話す教養程度が低いとされる発音。

イギリスからの移住者が多いため，オーストラリア英語の発音はイギリス発音との類似点が多い。米発音と比較したオーストラリア英語の特徴を以下に挙げる。主に母音の発音方法に違いが出る傾向にある。

I　子音における違い：英発音と同様，母音の直前以外の r は発音されない。

II　母音における違い：

(**1**) 米発音の /oʊ/ が，豪発音では /əʊ/ になる。

(**2**) 米発音の /eɪ/ が，豪発音では /aɪ/ になる。

(**3**) 米発音の /aɪ/ が，豪発音では /ɔɪ/ になる。

(**4**) 米発音の 二重母音 /ɪə/ が，豪発音では 長母音 /iː/ になる。

(**5**) 米発音の 二重母音 /ʊə/ が，豪発音では 長母音 /uː/ になる。

(**6**) 米発音の 二重母音 /eə/ が，豪発音では 長母音 /eː/ になる。

🎥 は，**II-1** と **II-2** の例である。米発音の /oʊ/ は豪発音では /əʊ/ なので，no はナウのようなネウのような発音になる。そして米発音 /eɪ/ は豪発音では /aɪ/ なので，take はタイ k と発音される。

More Movie Data

Has he **ever** had any problems like this **before**?

House M. D.『ドクター・ハウス』(S1, E8)（2005）〈00:06:10〉

息子さんは，**以前にも**このようなことはありましたか？

> ! 豪英語の特徴として母音の前の r 以外は，r を発音しないので，ever も before も，r を発音せず，/evə:/，/bɪfɔ:/ となっている。

Sara: Mr. Drover.   Drover: Yeah?

Sara: There is only one tent.   Drover: That's **right**.

Australia『オーストラリア』（2008）〈00:15:15〉

サラ：ドローバーさん。　ドローバー：なんですか？

サラ：テントは 1 つだけです。　ドローバー：**その通り**。

> ! 米発音の /aɪ/ は，豪発音では /ɔɪ/ になるので，right はライ t ではなくロイ t のように発音されている。

Who's gonna **pay** for it?　Rabbit-Proof Fence『裸足の1500マイル』（2002）〈00:41:31〉

誰が**費用を出す**のか？

> ! 米発音 /eɪ/ は豪発音では /aɪ/ になるので，pay はパイのような発音になる。米発音の /aɪ/ は豪発音では /ɔɪ/ になるので，pie はポイとなる。

Why are you **here**?　Lion『LION ライオン 25 年目のただいま』（2016）〈01:11:14〉

どうして**ここに**いるんだ？

> ! 豪発音では二重母音の /ɪə/ が長母音の /i:/ になり，r も落ちた結果，米発音で /hɪər/ と発音される here は，/hi:/ と発音される。

Solidify Your Studies

  2-2

米発音と比較して豪発音は information /ɪnfəmáɪʃən/，r 音のない there/ðe:/ になる傾向があることを意識して wrap it up!

- Multiple brain areas work together to transfer **information** from short-term memory storage to long-term storage.

  複数の脳の領域が，短期記憶保管から長期記憶保管に**情報**を転送するために協働します。

- These koalas were rescued from the bushfires over **there**.

  これらのコアラたちは，**あちら**の山火事から救出されました。

3. リエゾン：音の連結

Liaison

―― わけのわからない音の塊の正体 ――

Princess, I, uh, how's it going, firs**t of al**l?

Shrek『シュレック』(2001) 〈01:03:49〉

姫，私は，えっと，その前に，ご機嫌いかが？

Linguistic Tips

英語の書き取りテストの誤答分析をすると，複数の英単語でできているものを，1文字の単語として解答する傾向が強い。たとえば，の first of all という3単語を festival と書き取る日本人学習者は非常に多い。

聞き間違いの原因は発音の速さなどではない。ファースト　オブ　オールではなくなり，ファスタボーのように発音され，festival かも，と聞き手に思わせるような音に変化してしまうことに原因はある。つまり first of all の単語の発音自体が変化しているのだ。ここで起きる音変化は，以下の通りである。子音で終わる語の直後に，音声的に母音で始まる語が続いた場合，そこで〈子音＋母音〉のパターンができ上がり，音の連結「リエゾン」が起きる。first の /t/ と of の /ə/ で /tə/, of の /v/ と all の /ɔ/ で /vɔ/ という音が生まれる。2箇所で連結がおき，3単語がひとかたまりの音になる。

日本語の場合，50音図を見ると，縦の5つの母音と，横の子音との組み合わせでできており，「ん」以外全ての音が母音で終わっている。そのため語尾が子音になることは「ん」以外ないので，日本語ではリエゾンは起きない。オーディオ製品を作る「デンオン」という日本の会社がある。DENON は「日本電音機製作所」の略称だが，海外では「デノン」と読まれてしまう。同じような問題が，「田園都市線」にも起きているが，日本国内では Den-en toshi sen と表記して「デネントシセン」と誤解されないようにしている。しかし海外では DEN-ON とは表記できない。そこで「2001年からグローバル企業として世界共通の呼称を企業名としてデノンに統一（デノンのHPより）」したそうだ。ことほど左様に単語と単語の垣根を超えて音を連結させてしまうのは，英語話者にとってはごく自然な音の化学反応だが，母語にこの化学反応のない日本人学習者は，まずは（first of all）リエゾンを頭で理解し，リエゾンを臆せず自分の口で発音することが肝要だ。

48

More Movie Data

After **r all**, she loves pi. High School Musical 『ハイスクール・ミュージカル』(2006)〈00:18:56〉

だって彼女はパイ（π）が好きだから。

> **！** after の語尾の子音 /r/ と，all の語頭の /ɔ:/ が連結し，アフタ<u>ロー</u>のようなひとかたまりの音に変化する。

Hi. I ha**ve an a**ppointment with Emily Charlton?

The Devil Wears Prada 『プラダを着た悪魔』(2006)〈00:03:36〉

こんにちは。エミリー・チャールトンさんと面接の約束があります。

> **！** have の語尾の /v/ と，an の /ə/ の連結で /və/，an の語尾 /n/ と appointment の語頭の /ə/ が連結を起こし /nə/ となる。その結果，「ハ<u>ヴァナ</u>ポイントメン t」とひとかたまりになる。

I had a lo**t of** friends in Africa. Mean Girls 『ミーン・ガールズ』(2004)〈00:04:56〉

アフリカではたくさん友達がいた。

> **！** a lot of は t と o の間でリエゾンがあり，さらに t の弾音化（pp. 52–53）も生起し，ア<u>ララヴ</u>のような発音となる。アメリカ英語では lot は /lɑt/ とラに近い音になることも併せて注意したい。

Dad: Oh, and Tim, try and do something interesting.

Tim: So much trouble. I mea**n i**t. Really.

About Time 『アバウト・タイム　愛おしい時間について』(2013)〈00:06:53〉

父：ああ，それからティム，何か面白いことを試してやってみなさい。

ティム：大変なことになるからね。本気だよ。本当だからね。

> **！** mean の n と it の i がリエゾンし，ミーニッと発音されている。

Solidify Your Studies

 3単語がひとかたまりになる in an hour と，キャン　アイと切らない Can I で **wrap it up!**

2-3

● I'll finish the report **in an ho**ur.

1時間で報告書を仕上げます。「イナナウア」

● Can **I** help you?

いらっしゃいませ。「キャナイ」

4. 同化：隣接した2音で第3の音を作る
Assimilation
―― y と同化したひとかたまりの音 ――

You mi**ss** **y**our dad, don't you, Sharkbait?

Finding Nemo『ファインディング・ニモ』(2003)〈00:48:05〉

パパが恋しいか，シャークベイト？

Linguistic Tips

「同化」とは隣り合った音の影響を受けて，その音の性質に近づいて変化することだが，影響の向きが，**1.** 前の音から後ろの音へ及ぶ場合や，**2.** 互いに影響し合う場合がある。

1 の例としては，名詞の複数形 -s の部分の発音が，同じ -s でも dog**s** は /z/ になり，book**s** は /s/ になる現象である。つまり有声音で終わる語 (do**g**) の複数形の -s は，/g/ の有声音の性質を引き継ぎ /z/ で，無声音で終わる語 (boo**k**) の -s は，/k/ の無声音の性質の影響を受け /s/ で発音する。

一方，**2** は融合同化と言われるが，はその例である。隣り合う2つの音で〈子音＋母音〉のパターンができ上がると，単語の境目を超えて音が連結する現象については前項 (cf. リエゾン：pp. 48–49) で紹介した。同化はリエゾンと同様，隣り合った音同士で音変化を起こす現象だが，後続音は必ず y /j/ である。つまり〈子音＋ y〉のパターンである。リエゾンとの違いは以下の3点である。

a. 同化は前語の語尾の子音と，後続の y との間に生起する。y で始まる語の多くは you や your である。

b. リエゾンには多くの音の組み合わせがあるが，同化は以下の6つの組み合わせである。

/t/ ＋ /j/ = /tʃ/ チュ (例：want you)，/d/ ＋ /j/ = /dʒ/ ジュ (例：could you)

/s/ ＋ /j/ = /ʃ/ シュ (例：miss you)，/z/ ＋ /j/ = /ʒ/ ジュ (例：goes your)

/ts/ ＋ /j/ = /ʃ/ チュ (例：what's your)，/dz/ ＋ /j/ = /dʒ/ ジュ (例：mends your)

c. リエゾンはただ単に，当該の子音と母音を足し合わせるだけ，つまり，t＋a なら ta，n＋a なら na が生成される。しかし同化の場合は，ただ単純な足し合わせではなく，/t/ ＋ /y/ で /tʃ/ のように第3の音が生成される。

gonna (going to)，gotta (got to)，wanna (want to)，hafta (have to)，hasta (has to) なども同化の一種である。

More Movie Data

Kate, woul**d y**ou mind if I change the subject for a moment?

No Reservations『幸せのレシピ』（2007）〈00:02:14〉

ケイト，ちょっと話題を変えてもいいかな。

> ❗ would の語尾 /d/ と，you の語頭 /j/ が隣り合った結果，融合同化が起きてジュ /dʒ/ という第 3 の音が生成される。

Vernon: Fine day, Sunday. In my opinion, best day of the week. Why is that, Dudley?

Harry: Because there's no post on Sundays?

Vernon: Righ**t y**ou are, Harry.

Harry Potter and the Sorcerer's Stone『ハリー・ポッターと賢者の石』（2001）〈00:10:39〉

バーノン：日曜日はいい日だ。個人的には，1 週間で一番いい日だ。なぜだと思う，ダドリー。

ハリー：日曜日は郵便の配達がないから。　バーノン：その通りだ，ハリー。

> ❗ Right の /t/ と you の /j/ が同化して /tʃ/ が生成される。

Jonathan: Maybe you should give me your number, just in case.

Sara: In case of what?

Jonathan: In case of life. I had a great time, and I'd never fin**d y**ou again.

Serendipity『セレンディピティ』（2001）〈00:06:31〉

ジョナサン：多分，君は僕に電話番号を教えるべきだよ，万一に備えて。

サラ：何に備えて？

ジョナサン：人生に備えてさ。僕はすごく楽しかった。なのに僕は二度と君を見つけられないだろう。

> ❗ find の d と you の y が同化して，ジュ /dʒ/ という音が生成されている。

Solidify Your Studies

/ts/ ＋ /j/ で /tʃ/, going to ⇒ gonna /gənə/ で **wrap it up!**

● Wha**t's y**our favorite color?
あなたの好きな色は何ですか？

● I'm **gonna** talk about it.
そのことについて話します。

5. 弾音化した t

Flapped t

── 音色を変えて，もはや別の音 ──

I guess I be_tter go find my mom and wish her a happy New Year.

High School Musical『ハイスクール・ミュージカル』(2006)〈00:06:51〉

私，新年の挨拶しにママを探しに行かないと。

Linguistic Tips

　本来タ行のはずの /t/ が， の例の better のように，1. 前後を母音にはさまれ，2. 直後の母音に強勢がこないという 2 つの条件の下では，ダ行のようなラ行のような発音になる。この現象を「弾音化」という。何を弾くかというと，上の歯と歯茎の境目辺りを，舌先が素早く軽く接触することを指している。1 回だけ舌先がはためくので flap t（パタパタする t）と呼ばれる。特にアメリカ英語で顕著な現象である。

　/t/ は本来，舌先をしっかり上の歯と歯茎の境目に付けて，息の出口を完全に閉鎖するところから発音が始まる。吐き出す息の勢いが，その閉鎖を破って勢いよく口の外に息が飛び出す時にできる爆発的な音が /t/ なので，閉鎖音，あるいは破裂音と呼ばれる。しかし，しっかり閉鎖させず，舌先で歯と歯茎の境目辺りを手前へ舐めると同時に，その動きとは反対に息を吐き出す時に作られる /t/ は，flap した音になる。

　このような現象は letter, butter, eighty, city, bottom などで見られ，それぞれレダー / レラー，バダー / バラー，エイディ / エイリー，スィディ / スィリー，バダム / バラムのような発音になる。

　さらに重要なことは，リエゾン（pp. 48–49）とのダブルの音変化だ。リエゾンが起きた結果，/t/ が前後を母音に囲まれることがある。その場合，単語の垣根を超えて弾音化が起きる。What are you doing? は，what の語尾の /t/ と are の語頭の /a/ で，子音＋母音の環境が整いリエゾンが起きる。その結果，what の /t/ は前後を母音に囲まれ，flap t になる。そのため，ワダユのようなワラユのような発音になる。しばしば日本人学習者が，What are you doing? を What do you doing? と勘違いするのは，このためである。

More Movie Data

The problem was, no ma**tt**er where I went, as soon as I got home, the nowhere-to-be thing hit me like a ton of bricks.

The Intern『マイ・インターン』(2015)〈00:01:38〉

問題はどこへ行っても帰宅するたびに，自分の居場所はどこにもないという気持ちに襲われることだった。

> ❗ 母音にはさまれた /t/ が弾音化し，マダーのようなマラーのような発音になる。

And wha**t a**re you doing here?　The Devil Wears Prada『プラダを着た悪魔』(2006)〈00:08:16〉

それでここでは何をするの？

> ❗ リエゾンと弾音化のダブルの音変化の結果，ワダユのようなワラユのような発音になる。

Sophie Neveu: Do you have a message from Sauniere?
Robert Langdon: Wha**t a**re you talking about?

The Da Vinci Code『ダ・ヴィンチ・コード』(2006)〈00:17:31〉

ソフィー・ヌヴー：ソニエールから伝言がありましたか。

ロバート・ラングドン：君は何を言っているんだ。

> ❗ What の t が，後続の a とリエゾンを起こし，その結果 t が前後を母音に囲まれ弾音化するため，what are you が what do you のように聞こえる。

Oh, yeah. No, no, we go**tt**a do that again, for sure, but okay if we take a rain check?　　　The Intern『マイ・インターン』(2015)〈00:04:16〉

ああ，そうだね，また是非そうしないとね，でも次回でもいいかな。

> ❗ gotta の t も前後を母音に囲まれているので弾音化して，ガダまたはガラのような音に変化する。

Solidify Your Studies

2-5

ボトムではなくバラ m，シティではなくスィリーで wrap it up!

- You can find the URL at the bo**tt**om of the page.
  URL はそのページの一番下にあります。

- The tall building is Minneapolis Ci**t**y Hall.
  あの高い建物はミネアポリス市庁舎です。

6. 弱形

Reduced Form / Reduction

── 母音の音色まで変えてしまう現象 ──

Even though I wasn't allowed to like Aaron, I was still allowed to look at **him**. And think about **him**. And talk to **him**.

Mean Girls『ミーン・ガールズ』(2004)〈00:15:24〉

アーロンを好きになるのはダメでも，**彼**を見つめるくらいは大丈夫。**彼**を思うことも。**彼**に話しかけることも。

Linguistic Tips

　弱形（reduced form），あるいは弱化（reduction）は，英語の発音において特に重要な現象である。reduce は「減らす」「縮小する」と同時に「変形する」も意味するように，英語で起きる reduced form は，「弱形」「縮小形」でもあり，原形をとどめないほど，音色が変わってしまうほどの「変形」になる場合もある。

　弱化する前の強形の発音は学習することが多い（たとえば 'him' なら「ヒm」）。しかし会話においては，前後の文脈から 'him' が誰を指すか明白な場合，/h/ が省かれた reduced form の「イm」になり，さらに母音の音色まで変えて「アm」と発音される。さらに直前の語が like のように子音（この場合 /k/）で終わっている場合はリエゾンも起きて，like him は「ライカm」となる（cf. リエゾン：pp. 48–49）。の例では him は Aaron を指すことが明らかなため，3 回とも reduced form で発音されている。このようにリエゾンと弱化のダブルの音変化は英語では頻発するが，日本人学習者にとっては学習上の壁になることが多い。

　文の内容を伝達する上で重要な内容語（名詞，動詞，形容詞，副詞など）は強勢を受け，意味内容よりも文法的な機能を担う機能語（代名詞，前置詞，助動詞，冠詞など）は通常は強勢を受けないので，弱形で発音される。このような現象を，広義の意味での弱化（cf. (**1a**)）と呼ぶ。狭義の意味での弱化とは，内容語であっても，その語の強勢を担う音節以外の音節では母音が弱化する（主に /ə/ に変わる）ことを指し，母音の弱化（vowel reduction）と呼ばれる（cf. (**1b**)）。

(1) **a.** 広義の弱化の例：人称代名詞の語頭の 'h' や 'th' が脱落する。

　　　例：her ⇒ ハー /hər/ ではなくアー /ər/,

　　　　them ⇒ ゼ m/ðem/ ではなく エ m/em/ または ア m/əm/

　b. 狭義の弱化の例：強勢のない音節の短母音は曖昧母音 /ə/ に変化する。

　　　例：chocolate ⇒ 　**チョカラ** (t)

　　　　強勢のくる cho 以外の音節 co と late の母音は /ə/ に変化する。

More Movie Data

Tell them about the Internets.　　　Mamma Mia! 『マンマ・ミーア！』（2008）〈00:16:07〉

彼女たちにインターネットの話をして。

> ! 人称代名詞である them は機能語であり，文脈上，話者の隣にいる 2 人の女性であることが明らかであるため，弱形で発音されている。つまり，語頭の th が脱落し，アm/əm/ となり，さらに前語語尾の l とリエゾンして，テラm と発音されている。

That's what her real mommy said, and now they won't even let her talk to her.　　　I Am Sam 『I am Sam アイ・アム・サム』（2001）〈01:05:50〉

彼女（タマラ）の本当のママも同じことを言ったって。でも今では**タマラ**に**ママ**と話もさせてくれないって。

> ! 3 つの her は文脈上，順番にタマラ，タマラの実母，タマラを指す。1 つ目の her は周りの音で明瞭に聴取できないのでさておき，2 つ目の her は強形ハー /hər/，3 つ目は弱形アー /ər/ と，強形と弱形の両方の発音を聞くことができる。

I watched him got out with a women after a woman and he'd always come crawling, he'd come crawling back to me. It was embarrassing.　　　Serendipity 『セレンディピティ』（2001）〈00:19:08〉

僕は**彼が**次から次へと女性とデートするのを見ましたが，彼はいつでも僕の元へとコソコソと戻って来ました。それは迷惑でした。

> ! him は前後の文脈から Jonny を指すことは明らかなので，h を落とした弱形 /əm/ となり，先行する watched とリエゾンしている。

She could have done.　　　The Holiday 『ホリデイ』（2006）〈00:40:30〉

言って**くれたら良かった**のに。

> ! have の h が省略されて /əv/ となり，さらに直前の could の d とリエゾンして，could have はクダv となっている。

Solidify Your Studies

2-6 /ð/ が落ちた them の弱形 /em/，人称代名詞以外でも th が脱落する例 there で **wrap it up!**

- We can help them but we can't do it for **them**.
  私たちは彼らを手助けはできるが，**彼らに**変わってそれをやることはできない。

- You can find vending machines here and **there**.
  自動販売機なら**あちら**こちらにありますよ。

7. 語尾の発音されない閉鎖音
Unreleased Final Stop
── くせもの /t/ ──

That's it. We'll take our business somewhere else.

No Reservations『幸せのレシピ』(2007)〈00:04:42〉

もういい。ほかの店に行く。

Linguistic Tips

　子音の中で /t/ 音は一番のくせものである。/t/ は前後の音によって音色を変えてしまうからである。このような子音はほかにはない。/t/ のバリエーションには，前項（cf. 弾音化した t : pp. 52–53）で紹介した **1.** 弾音のほかにも，**2.** 大量の吐く息（帯気音またはアスピレーション）と共に発音する /t/，**3.** 声門閉鎖音などがあり，ここで紹介するのは，**4.** 無開放閉鎖音と呼ばれるものである。

　閉鎖音とは，口の中の一部分を舌や唇で閉鎖して，いったんせき止めた吐く息を一気に開放してできる子音（/p/, /b/, /t/, /d/, /k/, /g/）を指す。一気に開放する時に爆発的に吐く息が放出されるので「破裂音」とも呼ばれる。take の語頭の /t/ を例にとると，舌先を上の前歯の裏側に押し当て，吐く息を口外に出ないようにせき止めた後，舌先を離すことで，/t/ トゥッと吐気が開放される。結果，take は /tʰeɪk/（テʰエィ k）のような，気息を伴う発音になる（2 の例）。一方，bit の /t/ のような，語尾で後ろに母音を伴わない閉鎖音 /t/ の場合の発音方法は，閉鎖するところまでは take の /t/ と同じだが，その後，破裂させずに静かに終了する（unreleased）。これを「無開放閉鎖音」といい，音としては聞こえず，no audible stop ともいわれる。🎥 の例は it の語尾 /t/ を破裂させずに終わっている **4** の例である。bit も bid も，結果的にビッとしか聞こえないが，語尾の /t/ あるいは /d/ の口構えは必要である。語尾が無声音 /t/ で終わる場合より，有声音 /d/ で終わる場合の方が，直前の母音が長くなる。声帯の振動が必要な有声音は，左右の声帯を寄せるための時間を稼ぐ必要があるためである。その母音の微妙な長さの違いや文脈などから，聞き手は bit なのか bid なのかを判別する。

　主に米発音では，語尾の閉鎖音は無開放閉鎖音になり，反対に英発音では語尾の破裂音をしっかり発音すると言われている。しかし，最近の英発音（Modern RP (cf. 標準米語と標準英語 : pp. 44–45)）でも，米発音のように無開放閉鎖音が多い。どちらで発音しても支障はない。ただ，日本人学習者に多く見られる，語尾の破裂音の後にさらに余計な母音を付加すること，たとえば it をイット のように発音する癖だけは，コミュニケーションの大きな妨げになるので絶対避けるべきである。

More Movie Data

Don't tell me I can'<u>t</u> have my own room.

The Bucket List『最高の人生の見つけ方』(2007)〈00:08:35〉

私が個室に入れないなんて言うな。

> **!** 米発音の can't の語尾の /t/ はたいてい無開放であるため，can't なのか can なのか，語尾の /t/ の発音の有無だけでは判断できない。見極め方は，/kæn/ であれば否定形の can't, /kən/ であれば can，というように，母音の音色から判断する。同じ can't でも，/t/ を破裂させた発音を同映画のほかのセリフ You can't have your own room〈00:08:25〉で聞くことができる。ちなみに英発音における can't の発音は，前項（pp. 44–45）の (4) にあるように /kɑːnt/ である。

Mary: I hope I see you again.　　Tim: You will.

Mary: Okay. Goo<u>d</u>. Goo<u>d</u> nigh<u>t</u>.　　Tim: Goo<u>d</u> nigh<u>t</u>.

About Time『アバウト・タイム　愛おしい時間について』(2013)〈00:25:20〉

メアリー：またあなたに会えるといいな。　ティム：きっと会えるよ。

メアリー：そうね。良かった。おやすみなさい。　ティム：おやすみ。

> **!** メアリーはアメリカ人の設定なので，1 つ目の Good の /d/ は若干，開放気味の発音である。そのほかの下線の閉鎖音は，完全に無開放で聞こえない。ティムはイギリス人の役どころだが，メアリーと全く同じく，無開放閉鎖音として発音していることから，語尾の破裂音に関して，米英で違いがあまりないことがわかる。

Well, I'm retired, and my wife is dea<u>d</u>. The Intern『マイ・インターン』(2015)〈00:01:15〉

私は定年退職し，妻にも先立たれました。

> **!** 話者はアメリカ人の設定なので，dead の語末の /d/ は全く破裂させておらず，デッとのみ聞こえる。

Solidify Your Studies

  語尾が全部無開放の閉鎖音で終わる単語で **wrap it up!**

● I need a plasti<u>c</u> ba<u>g</u>.
1 枚レジ袋をください。

● Sto<u>p</u> tha<u>t</u> ca<u>b</u>.
あのタクシーを止めてください。

8. 助動詞 do の強調用法

Emphatic Uses of Auxiliary Verb "do"
── 否定的な想定を覆す do ──

Mayor Lionheart: And clear my afternoon. I'm going out.

Bellwether: No, no! But, sir, you **do** have a meeting with Herds and
Grazing.   Zootopia『ズートピア』(2016)〈01:00:54〉

ライオンハート市長：それから私の午後のスケジュールはキャンセルだ。私は出かけるぞ。

ベルウェザー副市長：待ってください！　でも，市長，牧場委員会との会合がある**んですよ**！

Linguistic Tips

　原形動詞の前に置かれる助動詞 do には，出来事の事実性を強調する用法と，話し手の気持ちを純粋に強める用法がある。You do know him. では，「知らない」という相手に対して，「あなたは実際に彼のことを知っている」と認識済みであることを強く伝達している。また You do look nice today. では，「今日はすごく素敵に見える」と話者の気持ちが強調されている。先行研究では，do have, do get, do know, do go, do look, do say, do want といった連結が頻繁に用いられることが報告されている。のようにキャンセルという否定的な想定に相対する事実を断言したり，あるいは話者の気持ちを強めることが強調の助動詞 do の基本用法となるが，日常会話や映画などでは事実の断定をいくぶん弱めた使用例もみられる。の強い肯定とは異なる（**1a, b**）のような程度を弱めた肯定も可能で，助動詞 do の断定度が緩和されている。

（1）a. I {**guess** / **suppose**} you **do** have a problem.
> あなたには**確かに**問題がある**と思います**。

　　b. It **seems like** [**Maybe** / **Perhaps**] you **do** have a problem.
> あなたには**確かに**問題がある**ようです** [問題がある**かもしれない**]。

　また，主張の度合いを逆に強めることもでき，（**2**）のように助動詞 do の前に actually, really といった副詞を置くことで，話者の思いがより強調される。のような do の断定性が，（**1a, b**）のように一歩引いて抑えられたり，また（**2**）のようにより強い発言に変わったりするのである。

（2）You look good. No, you {**actually** / **really**} **do** look good.
> 元気そうに見えます。いや，{**実際** ／ **本当に**} 元気そうに見えます。

強調用法の do には強勢が置かれて強く発声される。actually や really といった強勢を伴う副詞の直後であっても do の強勢は常に保たれることに注意したい。

58

More Movie Data

Nancy: I don't feel well.

Penelope: What's the matter? Are you all right?

Alan: You **do** look pale, honey.　　　　Carnage『おとなのけんか』(2011)〈00:27:10〉

ナンシー：気分が良くないの。

ペネロペ：どうしたの？大丈夫？

アラン：お前，顔色が**本当に**悪いぞ。

> ！ 助動詞 do は話者の思いを強調しながら，何らかの対応の必要性も伝達している。

Anything you **do** say can be used against you in a court of law.

Desperate Housewives『デスパレートな妻たち』(S1, E15) (2005)〈00:08:47〉

あなたが**実際に**話すことは法廷であなたに不利に使われることがあります。

> ！ 事実性が強調され，警告の意味も込められている。

If she **does** get better, should I bring her to New York?

Chicago Med『シカゴ・メッド』(S1, E5) (2016)〈00:39:55〉

彼女が**実際に**良くなったら，ニューヨークへ連れていくべきですか。

> ！ if ＋強調の do は「もし {実際に／本当に}…なら」という解釈が適切である。

Solidify Your Studies

But students who pay close attention to their mistakes actually **do** learn a task faster than kids who ignore them.　　　　　　　　（明海大学 2018）

しかし，自分の間違いに細心の注意を払っている生徒は，間違いに気づかないでいる子どもよりも，**実際に**早く課題を学習します。

> ❗ 強調の do が learn と共に用いられている例である。「誤りに注目する生徒」と「気づかない子ども」という対比的文脈において効果的に強調の do が用いられている。

  強調用法の do にしっかりと強勢を置いて wrap it up!

● You **do** have a way with words.
　ことばの使い方が**本当に**上手ですね。

● When you travel abroad, you **definitely do** need a passport.
　外国に行く際にはパスポートが**絶対に**必要です。

9. 強意再帰代名詞
Emphatic Reflective Pronoun
――いなくてもいいけど，いるとその存在は大きい「名脇役」――

Larry: How long was that broken?

Mercedes: Ever since my husband installed it **himself**.

Larry Crowne『幸せの教室』(2011)〈00:42:14〉

ラリー：車の GPS（= that）はどれくらいの間，おかしかったの？

メルセデス：夫が**自分で**取り付けてからずっとよ。

Linguistic Tips

　再帰代名詞には，のように文法的には省略可能な oneself に強勢を置き，先行する名詞と同格の関係で用いる強調用法がある。の強意再帰代名詞は，「ほかの誰でもなく…自身」という意味を示し，oneself は（**1**）のように文法上，文頭・文中・文末のいずれでも用いることができる。

（**1**）(**Myself,**) I (**myself**) do not (**myself**) regard them as normal (**myself**).

> 　　**私自身**それらが普通のことだとは考えない。

ただし強意再帰代名詞は強勢を伴うことから，日常会話では通常のように文末位置に oneself を置く傾向にある。重要な情報を伝える要素を文末に置くことを求める文末焦点の原則に従ったものと考えられる。その際（**2**）のように同格先行名詞と離れた oneself は，主語と同格関係になることに注意したい。

（**2**）They gave Jack the chance {**themselves**/ *himself}.

> 　　〔**彼ら自身が**ジャックに／*彼らはジャック自身に〕そのチャンスを与えた。

　強意再帰代名詞は「独力で」（= by oneself, without help），「…としては」（= personally）といった意味でも用いられる。

（**3**）**a.** I can do it **myself** (= by myself, without help).

> 　　それは**自分の力で**できます。

　　b. Shall I pour, sir?――No, I would prefer to do it **myself** (= by myself, without help).

> 　　お注ぎしましょうか？――いえ，**自分で**注ぐ方がいいです。

　　c. I'm not convinced **myself** (= personally).

> 　　**自分としては**確信がありません。

強意再帰代名詞は文法的には必要のない存在ではあるが，強勢を伴って付加的に用いられ，oneself が示す人・物の存在や単独性などを認識させる機能を果たしている。

More Movie Data

Mr. Moon: Bravo, Mike. Nana is gonna love that!

Mike: Aw, you're too kind, Mr. Moon.

Mr. Moon: And I **myself** am loving the new suit, sir. Sing 『SING シング』(2016)〈00:51:49〉

ミスタームーン：お見事！　マイク！　ナナがきっと気に入りますよ！

マイク：ほめ過ぎだよ，ムーンさん。ミスタームーン：**個人的に**その新しいスーツ大好きです。

> ! myself ＝自分としては（=personally）。love の進行形は非標準の表現で「今まさに
> 好きになっている」⇒「今すごく気に入っている」の意味となる。

You think maybe the thief is trying to harm me personally now? Well, I assumed he was after the paintings **themselves**. I think it's enough.

Ocean's Twelve 『オーシャンズ 12』(2004)〈01:14:02〉

その泥棒は今個人的なことで私に危害を加えようとしているかもしれないとお思いですか？　私は，絵画**自体**が目的だと思いました。それで十分でしょう。

> ! Linguistic Tips の (2) と異なり，oneself が同格先行名詞（paintings）の直後に続く
> 時は，同格となる名詞が主語でなくとも the paintings = themselves の関係が築ける。

Solidify Your Studies

If we can design a machine like the LHC, which essentially recreates the conditions that existed in the first few instants of the universe, surely we can find a way past problems that we **ourselves** have brought about.

（神戸市外国語大学 2020）

LHC のように，宇宙の最初の数秒間に存在した状況を再現する機械を設計することができれば，**我々自身**がもたらした問題を克服する方法が見つかるはずです。

> 🔋 we ourselves に注目しよう。ここでは「我々自身がもたらした」ということを強調して
> 述べるために強意再帰代名詞である ourselves を効果的に用いている。なお，LHC は
> Large Hadron Collider（大型ハドロン衝突型加速器）の略称である。

  強調用法の oneself にしっかりと強勢を置いて **wrap it up!**

2-9

- Please take a look at it **yourself**.
  どうぞ**ご自身で**ご覧になってください。

- We can do most of the work **ourselves**, but we also welcome your support.
  私たちはその仕事の大半を**自力で**やれますが，サポートも大歓迎です。

10. 対照強勢

Contrastive Stress

── いつもとは違う音調が対照を知らせる ──

Nemo: Wake up, wake up! First day of school.

Marlin: I don't want to go to school—five more minutes.

Nemo: Not **you, Dad**, me.　Finding Nemo『ファインディング・ニモ』(2003)〈00:05:25〉

ニモ：起きて！　起きて！　学校の初日だよ。

マーリン：学校に行きたくないよ ── もう 5 分だけ。

ニモ：**お父さん**じゃないよ。**僕のこと**だよ。

Linguistic Tips

　英語には 2 種類の強調強勢がある。強調したい語に強勢を置き，語の持つ意味内容を強める用法がその 1 つで，There is a HUGE difference.（大きな相違がある。）（大文字はそこに強調の強勢があることを示す）のような，程度を示す語などに頻繁に見られる用法である。実際の用例に耳を傾けると huge のような程度を表す語はほかの語よりも強く長く発音されることが確認できる。

　ここで話題にしたいもう 1 つの用法がの対照強勢である。対照を示す語に強勢を置くことで語と語の対比が際立ち，「A ではなく B」という対比関係を該当語への強勢付与によって強調している。代名詞や指示形容詞，前置詞，冠詞，助動詞は通常弱く発声されることから，これらがや (**1a, b**) のように強く発音されている場合は対照強勢によるものだと考えられる。

（**1**）**a.** The letter came to **ME** (not you).

　　　その手紙は**私に**来たんだ（君にではなく）。

　　b. That's why I bought **THIS** car (instead of that one).

　　　だから**この**車を買ったんです（あの車ではなくて）。

また比較対照される表現に強勢が置かれた時も，対照強勢の一例となる。

（**2**）**a.** How **HAPPY or UNhappy** are you?

　　　あなたはどれくらい**幸せあるいは不幸せ**ですか。

　　b. Are you **FOR or AGAINST** the death penalty?

　　　あなたは死刑制度に**賛成**ですか，**反対**ですか。

A と B の 2 つの対比の場合は，A が上昇調（↗）か下降上昇調（↘↗），B が下降調（↘）の音調となることが多く，また A と B の音調が逆の場合もあったりする。日英ともに日常よく観察されるため，実際にどのような音調になっているか確認してみてほしい。

More Movie Data

I just want to thank the minions for going **ABOVE and BEYOND** the call of duty.

Minions『ミニオンズ』(2015)〈00:53:49〉

私は任務**以上のこと**をやり遂げたミニオンたちにただただ感謝の意を伝えたい。

> ！ 対照強勢が置かれた前置詞を含む慣用的表現である。beyond が特に強調されている。

Bella: What type of work do you do, J.?

Jenks: Oh, you know, **THIS and THAT**. It's always different, which keeps it interesting.

The Twilight Saga: Breaking Dawn - Part2『トワイライト・サーガ　ブレイキング・ドーン　Part2』(2012)〈01:03:14〉

ベラ：どんな仕事をしているの？

ジェンクス：**色々です**よ。いつも違っていて，それが面白い。

> ！ this and that は「あれこれ，色々なこと」を意味する会話表現である。「KUFS データベース」ではそのほかの同義表現として this or that や this, that and the other thing が検出される。

Solidify Your Studies

Some people like to live in a big city, while others like to live in the countryside. Both places have **advantages and disadvantages**.

(秋田県立大学 2019)

大都市に住みたいと思う人がいる一方で，田舎に住みたい人もいる。どちらの場所にも**長所と短所**がある。

❗ advantages and disadvantages が対比の関係になっている。

 2-10 対照を表す表現にしっかりと強勢を置いて wrap it up!

● I think that each candidate has **merits and demerits**.
それぞれの候補者には**一長一短**があるように思う。

● The plan is **not** perfect **but** good enough.
計画は完璧**ではないが**，十分良いものだ。

11. 問い返し疑問文

Echo Question
―― オウム返しで確認や意外感を表す ――

Harper: Do you ever feel like you're inside of a movie?
Jerry: **Do I ever feel like I'm inside a movie?**

Things We Lost In the Fire『悲しみが乾くまで』(2007)〈00:51:33〉

ハーパー：自分が映画の中にいるように感じることはある？
ジェリー：**自分が映画の中にいるように感じることがあるかって？**

Linguistic Tips

　相手の発言を受けてその一部またはその大半を繰り返し，質問として返す文を「問い返し疑問文」（または「繰り返し疑問文」）という。問い返し疑問文は基本的に相手の発言の内容を確認するために用いられ，相手の発言に対する驚きや意外感，疑いを表すことも多い。

　🎥 のセリフでは，ハーパーという女の子が発した疑問文に対して，人称を you から I に変化させながらほぼ同じ表現を繰り返して問い返しており，子どもからの意外な質問に対して内容を確認するという機能がある。またこの例では，inside of a movie という誤用を問い返し疑問文の中で inside a movie とさりげなく正用法に直している。

　問い返し疑問文にはいくつかの種類がある。(1) は 🎥 の文と同様に，相手が発言した疑問文を繰り返す問い返し疑問文で，(1a) は yes/no 疑問文，(1b) は wh 疑問文の例である。これらは，形式上は通常の疑問文となる。一方，(2) は平叙文や命令文を受けての問い返し疑問文であり，(2a) では疑問文倒置が起こっておらず，(2b) では疑問詞が文頭に移動していないなど，通常の疑問文とは異なる特徴を持つ。また，(2b) のように疑問詞が用いられる場合，疑問詞は必ず強勢を持つという音声的な特徴も観察される。

(1) a. Did you lock the door? ―**Did I lock the door?** Of course.

　　　ドアにカギをかけた？ ―**ドアにカギをかけたって？**　もちろん。

　　b. What are you doing? ―**What am I doing?** Can't you see?

　　　何してるの？ ―**何してるかって？**　見てわからないの？

(2) a. I saw Maria yesterday. ―**You saw Maria?** Really?

　　　昨日マリアに会ったよ。 ―**マリアに会ったって？**　本当？

　　b. Buy a new car. ―**Buy what?**

　　　新しい車を買えよ。 ―**何を買えって？**

More Movie Data

Genie: I don't know, who cares?

Aladdin: **You don't know?** I thought you were all-knowing.

Aladdin『アラジン』(2019)〈00:47:17〉

ジーニー：知らない。誰がそんなこと気にするの？

アラジン：**知らないって？** 君は何でも知っていると思ってた。

> ！ 平叙文を繰り返した問い返し疑問文で，驚きを表している。文法的には疑問文の形式にはなっていないが，音声的には上昇調のイントネーションで発音される。

Oskar: Can I see that? Thomas: **You want to see what?**

Extremely Loud and Incredibly Close『ものすごくうるさくて，ありえないほど近い』(2011)〈00:09:10〉

オスカー：それを見てもいい？ トーマス：**何を見たいって？**

> ！ that の内容を問い返す疑問文。このセリフでは Can you see what? のように発言をそのまま繰り返すのではなく，発言内容を受けて異なる言い回しで問い返している。

Solidify Your Studies

Wendy: By the way, what do you think about that green kimono?

Alex: **Green what?**

Wendy: Kimono! That green kimono I tried.

（関西学院大学 2021）

ウェンディ：ところで，その緑色の着物，どう思う？

アレックス：**緑の何？**

ウェンディ：着物よ。私が試したのは，その緑の着物よ。

> ！ that green kimono を問い返す疑問文。Green what? と聞き直している。学校英語ではあまり扱われることがない問い返し疑問文も入試用例が見つかるのは大変興味深いと言える。

2-11 相手の発言と同様の表現で問い返すタイプと，疑問詞を組み込んだタイプの，2つの問い返し疑問文で **wrap it up!**

● Do you have many ties?——**Do I have many ties?** Yes, I have about seventy.

ネクタイをたくさん持っていますか？——**ネクタイをたくさん持っているかって？** はい，70本くらい持っています。

● Have you ever been to Siberia? —— **Have I ever been to where?**

シベリアに行ったことがある？—— **どこに行ったことがあるかって？**

12. 擬音語
Onomatopoeia
―― 英語は動詞で音を表す ――

You're hungry and mad. So, **<u>growl</u>** and stomp your feet.

Annie『ANNIE　アニー』(2014)〈00:01:49〉

君はお腹がすいて気がおかしくなっている。それで**ウウッとうなって**足を踏み鳴らすんだ。

Linguistic Tips

　「ガタガタ」や「ゲラゲラ」など，実際の物音や声をまねて言語化した語を「擬音語」という。日本語は擬音語が多いことで有名であるが，英語にも少なからず擬音語が存在し，現実の音を生き生きと描き出すことができる。

　日英語の擬音語の違いとしては，品詞の違いが挙げられる。日本語では「クスクス笑う」「キャッキャと笑う」「ペチャクチャしゃべる」「チッチッと鳴く」のように擬音語が副詞としてよく用いられるのに対し，英語では (1) のように動詞で音を表現することが多い。(**1c, d**) の -er は，擬音語について反復を表す動詞を作る接尾辞であり，(**1c**) は「チャット」，(**1d**) は「ツイッター」としてすっかり有名である。

(**1**) **a.** The girls **giggled** at him.

　　　少女たちは彼のことを**クスクス笑った**。

　 b. They **cackled** with glee.

　　　彼らは喜んで**キャッキャと笑った**。

　 c. The students were **chattering** away over their coffee.

　　　その学生たちはコーヒーを飲みながら**ペチャクチャしゃべって**いた。

　 d. I heard sparrows **twittering** in the garden.

　　　庭でスズメが**チッチッと鳴いている**のが聞こえた。

　🎥 の文では，growl（ウウッとうなる）が擬音語にあたる。この語は動物のうなり声や，人が怒ったり不平を言ったりする時の声を模した擬音語である。空腹でお腹が鳴る時の音も growl を使って表され，My stomach is growling.（お腹がゴロゴロ鳴っている。）などという。

　なお，物事の状態や様子などを音声化して表現した語を擬態語といい，flutter（ヒラヒラ飛ぶ）や dillydally（ぐずぐずする）などが挙げられるが，それほど多くはない。

66

More Movie Data

Yeah, it just sounds like "**blah, blah, blah**" but mixed with crying.

Storks『コウノトリ大作戦！』(2016)〈00:30:13〉

そう，それは単に「**なんとかかんとか**」のように聞こえるけど，泣き声が混じっている。

> **!** 何か話している様子や，話している内容ではなく話していることそのものを表す表現である。「なんとかかんとか」や「ベラベラ」やなどにあたり，blah, blah, blah と 3 回繰り返すことが多い。go blah blah は「無駄口をたたく」の意味。blah 単独で「くだらないこと」「退屈」を表す用法もある。

The cow goes **moo**. The horse goes **neigh**.

Inside Out『インサイド・ヘッド』(2015)〈00:39:26〉

牛は**モー**と鳴く。馬は**ヒヒーン**と鳴く。

> **!** 英語では，牛は moo「ムー」，馬は neigh「ネイ」もしくは whinny「ウィニー」(静かな低いいななき) と鳴く。これらの語は動詞としても使われる。なお，ここでの go は「(音が) 鳴る」「(動物が) 鳴く」という意味で用いられている。

Solidify Your Studies

But these exchanges involve only simple words. Indeed, there is good reason to argue that a cat's **meow** or a horse's **neigh** are quite different from such human utterances as "food" or "frightened." (明治学院大学 2013)

しかし，これらのやり取りは簡単なことばだけである。実際，猫の「**ニャー**」という鳴き声や馬の「**ヒヒーン**」といういななきは，「食べ物」「怖い」といった人間のことばとは全く異なるものであると主張する正当な理由がある。

❗ 入試用例でも動物の鳴き声の例が見つかる。ここでは猫の鳴き声と馬の鳴き声の例である。「擬音語」という範囲で見ると入試問題でももっと多くの例を見つけることができる。

> 2-12 つぶやきを表す murmur と，熱々のステーキや揚げ物などの音を表す sizzle で **wrap it up!**
>
> ● The boy **murmured** something in his sleep.
> その少年は寝ながら何か**ブツブツ**つぶやいた。
>
> ● A thick steak is **sizzling** in the pan.
> 分厚いステーキがフライパンの中で**ジュージュー**いっている。

-nese や -teen の強勢は？

　Japanese や Chinese という単語の強勢 (stress) はどこにあるでしょうか。もちろん，辞書的には Ja.pa.NESE, Chi.NESE のように -nese の部分に強勢があるとされますが，実際の会話の中では必ずしもその通りに発音されるとは限りません。

　英語は「強勢拍リズム（stress-timed rhythm）」を持つ言語であり，強勢が等間隔に繰り返されることによって「強弱強弱」という英語らしいリズムが生み出されます。しかし，語や文の構造によっては強勢が「衝突」してしまうことがあります。たとえば Japanese Gardens というフレーズでは，Japanese は最後の音節，Gardens は最初の音節に主強勢があるため，Ja.pa.NESE GAR.dens のように主強勢がぶつかってしまいます。こうした現象を「強勢衝突（stress clash）」といいます。

　これを回避するために，「強勢移動（stress shift）」と呼ばれる方策がとられることがあります。Japanse Gardens を JA.pa.nese GAR.dens と発音することで，強勢衝突を回避するのです。実際に映画の中でもそのように発音されている例があるので，ぜひ耳を澄ませて聞いてみてください。

（1）**Putting the Japanese Gardens there. It's just beautiful.**

Beginners『人生はビギナーズ』(2010)〈00:11:09〉

　　　そこに**日本庭園**があるなんて，とても美しい。

　強勢移動によって，思わぬ聞き間違いが生じることがあります。thirteen などに現れる -teen は主強勢を持ちますが，初頭に主強勢を持つ語が続くと，THIR.teen PEO.ple のように強勢が移動することがあります。その結果，thirteen を thirty と聞き間違えてしまう可能性があるため，聞き取りの際には注意が必要です。

（2）**Fourteen years ago, Dr. Paris refers him to a mental hospital ...**

Fringe『フリンジ』(S2, E10)(2009)〈00:13:59〉

　　　14 年前，ドクター・パリスが彼に精神病院への入院を勧め…

　この例では fourteen years ago が FOUR.teen YEARS a.GO のように発音されており，ややもすると forty nears ago と聞こえてしまいそうになります。

　映画に出てくる数字が「大きすぎる」と感じた場合は，強勢移動が起こっていないか疑ってみた方が良いかもしれませんね。

形態論と音韻論

本章では，形態論という，単語がどのような仕組みで形状を変化させ，どういう意味が合わさった構造をしているかを探る分野と，音韻論という，音の順序や入れ替わり，それによって識別される意味について探る分野について，扱います。

1. 第 1 類接辞
Class I Affix
── 基体の音韻情報に影響を与える接辞 ──

There are 178 laws that **differentiate** on the basis of sex. Count them. The **government** did the favor of compiling them for you.

On the Basis of Sex『ビリーブ　未来への大逆転』(2018)〈01:47:11〉

性別を理由に**差を設ける**法律が 178 あります。数えてみてください。**政府**がリストを作ってくれました。

Linguistic Tips

　英語の接尾辞は，付加する対象の語（＝基体）の品詞を変えることが多い。たとえば形容詞 serious（まじめな）の場合は，-ness を伴えば名詞 seriousness（まじめさ）になり，-ly を伴えば副詞 seriously（まじめに）になる。これらの場合，基体の sérious の第 1 強勢の位置は，接尾辞が付いた後でも同じである。

　しかし接尾辞には，付加する相手となる基体の，発音上の情報も変えるものがある。たとえば cúrious の場合，-ness が付加した cúriousness や，-ly が付加した cúriously だと第 1 強勢の位置は変わらないが，-ity が付加した curiósity では強勢位置が変わる。また，extreme [ikstríːm] が -ity を伴って extremity [ikstréməti] になれば，長母音だった箇所が短母音化される。

　このように，基体に対して音韻的（や形態的）に，変化を生じさせるタイプは「第 1 類接辞」(-ous, -ity など)，変化を生じさせないタイプは「第 2 類接辞」(-full, -ness など) と呼ばれる。一般的には，前者はラテン語系の接辞，後者は英語本来の接辞とされる。🎥のセリフにある differéntiate は，第 1 類の -ate が付くため dífferent とは第 1 強勢の位置が異なるが，góvernment の場合は第 2 類の -ment が付くので góvern と同じ強勢位置になる。

　複数の接尾辞が付く場合は，下記 (**1a**) のように第 1 類の接尾辞ならばその都度，第 1 強勢の位置は変化するが，(**1b**) のように第 2 類の接尾辞なら基体の第 1 強勢位置は変化しない。

(**1**) **a.**　第 1 類接尾辞：dífferent ⇒ differéntiate ⇒ differentiátion

　　 b.　第 2 類接尾辞：páin ⇒ páinful ⇒ páinfulness

　異なるタイプの接尾辞を持つ派生語が，1 つの英文内に現れることも珍しくない。よって，各接尾辞の特徴を把握しておくことは，英単語の正しい綴りや，正確な発音を可能にしてくれる。とりわけ，基体に様々な影響を及ぼす第 1 類の接尾辞の扱いは大事である。

More Movie Data

Trust me, whatever their interest, **agricultural**, **industrial**, sport hunting, we will have something to suit them.

Jurassic World: Fallen Kingdom『ジュラシック・ワールド　炎の王国』(2018)〈00:52:42〉

ご安心を。**農業関係**，**産業関係**，スポーツハンティング，客のニーズが何であれ満足します。

> ! ágriculture（農業）と índustry（産業）は，第 1 類接尾辞の -al を伴って形容詞になると，それぞれ agricúltural と indústrial のように，第 1 強勢の位置が変化する。

The **fragility** of crystal is not a weakness but a fineness.

Into the Wild『イントゥ・ザ・ワイルド』(2007)〈00:53:51〉

クリスタル・グラスの**もろさ**は，欠点ではなくむしろ美しさである。

> ! 形容詞 frágile（壊れやすい）が，第 1 類接尾辞の -ity を伴い名詞になると，fragíty のように第 1 強勢位置が変わる。一方で，第2類接尾辞の -ly や -ness が付いた frágilely や frágileness では，強勢位置は変化しない。

Solidify Your Studies

Smith said some survey respondents criticized the system for promoting memorization of tasks rather than **creativity** and **flexibility**.

（九州歯科大学　2016）

スミス氏は，アンケートの回答者の中には，このシステムは**創造性**や**柔軟性**よりもタスクの暗記を促進するのだと批判した人もいたと述べていた。

🛈 第 1 類接辞が組み込まれた語が隣接して出現している。creátive - creativíty も，fléxible - flexibílity も第 1 強勢位置がそれぞれ変化している。

---

  demócracy が democrátic に，réal が reálity になるのを確認しながら **wrap it up!**

- Mr. Johnson is likely to be the **Democratic** nominee next year.
  ジョンソン氏は来年に**民主党**の候補者になりそうだ。

- I hate to say this but you have to look at **reality**.
  こんなことは言いたくないが，君は**現実**を見るべきだ。

---

2. 接尾辞とアクセント

Suffixes and Stresses

── 接尾辞で決まるアクセントの位置 (1) ──

You know, critics and fools said that that song had some **mysterious** meaning. But John always said it came from a picture his son Julian drew of his friend Lucy O'Connell.

I Am Sam 『I am Sam アイ・アム・サム』(2001)〈00:07:55〉

評論家や愚かな人たちは，その歌には何か**謎めいた**意味があると言ったの。でもジョンは，彼の息子のジュリアンが描いた友達のルーシー・オコーネルの絵からきてる，っていつも言っていた。

Linguistic Tips

　woman を語幹に持つ womanlike, womanly, womanize, womanish の第1アクセントの位置は，**WOM**anlike, **WOM**anly, **WOM**anhood, **WOM**anish と，どの語も皆，語幹（woman）の第1アクセントの位置と一致している。この例から類推すると，語幹にアクセントの位置の決定権があるように見える。では「人々，民衆」を意味する dem(o) を語幹に持つ democracy, democratic, democrat, democratize のそれぞれの第1アクセントの位置はどうだろうか。deMOCracy, DEMocrat, democRATic, deMOCratize と，語によってアクセントの位置はバラバラで，法則性が見えてこない。一体何が，アクセントの位置を決定するのだろうか。

　woman の例に挙げた語は，ゲルマン系の接尾辞でできているものだけを集めた。dem(o) の例に挙げた語は，全てロマンス系の接尾辞で成り立つものである。ロマンス系接尾辞は，語全体のアクセントの位置を決定する Class I Affix（cf. 第1類接辞：pp. 70–71）である場合が多い。一方，ゲルマン系接尾辞は，語のアクセントの位置の決定には関わらない Class II Affix（第2類接辞）とされている。

　ロマンス系接尾辞の中には，**1.** 接尾辞の直前の母音に第1アクセントを置くものと，**2.** 2つ前の母音に置くもの，**3.** 自ら強勢を受けるもの，などがある。**1** の例は，-cracy (deMOCracy), -ic (demoCRATic) がある。**2** の例は，-crat (DEMocrat), -ize (deMOCratize) である（**3** について，及び woman を語幹に持つ語として例に挙げた語のアクセントの位置の法則性については，次項（cf. 自ら強勢を担う接尾辞：pp. 74–75）で説明する）。**2** の2つ前の母音にアクセントを置く接尾辞には，ほかには -mony, -tude, -ar, -ous, -ate, -gram, -ar, -ite, -sis, -graph などが挙げられる。頻繁に日常語で耳にするものに，![camera]の例で挙げたもの -ous (mysterious) があり，**SE**rious, **HI**deous などがその例である。

72

More Movie Data

I mean really, who could ever love a beast so **hideous** and ugly?

Shrek『シュレック』(2001)〈01:04:20〉

恐ろしくて醜い怪物を誰が好きになるか，ということよ。

> ❗ 接尾辞 -ous は 2 つ前の母音に強勢がくるので，HIdious となる。

The Sorting **Ceremony** will begin momentarily.

Harry Potter and the Sorcerer's Stone『ハリー・ポッターと賢者の石』(2001)〈00:40:29〉

間もなく組み分けの**儀式**が始まります。

> ❗ 接尾辞 -mony は 2 つ前の母音に強勢がくるので，CEremony となる。

The Church doesn't **recognize** divorce and you are the head of the Church.

The King's Speech『英国王のスピーチ』(2010)〈00:59:29〉

英国国教会は離婚を**承認し**ていないし，あなたはその国教会の首長だ。

> ❗ -ize を接尾辞に持つ頻出単語に recognize がある。2 つ前の母音に強勢がくるので RECognize となる。

Solidify Your Studies

In 1748, the British politician and **aristocrat** John Montagu, the 4th Earl of Sandwich, used a lot of his free time for playing cards.

(兵庫県立大学 2016)

1748 年，イギリスの政治家であり**貴族**であったジョン・モンタギュー（第 4 代サンドイッチ伯爵）は，暇さえあればトランプに興じていたという。

> ❗ ロマンス系接尾辞である crat は 2 つ前の母音に強勢が置かれるので，a･ris･to･crat という音節で見て，aRIStocrat となることがわかる。

 ロマンス系接尾辞の中で，2 つ前の母音に第 1 アクセントがくる -crat と，-tize で wrap it up!

- In 2008, **Democrat** Barack Obama became the first Black American president.

  2008 年，**民主党の**バラク・オバマはアメリカで最初のアフリカ系大統領になった。

- The company manager decided to **democratize** the decision-making process.

  その会社の経営者は意思決定のプロセスを**民主化する**ことにした。

73

3. 自ら強勢を担う接尾辞

Suffixes Carrying Primary Stress

—— 接尾辞で決まるアクセントの位置（2）——

Wow! An **Einsteinette**.

High School Musical 『ハイスクール・ミュージカル』（2006）〈00:18:36〉

おお，**天才少女**じゃないか。

Linguistic Tips

　英語の語彙は，ゲルマン系のものと，ギリシャ語・ラテン語・フランス語などロマンス系の外来語のものがある。前項（cf. 接尾辞とアクセント：pp. 72–73）で述べたように，ゲルマン系の接尾辞は，語のアクセントの位置の決定には関わらないとされている。-like, -ly, -hood, -ish はゲルマン系接尾辞の例なので，接尾辞がアクセントの位置を決定せず，**WOM**anlike, **WOM**anly, **WOM**anhood, **WOM**anish は全て語幹のアクセントの位置を保っている。womanize はロマンス系接尾辞（-ize）にも関わらず，**WOM**anize と語幹と同じアクセントの位置であるのは，-ize は 2 つ前の音節にアクセントを置く接尾辞で，2 つ前の音節が偶然 **WOM** だからである。

　🎥 の例 -ette は，前述のロマンス系の接尾辞として 3 種類挙げた中の「**3. 自ら強勢を受けるもの**」の例である。Einstein（アインシュタイン）に女性を表す接尾辞 -ette を付けて，女性版アインシュタイン，つまり天才少女の意味。-ette は自ら強勢を担い，Ein・stein・**ETTE** と発音される。-ette のほかにも，-ese (JapaNESE)，-ique (uNIQUE)，-eer (engiNEER)，-istic (arTISTIC)，-astic (enthusiASTIC) などの接尾辞は自ら強勢を受ける。強勢を受ける接尾辞は，ギリシャ・ラテン語から成る医学用語にも多く見られる。-itis（炎症），-ectomy（切除），-emia（…な血液の状態），-oma（腫），-osis（状態）などがある。

　どんな接尾辞も，英英辞書を引けばゲルマン系なのかロマンス系なのか判別可能なので，強勢位置をある程度予測することができる。一例として，英英辞書を引くと，-ize は from French と origin（語源）が記されており，ロマンス系とわかる。一方，-hood は of West Germanic origin とあるので，ゲルマン系とわかる。とはいえ，接尾辞がどちらの系なのか調べ，覚えるのも手間がかかる。それよりも発音を繰り返し聞き，自分でも発音することで，間違ったアクセントの位置に違和感を覚えるようになることが 1 番の近道である。

More Movie Data

His bother, Lee, is an **engineer**.

The Bucket List『最高の人生の見つけ方』（2007）〈00:20:54〉

彼の弟のリーは**技師**だ。

> ❗ -eer は自身が強勢を担う接尾辞なので，engiNEER と発音される。

Maybe it's **shigellosis**.　　　House M. D.『ドクター・ハウス』（S1, E8）（2005）〈00:04:53〉

細菌性赤痢じゃないかな。

> ❗ -osis は「病的な状態」を表す，自ら強勢を担う接尾辞である。赤痢菌・シゲラ（shigella）は，赤痢菌発見者の志賀潔からきている。

So, just sit back and relax, my lord, because it's time for you to meet today's eligible **bachelorettes**.　　　Shrek『シュレック』（2001）〈00:18:19〉

では，椅子に座ってゆったりとお掛けください，ご主人さま。妙齢の**独身女性**とお会いになるお時間ですから。

> ❗ 接尾辞 -ette は，自ら強勢を担うので，bachelorETTE となる。

Solidify Your Studies

Isolated but highly concentrated deep sea deposits of **manganese**, gold, nickel, and copper, first discovered in the late 1970s, continue to tempt investors.

（麻布大学 2015）

マンガン，金，ニッケル，銅などの孤立した，しかし高濃度の深海鉱床が 1970 年代後半に初めて発見され，今も投資家を惹き付けている。

> ❗ 接尾辞 -nese が使われているので強勢が man・ga・NESE となる。

3-3　自ら強勢を担う接尾辞を持つ employEE と pictuRESQUE で **wrap it up!**

- The average Japanese **employee** only takes half of their paid vacation leave.

  平均的な日本人**社員**は，有給休暇の半分しか使いません。

- Shirakawa-go has some of the most **picturesque** scenery in Japan.

  白川郷は日本で最も**絵のように美しい**風景です。

4. 動詞に付く接頭辞

Prefixes Attached to Verbs with Special Reference to "out-" and "re-"

── 動詞の用法を変化させる要素：out-, re- を中心に ──

 This woman **outlived** both her kids.

Chicago P. D.『シカゴ P. D.』(S4, E5)（2016）〈00:07:19〉

この女性は 2 人の子どもたちよりも**長生きした**。

Linguistic Tips

日本語の「(過) 生成する」や「(再) 分析する」「(超) 音速」「(未) 青年」のように，接頭辞（prefix）と呼ばれる要素が独立した単語に付き，それが持つ意味によって単語全体の意味と用法が拡張される場合がある。接頭辞の付加をゆるす英語の動詞にも多くの種類がある。以下にいくつか例を挙げておこう。

(1) **a.** over- (過度に，過…)：overeat, overdo, overflow, overrun など

   b. mis- (誤った (て)，悪い (く))：miscalculate, misjudge, mislead など

   c. out- (…よりも上回る，…よりも優れている)：outdo, outgrow, outrun など

   d. re- (再度，もう一度)：recalculate, reenter, redirect, reproduce など

この中でも特に，動詞に付く out- や re- はそのふるまいから非常に興味深い接頭辞である。out- は，本来の「内から外へ」という意味から output (…を出力する) といった動詞を派生するが，🎥 の outlive のように「…よりも上回る」という意味を含む「より長生きする」という動詞をも作り，映画では「子どもを先に失った」と解釈されている。ここで注視に値するのは，派生動詞における「項の引き継ぎ」，つまり自・他動詞に関する用法の変化である。通常 live は，単独の名詞句を目的語にとらない自動詞 (cf. 同族目的語構文：pp. 198–199) であるが，接頭辞 out- により，「項の引き継ぎ」が行われず用法が変化し，目的語をとる他動詞として機能している。同様に，(2) のように，re- が付加された場合も本来なら目的語をとらず，about などの前置詞を必要とする think が他動詞として機能し，直後に目的語をとることができる。ただし，(3) が示すように，re- の添加は常にこのような用法の変化を引き起こすわけではないことに注意が必要である。

(2) **a.** John thought *(about) the plan.

   ジョーンはその計画について考えた。

   b. John **rethought** (*about) the plan.

   ジョーンはその計画について**再度考えた**。

(3) **a.** Mary appeared.   **b.** Mary **reappeared** (*the umbrella).

   メアリーが姿を現した。

More Movie Data

We can't keep trying to **outrun** them; we have to fight.

Harriet『ハリエット』(2019)〈01:32:02〉

ずっと**逃げ**続けるわけにはいかない。戦わないといけない。

> ❗ out- が run につき,「…より速く走る」という意味の動詞を作り, そこから「逃げる」という意味を形成する。

You might want to **rethink** your technique.

Star Wars: The Force Awakens『スター・ウォーズ　フォースの覚醒』(2015)〈00:17:15〉

やり方を**変えた**方がいいよ。

> ❗ think は, 目的語名詞句のみをとることはできないが, re- が付くことにより, 他動詞へと変換されている。might want to は, 人に行動を促す表現である。

Soon, you will be **outsmarting** the teachers.

Fringe『フリンジ』(S2, E14)(2010)〈00:13:12〉

もうすぐ, 先生たちを**追い越す**ね。

> ❗ 品詞を変える接頭辞は多くないが, ここでは形容詞を他動詞化し, 目的語 the teachers をとっている。

Solidify Your Studies

Football (soccer) had separate competitions for amateurs and professionals, whereas rugby union **outlawed** professionalism altogether. (早稲田大学 2017)

サッカーはアマチュアとプロが別々の競技を行うのに対し, ラグビーユニオンはプロを完全に**禁止していた**。

> ❗ law は名詞で「法律」が有名だが, 動詞としても使われ,「…を告訴する」という意味を表すが, out- が付き,「…を非合法化する, …を禁止する」という意味を表す。

  用法と意味が変わる re- と out- で wrap it up!

● You should **rethink** your decision.
　もう一度あなたの決断を**考え直す**べきだ。

● You really **outdid** yourself.
　君は本当に**よくやった**よ。

5. 複合語
Compound Word
── 2 つの単語が合体してできた語 ──

Music is nature's **painkiller**. Sing him a song.

Journey 2: The Mysterious Island『センター・オブ・ジ・アース 2　神秘の島』(2012)〈00:59:03〉

音楽には**鎮痛剤**としての効果もある，彼のために歌ってやれよ。

Linguistic Tips

　2 つの単語をつなぎ合わせることで新しく形成された語を「複合語」と呼ぶ。日常的によく使われる語に多い。アクセントは，複合語の場合には先行する部位に置かれ，単なる句の場合には後半の部位に置かれる。なお，語間に空白がない複合語を非分離複合語，語間に空白やハイフン (-) を入れて構成される複合語を分離複合語と呼ぶ（例. green tea）。

　複合語：**green**house（温室），**girl**friend（彼女），**White** House（ホワイトハウス）

　句：green **house**（緑色の家），white **house**（白い家），girl **friend**（女友達）

　複合語には様々な型がある。形容詞と名詞が結び付くこともあれば，名詞同士が合体することもある。複合語は， のセリフのように特に［名詞＋名詞］のタイプが多く，英文法学者のオットー・イェスペルセンは次のように分類する。

（1）wineglass（ワイングラス）のように前の単語が後の単語を修飾するもの

（2）tiptoe（つま先）のように後の単語が前の単語を修飾するもの

（3）poet-doctor のように連結した 2 つの語が対等な関係となっている連結複合語

（4）pathway（小道, 通路）のように 2 つの語が同格関係で結ばれている同格複合語

（5）barefoot（はだし）のように人の特徴を捉えた所有複合語

（6）day-to-day のように前置詞や接続詞によって 2 つの語がハイフン付きで連結した語群複合語

　なお，複合語は意味の成り立ちから以下のように大きく 2 つに分類することができる。1 つ目は内心複合語（endocentric compound）で，blackboard（黒板）のように意味の中心となる主要部（= board）があり，複合語の意味がその主要部の一種であるようなもの。つまり，A blackboard is a kind of board. と言える類の複合語をそのように呼ぶ。2 つ目が外心複合語（exocentric compound）で，pickpocket（すり）のように構成している各語の組み合わせ（pick と pocket）から全体の意味が導き出せないもの。 のセリフの painkiller（鎮静剤）や，hangover（二日酔い），greenback（アメリカ紙幣）などがこのこれにあたる。

More Movie Data

I wore **waterproof** mascara today because I was sure I wouldn't make it through the day without crying.

Grey's Anatomy『グレイズ・アナトミー』(S10, E19)（2014）〈00:35:18〉

今日は泣かずにはいられないと思って，**防水の**マスカラを付けてきたわ。

> **!** waterproof（防水）は proof（…を防ぐ）を主要部に持つ内心複合語である。ほかにも windowproof wool（防風性ウール）や UV-proof glass（紫外線防止ガラス），childproof kitchen（子どもの安全に配慮したキッチン），bulletproof jacket（防弾チョッキ）などがあり，普段身に着ける衣服や化粧品，建物の素材，安全性に配慮した構造で使われることが多い。

Seems like your potential **stepfather-in-law** secreted away $2.2 million.

The Good Wife『グッド・ワイフ』(S7, E11)（2016）〈00:04:13〉

君の**義理のお父さん**になる人が，どうやら 220 万ドルを隠し持っていたようだ。

> **!** Linguistic Tips の（6）で紹介した語群複合語（group compound）の例である。前置詞 in によって 2 つの名詞（stepfather（継父）と law（法律））がハイフンつきで連結している。brother-in-law，mother-in-law など「義理の〈家族〉」を示す場合には [X-in-law] のパターンが用いられる。

Solidify Your Studies

"**Jellyfish** have been moving around our oceans for millions of years, so they are excellent swimmers," says David Gruber. （法政大学 2020）

「**クラゲ**は何百万年も前から海の中を移動してきたので，泳ぎが得意です」とデイビッド・グラバー氏は言います。

! jelly（ゼリー）+fish（魚）が結びつき「クラゲ」を表している。これは外心複合語である。

3-5 意外と知られていないけど，実は普段使いしている複合語で wrap it up!

- Ken has been a fan of **shortbread** ever since he visited England.
  ケンはイギリスを訪れて以来，**バタークッキー**が好きだ。

- Although she was born in the Heisei era, she is surprisingly **old-fashioned**.
  平成生まれの彼女だが，意外と**古風な**ところがある。

6. 混成語
Blend
──2つの単語をツギハギしてできた語の形成法──

Oxbridge is a portmanteau of Oxford and Cambridge, where two words are joined together. Philomena『あなたを抱きしめる日まで』(2013)〈01:13:55〉

オックスブリッジは，オックスフォードとケンブリッジを合わせた表現だ。

Linguistic Tips

「混成語」とは，2つの単語を部分的に合成させて作った新しい単語を指す。日本語の例では，ゴリラとクジラから造られた「ゴジラ」やダストとゾウキンから生まれた「ダスキン」，国語辞典にも採用されているレタックス（「レター」+「ファックス」），やぶく（「破る」+「さく」）などがこれにあたる。英語の例においても，1つ目の語の前半と2つ目の後半を組み合わせたものが多い（例：smoke + fog ⇒ smog）。一方で，automania（自動車マニア **auto**mobile + **mania**）や，aerobatics（曲技飛行 **aero** + acrob**atics**）のように片方のみを短縮したものもある。なお，ことば遊びの天才と称された作家ルイス・キャロルは，自身の作品の中で galumph（どたばた（のしのし）歩く［**gal**lop: 急いでいく + tri**umph**: 勝ち誇る］）や slithy（ぬる柔らかい［**sli**my: ぬるぬるした + li**the**: 柔軟な］）など独自の混成語を使い，150年以上経った今でも一般的な英語の辞書に掲載されている。歴史的にも見ても，混成は現代英語的な語形成といってよい。

🎥のセリフにもあるように，混成語のことをかばん語（portmanteau word）とも呼ぶ（Oxbridge = **Ox**ford + Cam**bridge**）。最近話題になった Brexit（ブレグジット）も，**Brit**ain + **exit** の混成語である。国民投票の結果，英国が EU から離脱する事態となったニュースは世界的に大きな関心を集め，Bregret（ブレグレット **Br**itain + **regret**）や Regrexit（リグレジット **regr**et + **exit**）など様々な混成語が誕生した。このように，時事問題や IT，ファッションといった英語のイマが反映されやすい語形成が混成語なのである。

例 ブログ（ウェブ記録）：blog（**web** + **log**），シネプレックス（スクリーンが複数ある映画館）：cineplex（**cin**ema + com**plex**），チョコレート中毒：chocoholic（**chocol**ate + alco**holic**），グランピング（豪華なキャンプ）：glamping（**glam**orous + cam**ping**），アベノミクス（安倍首相とエコノミクス）：Abenomics（Shinzo **Abe** + eco**nomics**），ネットフリックス（インターネットと映画）：Netflix（Inter**net** + **flicks**），顔文字（感情とアイコン）：emoticon（**emot**ion + **icon**），ボリウッド（インド映画の中心地ボンベイとハリウッド）：Bollywood（**Bom**bay + Ho**llywood**），コロナ離婚：corodivorce（**coro**na + **divorce**），ワーケーション：workation（**work** + vac**ation**）

More Movie Data

He is paying the bill. We just had a delicious **brunch**.

The Hangover『ハングオーバー！ 消えた花ムコと史上最悪の二日酔い』(2009)〈01:23:06〉

あいつは会計中だ。実に豪華な**ブランチ**だったよ。

> **!** brunch は日常英単語で，混成語の典型例の 1 つである。朝食（breakfast）と昼食（lunch）が混ざった語で，昼食を兼ねた遅い朝食を指す。なお，初出は 1896 年とされており，既に 100 年以上使われている混成語でもある。

Well, I could return to my **motel** and use the facilities there, but that would take at least a half an hour. Green Book『グリーンブック』(2018)〈01:04:54〉

いったん**モーテル**に戻り，用を足して帰ってくるまでに 30 分はかかりますよ。

> **!** モーテルは車で移動する人用のホテルを指す混成語（motel = motor + hotel）。なお，映画のタイトル『Green Book』は複合語扱いで，単なる緑色の本を意味するのではなく，黒人専用の旅行ガイドを指し，アクセントも先行する Green に置く（cf. 複合語：pp. 78–79）。

Solidify Your Studies

Don't use **emoticons**, slang, or abbreviations. Always address your professor as "Professor [Last Name]" and start your emails with "Dear Professor [Last Name]".

（杏林大学 2019）

顔文字やスラング，略語などは使わないようにしましょう。教授への挨拶は必ず「Professor [Last Name]」とし，メールの冒頭は「Dear Professor [Last Name]」としましょう。

❗ 大学生が教授へ e-mail を送る際の注意点をまとめた英文である。教授に送るフォーマルな e-mail では「emoticon（emotion + icon）」は使わないようにという注意喚起をしている。

  最近話題のイマドキ混成語で wrap it up!

- Let's invite Ken and Claire to go **glamping** this weekend.
  今週末，ケンとクレアを誘って**グランピング**に行こうよ。

- Since I started watching **Netflix**, I haven't been able to concentrate on my studies.
  ネットフリックスを観始めてからは勉強に集中できない。

7. 頭字語

Acronym and Initialism

—— 頭文字を並べて作った 2 種類の略語 ——

A 109-acre sovereign state in the middle of Rome, surrounded by a 60-foot wall, which is monitored 24/7, with over 200 **CCTV** cameras. Mission: Impossible III 『ミッション：インポッシブル 3』(2006)〈00:39:45〉

広さ 109 エーカーほどしかないローマの中にあるその独立国は，60 フィート（約 18m）の壁に囲まれ四六時中**防犯カメラ**で監視されている。

Linguistic Tips

「頭字語」とは，複数の語句の頭文字を集めることによって形成された単語を指す。EU (European Union)，U.S.A (United States of America) など，企業や団体・組織名，国，連合，大学，科学用語などで使われることが多い。厳密には，NASA /nǽsə/ (ナァサァ) のように 1 つの単語として発音するものをアクロニムと呼び，EU や U.S.A のように頭文字のアルファベットを個別に発音するものをイニシャリズムと呼ぶ。

🎥 のセリフで使われた CCTV は，イギリスなどヨーロッパ諸国の街頭に設置されている Closed-Circuit Television（防犯カメラ，監視カメラ）のイニシャリズムである（厳密には，V は頭文字以外の要素である）。このように，昔から機械やシステムの名称が長い場合に頭字語が使われやすい。最近では，電子メールやテキストメッセージ，SNS などで，IDK/Idk/idk (I don't know)，BTW (by the way)，FYI (for your information) といった頭字語も使われるようになった。

また，数は少ないが UFO (unidentified flying object) や a.k.a. (also known as：別名は) のように，イニシャリズム発音とアクロニム発音の両方を併せ持つ頭字語もある。

	イニシャリズム発音	アクロニム発音
UFO	/júːèfóʊ/（ユーエフオー）	/júːfoʊ/（ユーフォー）
a.k.a.	/éɪkèɪéɪ/（エイケイエイ）	/ǽkə/（アカ）

なお，頭字語は基になる各語の先頭の 1 文字をとることが多いが，radar (<u>ra</u>dio <u>d</u>etection <u>a</u>nd <u>r</u>anging：レーダー) のようにこのルールにあてはまらないものや，CD-ROM (<u>C</u>ompact <u>D</u>isc read-only <u>m</u>emory：CD ロム) のようにイニシャリズムとアクロニムが組み合わさり 1 つの頭字語を形成しているものもある。コロナウィルスは，英語では COVID-19 と表されるが，これは <u>Co</u>rona <u>Vi</u>rus <u>D</u>isease 2019 から成り立っており，アクロニムの一種と捉えることができる。

More Movie Data

And I, sir... I plan on being an engineer at **NASA**, but I can't do that without taking them classes at that all-white high school. And I can't change the color of my skin.

Hidden Figures『ドリーム』(2016)〈01:12:21〉

将来，私は **NASA** の技術者になりたいのです。でも，そのためには白人の高校で勉強する必要があります。ですが，肌の色ばかりは変えられません。

> **!** NASA は，National Aeronautics and Space Administration（アメリカ航空宇宙局）のアクロニム。宇宙関連事業のニュースや，宇宙を舞台とした映画・ドラマでは必須英単語である。

BTW, big story. The new **CEO**, Stark Industries.

Iron Man 2『アイアンマン 2』(2010)〈00:27:28〉

ところで，ビッグニュースだよ。この人がスターク社の新しい**社長**だ。

> **!** Linguistic Tips で紹介した SNS などのカジュアルな場面で好まれる BTW が，パーティーの歓談中で用いられている用例である。また，CEO は「経営最高責任者」(chief executive officer）の意のイニシャリズム。ビジネスの業界では，ほかにも，CFO（chief financial officer：最高財務責任者）や CTO（Cheif Technical Officer：最高技術責任者）など，高位の役職を示す頭字語がいくつかある。

Solidify Your Studies

In the sport of freediving, athletes descend to remarkable depths without using **scuba** equipment or an air supply.

（南山大学 2021）

フリーダイビングというスポーツは，**スキューバダイビング**の機材や酸素ボンベを使わずに，驚異的な水深まで潜るスポーツです。

> **!** scuba がアクロニムであることは意外と知られていないのではないだろうか。これは，**S**elf-**C**ontained **U**nderwater **B**reathing **A**pparatus（時給式水中呼吸装置）の略称である。

  日常会話やニュースでも多用される必須頭字語で **wrap it up!**

● **BTW**, I'm thinking of getting a **scuba** license in Guam this summer vacation.

ところで，今年の夏休みにグアムで**スキューバ**の免許をとろうかと思っている。

● **Covid-19** is still raging around the world. There is an urgent need to develop a cure **ASAP**.

新型コロナウィルス感染症が未だ世界中で猛威を振るっている。**一刻も早く**治療薬の開発が急務だ。

8. 押韻反復
Rhyming Reduplication
―― 類似の響きを持つ語を重ねることば遊び的な強調の方法 ――

Well, there is one **teeny, tiny, itty-bitty** problem.

Puss in Boots『長ぐつをはいたネコ』(2011)〈00:20:37〉

いやぁ，**ちょっと，ちっちゃな，ちょこっとした**問題が1つあるんだ。

Linguistic Tips

　英語の強調表現には，構文あるいは修飾語句を用いて文中の語句を強調するものや，同一語句を繰り返す「繰り返しの対比強調表現」に加え，一部に同じ音を持つ語やよく似た響きを持つ語を続けて，韻を踏むことで韻律的に印象づける方法がある。たとえば walkie-talkie（トランシーバー），Hokey Pokey（ホーキーポーキー（幼児用体操音楽, ニュージーランドのアイスクリーム）のような名詞や，bow wow（ワンワン）などの動物の鳴き声, tick-tock（チクタク）という時計の音や ding-dong（ディンドン）という鐘の鳴る音などの擬音語がある。特徴として，**1.** 類似の音が並び，リズム的にも覚えやすく，小さい頃から日常的に耳にする口語表現に多い。小さい子どもも使う easy-peasy（すごく簡単な）や silly billy（おばかさん），子どもや恋人の名前の後に韻を踏む語を重ねる Ellie-wellie（エリーウィリー），驚いた時に出る oopsy (oopsie)-daisy（うわっ！），体をほぐす時の loosey-goosey（リラックスした）などの例がある。これは日本語の幼児語で自動車やお腹を意味する「ブーブー」や「ポンポン」，驚いた時の「びっくりドッキリ」にも通じる。**2.** 口語表現であるため，スペルはさほど重要視されないのか，oopsy (oopsie)-daisy や間投詞の okie-dokie (okey-dokey)（お安い御用）のように異なるスペルで表記されるものが散見される。**3.** ハイフンで接続されて1単語として表記されるものが多いが，ハイフンは用いずに2語（以上）で表記されるものもある。

　🎥 の例にある teeny, tiny はこの並びでよく使われる表現で，どちらか一方だけでも「ちっちゃな」という意味を表す形容詞だが, 2つを続けて使うことで，「とても小さい」ことを強調する効果が得られる。どちらも語頭の /t/ の子音と語末の /nɪ/ の音が同じで韻を踏んでいる。この例では itty-bitty (itsy-bitsy) という別の，なおかつ，/ɪtʃɪ (ɪtʃ i)/ の音が韻を踏んでいる語が2つ連結した「ちっちゃな」という意味の形容詞表現もさらに続いていることで，結果的に語末に /ɪ (i)/ の音を共通して持つ語が4つ並ぶことになり，話者が取り立てて「ものすごく小さい」ことを強調したがっていることがよくわかる。

More Movie Data

It happened because an insecurity virus cloned all of your **needy, clingy**, self-destructive behavior.

Ralph Breaks the Internet『シュガー・ラッシュ　オンライン』(2018)〈01:22:11〉

そうなったのは，不安定ウィルスが，**かまってちゃんでひっつき虫の**あなたの自滅的なふるまいをコピーしたからだよ。

> **!** 共に語末に /ɪ (i) / の音を持つ needy（愛情に飢えた）と clingy（依存心の強い）というネガティブな意味を持つ形容詞を2つ並べることで，相手のダメな行動や性格を強調する表現になっている。押韻反復の表現は /ɪ (i)/ で終わる形容詞の例が多く，これもその一例である。

Not "questions." "Deplores." "Questions" is **wishy-washy**.

Carnage『おとなのけんか』(2011)〈00:55:16〉

「疑問に思う」じゃない。「遺憾に思う」だ。「疑問に思う」では**はっきりしない**だろ。

> **!** 「優柔不断な」や「はっきりしない」という意味の形容詞 wishy-washy が使われている例。押韻反復は小さい子どもにも馴染み深い表現が多いが，wishy-washy は大人の会話の中で，比較的よく使われる表現の1つである。

Solidify Your Studies

Given that going cashless would seem to be a **win-win** for most of us, how much longer do we have to wait until the revolution is complete?

（上智大学　2020）

キャッシュレス化が進むことが我々のほとんどにとって**ウィンウィン**のように思えると（仮定）して，その革命が完了するまでどれだけ待たなければならないのだろうか。

❶ 「ウィンウィン」というのは日本語のカタカナ語にもなっているが，この例においても「使う側」と「提供する側」の双方にメリットがある可能性を述べている。

---

 　super-duper な大谷選手と wishy-washy な同僚で **wrap it up!**

- Shohei Ohtani is one of the **super-duper** baseball players.
  大谷翔平氏は**ものすごい**野球選手の1人だ。

- I don't want to work with a **wishy-washy** person like him.
  彼みたいに**優柔不断な**人とは，一緒に働きたくない。

9. 語彙反復
Contrastive Focus Reduplication
── 同一語句を繰り返して「典型的な…」を意味する口語の対比強調表現 ──

Rachael: I had a dream last night that I wanted to kiss Joey.
Monica: Wow! You mean like **"kiss him" kiss him**?

Friends『フレンズ』(S9, E19)(2003)〈00:13:46〉

レイチェル：昨日ジョーイとキスしたくなる夢を見ちゃった。
モニカ：ぇぇ！それって**「彼とちゃんとしたキスをする」**っていう意味のキスをするってこと？

Linguistic Tips

　語句の意味を強調する英語表現の 1 つに語句を反復させる対比強調表現（語彙反復）がある。強調したい動詞句の前に助動詞 do を置く（cf. 助動詞 do の強調用法：pp. 58–59），very や really などの副詞で形容詞や副詞，動詞句を修飾するなどが一般的だが，この語彙反復は， の例のように対象語句を and などの接続詞を介さずに繰り返すことで「典型的な…」や「非常に…」のような意味を持たせて強調する口語表現で，字幕では 1 つ目の語句にダブルクォーテーションが付くことが多い。細かい特徴は異なるが，類似の反復表現は日本語の「女の子女の子した服」のような例にも見られる。英語の語彙反復の特徴には，**1.** 繰り返し表現の 1 つ目にアクセントが置かれ，典型的なものとそうでないものとが対比される，**2.** 対象語句の品詞に制限はないが，対象語が名詞の場合でも，意味的にも文法的にも 1 つめの表現は形容詞化する，**3.** 語レベルだけでなく，句レベルでの繰り返しも可能である，という 3 点が挙げられる。たとえば，She was not my **"partner" partner**. She was my business partner. の例では後続文に business partner があるため，**1** にあるように partner partner が business partner と対比され，1 つめの partner にアクセントが置かれて，「（あなたが想像している）典型的なパートナー」という意味になる。また，It's not just some something. It is the most **"something" something** of any something that's ever been. の例では，代名詞の something が，1 つめは最上級を表す the most で修飾され，**2** の特徴通り文法的にも形容詞化して 2 つめの代名詞 something を修飾し，「最高に素晴らしい何か」を意味する。さらに，前後の句にある形容詞の some と any が，the most something と同様に後続の something を修飾し，some/any something と the most something something が文法的に同等の構造を持つ対比関係にあるとわかる。**3** は，生起頻度は低いが， の例のように動詞句が繰り返されるものがあり，ほかに like {me/her/them} などの繰り返しも見られる。

More Movie Data

Watson: The only reason we are together all the time is because I live at his place.

Gregson: Okay. I don't know why you guys couldn't have just told me that.

Watson: It's not like that. It's...we're not **"together" together**.

Elementary『エレメンタリー　ホームズ＆ワトソン in NY』(S1, E4) (2012)〈00:01:02〉

ワトソン：私たちがいつも一緒にいる唯一の理由は，私が彼の家に住んでるからよ。

グレッグソン警部：そうか。でもなんで今まで話してくれなかったんだよ。

ワトソン：そうじゃないの。なんていうか，**恋人同士**ってことじゃないのよ。

> together together と繰り返して「付き合っている，一緒に住んでいる」という意味を表している例である。

Do you want the bad news or the **"bad" bad** news? Or do you want the **"bad" bad bad** news? She's Funny That Way『マイ・ファニー・レディ』(2014)〈00:32:56〉

悪い知らせか**もっと悪い知らせ**，どっちがいい？　もしくは，**最高に悪い知らせ**がいいかな？

> bad news に対し，形容詞 bad を繰り返す bad bad news，更に3度繰り返す bad bad bad news を続けて，bad を原級・比較級・最上級のようにレベル分けして使っている。〈00:33:12〉と〈00:33:22〉にその内容について触れるセリフがある。

If you're gonna **"quit" quit**, don't give me this crap that it's better for the team. The Internship『インターンシップ』(2013)〈01:32:30〉

本気で辞めるんなら，チームのためだとかしょうもないことを言い残していくなよ。

> 動詞 quit を繰り返して，「本気で辞める」ということを意味している。

Solidify Your Studies

3-9 使いやすい形容詞だけでなく，前置詞も繰り返して wrap it up!

- Is Max young? —Well, he is not **"young" young** any more because he's in fifties now.

  Max って若いの？ ──うーん，彼はもう**そんなに若く**ないわよ，だってもう50代だし。

- You are saying that you are with him..., uh...as in **"with" with**?

  彼と一緒なんだって言ってるのは，ええっと，**付き合ってる**っていう意味で？

10. 受動態の響きのある名詞

Nominals with Overtones of Passive Voice

──意味も発音も一風変わった仏語系の名詞──

 I think we may have I.D.'d another **abductee**. Dashiell Kim. Headed up Astrophysics at U Mass. Went missing in May 2006. Turned up a week later at his home outside Clarksburg, where he had a psychotic break. *Fringe『フリンジ』(S1, E8)(2008)〈00:14:00〉*

別の拉致被害者の身元が判明したようです。　ダッシュエル・キム氏。マサチューセッツ大学の天体物理学の首席研究員で，2006 年 5 月に失踪し，1 週間後にクラークスバーグ郊外の自宅で発見されたものの，精神異常をきたしました。

Linguistic Tips

　英語は 11 世紀頃から仏語の並々ならぬ影響を受けてきた。仏語からは多数の語彙が入り込んだだけではなく，語形成のパターンの流入もあった。その 1 つが -ee という接尾辞で「…される人」という受動態の意味を持つパターンである。addressee（受信者），employee（従業員），examinee（受験者），interviewee（面接を受ける人），trainee（研修生）などがその一例であり，語の中に受け身の接尾辞が入り，addresser（発信者）や trainer（訓練士）のような -er 形式の能動的な例とは対照的な意味を表す。また語末の -ee が第一強勢を担うという変わった特徴もある（cf. 自ら強勢を担う接尾辞：pp. 74–75）。(**1a**) は train という動詞の意味役割を表す公式である。主語の X は「動作主」を表すので，ここから派生する名詞は訓練士である trainer (**1b**) となる。一方，目的語の Y は「被動作主（動詞の行為を受ける人）」で -ee を付けて訓練生の trainee (**1c**) という形式をとる。 は abduct（誘拐する）に -ee が付き，「拉致被害者」という意味になる。

(**1**) **a.** X train Y

　　　b. trainer (=X) ＝ Y を訓練（教育）する人（訓練士，コーチ）

　　　c. trainee (=Y) ＝ X に訓練される人（訓練生，研修生）

　このように動詞に -ee が付加されるこの類の語には，「…される人」の意味が第一義であり，その数も多い。しかし元来の受け身の意味がすり切れているような例も散見される。たとえば，absentee（欠席者）と attendee（出席者）はほかの -ee 名詞に比べると受け身の意味合いは強くないが，-ee の部分が第一強勢を担う特徴は保持している。またほかの例では committee は「後見人」という意味では強勢は committee であるが，「委員会」の意味では committee である。

More Movie Data

Make sure they know how to wrangle the **employees**. Like Kim, she never buses her tables.

Desperate Housewives『デスパレートな妻たち』(S3, E18)（2007）〈00:04:54〉

従業員に負けずに口頭指導できる人を頼むぞ。キムのように，食器を片付けないようでは困る。

 レストランの経営者である夫が共同経営者である妻に対して，新規採用のチーフは従業員の教育ができることが必須であると伝えているセリフ（employer ⇔ employee）。

I lived in a tattoo parlor. The **trainees** used to practice on me. Until they ran outta space!. The Secret Life on Pets『ペット』（2016）〈00:36:20〉

俺は入れ墨屋で住んでいたが，**見習い連中**の練習台にされた結果，体の隅々までタトゥーだらけになっちまった。

 動物たちが人間に虐められた経験を述べる中で，体に隙間なく色々な入れ墨が入った豚が自分の不遇を訴えるアニメのワンシーン（trainer ⇔ trainee）。

3 章
形態論と音韻論

Solidify Your Studies

An honest **examinee** who tends to sweat a lot might mistakenly appear deceptive, whereas a deceptive **examinee** who tends to sweat very little might mistakenly appear truthful.

（神戸薬科大学 2017）

汗をかきやすい正直な**受験者**は誤って嘘をついているように見え，汗をかきにくい見かけ倒しの**受験者**は誤って本当のことを言っているように見えるかもしれません。

❗ examiner は「試験官」のことを指すが，これは試験を実施する人のことである。これに対して examinee となると受け身の意味になり，「受験者」の意味になる。「受験者」はほかに applicants や candidates などとも表現する。特に大学の受験生は university applicants が普通で，×university examinees とは言わない。

  「…される人」という仏語由来の受け身の名詞で **wrap it up!**

3-10

- The interviewer tried to put all the **interviewees** at ease.
  面接官は全員の**面接を受ける人たち**をリラックスさせようとした。

- Our boss is good at communicating with the new **employees**.
  私たちの上司は新採用の**社員**とうまく意思疎通をしている。

11. ゼロ派生の転換による動詞
Verbs Created Via Conversion
── 動詞へと変貌を遂げる名詞と形容詞 ──

Maybe I should just **google** him.

Desperate Housewives『デスパレートな妻たち』(S7, E21)(2011)〈00:11:33〉

じゃあ**ググ**ってみようかな。

Linguistic Tips

　単語が元々の形から派生せず，語の品詞のみを変えることで新たな語を形成することを「転換」という。転換のほとんどは，名詞・動詞・形容詞を含む主要な品詞間のもので生じ，元来持つ意味と話者間で共有される知識から一般的に連想される意味で用いられる。この項目では，特に用例の多い名詞由来の動詞と形容詞由来の動詞を紹介する。

　名詞由来の動詞は極めて生産的で抽象名詞や類義語が既に存在するといった問題がない限り形成することが容易である。代表的な意味関係を挙げておく。

- ・道具（Nで…する）：e-mail（メールを送る），phone（電話をする），Xerox（コピーをする）
- ・場所（Nに物を置く）：bottle（瓶に詰める），bank（お金を預ける）
- ・物材（場所に変化を起こす）：water（水をやる），sugar（砂糖を入れる）
- ・動作主の役割（Nとして振る舞う）：police（取り締まる），doctor（治療する）
- ・変化の結果状態（Nに変える）：powder（粉にする），cube（さいの目に切る）

また名詞が複合語の場合，動詞に転換されることが非常に多い（例：blacklist（ブラックリストに載せる），tiptoe（つま先［忍び足］で歩く），fingerprint（指紋をとる））。のセリフは，検索エンジンとして有名なGoogleを動詞に転換したという名詞由来の動詞の典型例である。このように新しく登場した技術や会社，人名など固有名詞を動詞に転換する例は非常に多い（例：Facebook（フェイスブックで連絡する），Uber/Lyft（ウーバー／リフトで移動する），KonMari（コンマリ（近藤麻理恵）流の片付けをする））。の字幕ではgoogleと小文字で用いられており，一般の動詞としての地位を確立しつつある点も注目したい。

　一方，形容詞由来の動詞は，名詞由来の動詞ほど生産的ではないが，数自体は多く，自動詞「…になる」タイプと他動詞「…にする」タイプが最も一般的であり，両方の意味タイプを持つもの（例：clear（綺麗になる，綺麗にする），cool（冷える，冷やす），thin（薄くなる，を薄くする））も存在する。またもう1つはbrave（勇敢に立ち向かう），gentle（穏やかにする）のように動作の様態を示すタイプである。

More Movie Data

Okay, let me **Instagram** this. The Intern『マイ・インターン』（2015）〈00:14:32〉

じゃあ**インスタグラム用に写真を撮**らせて。

> ！ 近年非常に人気の SNS である Instagram を動詞に転換したという名詞由来の動詞の例である。ここではインターンに来た人たちに向けて担当者が広報用にインスタグラム用の写真を撮ろうして使っている。

Empty your pockets, or I'll call the Station Inspector.

Hugo『ヒューゴの不思議な発明』（2011）〈00:05:14〉

ポケット中の物を**出せ**，さもなければ鉄道公安官を呼ぶぞ。

> ！ 形容詞「空の」を動詞に転換し，動詞「空っぽにする⇒中の物を出す」として用いた例である。ここでは主人公が駅構内の売店にある商品を盗もうとしたところを店主が捕まえ，その場で今まで盗みを働いてきた証拠を突き止めようと怒鳴っているシーンである。

3章 形態論と音韻論

Solidify Your Studies

Increasingly, they are collaborating beyond the classroom walls — with outside experts (as I did, when I "**Skyped** in" to help a class of Illinois 8th graders prepare for a presentation) and with fellow students on the other side of the district or the other side of the world. （高知工科大学 2016）

教室の壁を越えて外部の専門家と協力したり（私が，イリノイ州の８年生のクラスがプレゼンテーションの準備をするのに手を貸すために「**スカイプ**」で参加した時のように），地域の反対側や地球の反対側にいる仲間と協力したりすることがますます増えています。

> スカイプ（Skype）というビデオ通信アプリが動詞化した例である。ここでは動詞の過去形として Skyped となっており，自動詞として「スカイプで参加する」という意味で使われている。

  固有名詞と形容詞をそれぞれ動詞に転換している点を意識して **wrap it up!**

3-11

- A few days ago, I finally took the plunge and **KonMaried** my clothes.
  数日前，色々考えた末，思い切って服を**コンマリ流に片付け**た。

- Mr. Lukas needs to **busy** himself with more important things.
  ルーカスさんはもっと重要なことで**忙しく**すべきだ。

12. 逆成による名詞由来動詞

Denominal Verbs Via Back Formation
── 本来とは逆の「名詞⇒動詞」の語形成 ──

 Why do I have to **baby-sit** Mom? All my friends are gonna be at the opening. Desperate Housewives『デスパレートな妻たち』(S3, E15)(2007)〈00:21:24〉

どうして私がママの**身の回りの世話をする**必要があるの？　友達は皆，店のオープニングに行くのに。

Linguistic Tips

　通常の語形成は動詞から名詞への派生（例：teach ⇒ teacher）であるが，それとは真逆のプロセスが働く場合があり，それを「逆成」と呼ぶ。🎥のような文の動詞がその好例の１つである。逆成とされるのは，baby-sitter（ベビーシッター）という語が先に生まれ，そこから逆に動詞化して baby-sit（子どもの世話をする）という語ができたからである。通常は１人では身の回りのことができない乳幼児の世話をするという意味であるが，目的語に「大人」をとると「成人なのに面倒を見るのに骨がおれる人」というように意味が拡張される。つまり「母を看病する」は look after Mom や take care of Mom というところであるが，上記の例文の母親は足を複雑骨折して寝たきりになっているので，面倒をみるのにはかなり苦労することをこの逆成動詞が効果的に表している。また傍若無人にふるまう大人をなだめる時もこの baby-sit が使えることは想像に難くない。(1)を参照されたい。

　(1) Jeff: That fool's holding us to every second of the contract.

　　　　あの馬鹿野郎が契約の時間ギリギリまで（ショーを）やれとすごい剣幕だ。

　　Ray: Go **baby-sit** him. I'll take care of it.

　　　　野郎の**ガス抜き**は頼んだぞ。あとは俺がなんとかするから。

　　　　　　　　　　　　　　　　　　　　Ray『Ray/ レイ』(2004)〈01:26:37〉

　このように汎用性が高い baby-sit 以外にも，学校英語で習う語彙に逆成のプロセスでできた動詞は珍しくない。たとえば，air conditioner（エアコン）という機械を表す名詞から air-condition（空気調整をする）という動詞が逆成したことを知っている学習者は少なくないかもしれないが，editor（編集者）や burglar（強盗）からも edit（編集する）や burgle（強盗を働く）という動詞が逆成したことはあまり知られていない。逆成のパターンには，ほかに下記のようなものがある。

　(1) 形容詞から動詞へ逆成　例：laze（怠ける）(< lazy)

　(2) 形容詞から名詞へ逆成　例：greed（貪欲さ）(< greedy)

　(3) 副詞接尾辞 -ling から動詞へ逆成　例：sidle（体を横にして歩く）(< sideling)

More Movie Data

Each day, oblivious to time, weather, and the state of the world...
sightseers head in the direction of California's San Fernando Valley.

Good Night, and Good Luck.『グッドナイト & グッドラック』（2005）〈00:25:42〉

毎日，時間や天候や世界情勢にはお構いなしで，**観光客**がカリフォルニアのサンフェルナンド・バレー方面に向かっている。

> ！ sightseeing（観光）から逆成した，sightsee（観光する）に接尾辞の -er が付加された「観光客」の例である。tourist は tour（旅行）に焦点がある「観光客」。

A **typewritten** confession was sent to the Riverside Press Enterprise on
November 29th, a month after Bates's murder.

Zodiac『ゾディアック』（2007）〈01:12:26〉

タイプで打たれた告白状がリバーサイド新聞社に届いたのが，ベイツさんの殺人から 1 ヶ月後の 11 月 29 日だった。

> ！ typewriter（タイプライター）から逆成した，動詞の typewrite の過去分詞が形容詞的に confession を修飾している例である。

Solidify Your Studies

Organizations such as the World Health Organization are working with
governments and health professionals around the globe to educate
people about both viruses and the importance of being **vaccinated**.

（獨協大学 2014）

世界保健機関（WHO）などの組織は，世界中の政府や医療専門家と協力して，ウィルスと**ワクチン接種を受ける**ことの重要性の両方について人々に啓蒙しています。

> 🔵 vaccinate（ワクチンを接種する）は vaccination（ワクチン接種）から逆成された。インフルエンザや新型コロナウィルスの予防接種などの文脈で使われる逆成動詞である。

 知らないうちに遭遇している「逆成の動詞」で wrap it up!

- Be sure to get the parents' phone numbers, if you are **baby-sitting**
  for them.
  ベビーシッターを引き受けるのなら，ご両親の連絡先を聞いておきなさい。

- Our house was **burgled** while we were away overnight.
  1 晩留守にしている間に，家に**泥棒が入った**。

13. X+過去分詞形式の複合形容詞

X + Past Participle-based Compound Adjectives

── 受動文の諸要素を変数 X に代入する複合形容詞 ──

Well, actually, she was more like a **court-appointed** social worker. My mom did a little time. She had a thing for bourbon and shoplifting.　Desperate Housewives『デスパレートな妻たち』(S1, E10) (2004) 〈00:32:05〉

そうね…（乳母というよりも）**裁判所があてがえてくれた民生委員**という感じだったわ。母は刑に服していたの。酒癖が悪く，万引き癖があってね。

Linguistic Tips

　2つ以上の語が連結され，前置修飾の機能を発揮する形容詞を「複合形容詞」と呼ぶ。複合名詞と同様に，1語のように綴られる場合も多いが，ハイフン語や2語として綴られる複合形容詞もある。また通例，強勢を前にくる第1要素に置く。

　複合形容詞には4パターンがある。**1. 名詞＋形容詞**パターン（waterproof（防水性の）），**2. 形容詞＋形容詞**パターン（bittersweet（悲喜こもごもの）），**3. 副詞＋形容詞**パターン（wide-awake（しっかり目覚めた））（cf. フラット副詞：pp. 20–21），**4. 名詞＋現在分詞**パターン（heart-breaking（悲痛な））であるが，この項目では受動文における動詞句内のふるまいを表す「X＋過去分詞」のパターンの複合名詞を挙げる。「X＋過去分詞」の複合形容詞は，下記の（**1a-e**）のような受動文の構成要素の一部（太字部分）が変数 X に代入され，コンパクトな形式で受動文の主語を修飾する。

(1) **a.** moth-eaten clothes（虫食いだらけの洋服）← The clothes were **eaten by moths.**　　〈動作主を表す by 句内の名詞と過去分詞〉

　　b. home(-)made soup（自家製のスープ）← The soup was **made at home**.　　〈場所を表す名詞と過去分詞〉

　　c. hand-embroidered sweaters（手刺繍を施したセーターの数々）← The sweaters were **embroidered by hand**.〈手段を表す名詞と過去分詞〉

　　d. shark-infested waters（鮫がうようよしている水域）← The waters are **infested with sharks**.　　〈前置詞句内の名詞と過去分詞〉

　　e. carefully worded speeches（慎重にことばを選んだスピーチの数々）← These speeches were **worded carefully**.　　〈副詞と過去分詞〉

🎥 は「乳母がいたの？」という質問に対する返答で，（**1a**）のパターンの複合形容詞を使っている。a social worker was appointed by court という受動文を約めて「裁判所があてがえた民生委員」という by 句内の名詞と過去分詞を合体させた形式である。

More Movie Data

Marty... Section 214 of the tax code assumes a caregiver has to be a woman. This is **sex-based** discrimination against a man.

On the Basis of Sex『ビリーブ　未来への大逆転』(2018)〈00:41:40〉

マーティ，税法 214 項は介護者が女性であることを前提としているわ。これは男性に対する**性**差別よ。

> **!** The discrimination is based on sex という文由来で，Linguistic Tips の（1d）の前置詞句内の名詞と過去分詞のパターンである。(1b) と表面上似ているが構成要素の種類が違う点に注目してほしい。

Earlier this week, we asked our help what Mr. Shirley might like for supper. So the boys in the kitchen whipped up a special menu in honor of our guest. Gentlemen, **home-cooked** fried chicken.

Green Book『グリーンブック』(2018)〈01:03:33〉

今週に入って，使用人にシャーリーさんのお好みの晩御飯について相談しました。その結果，今晩のために厨房で特別メニューをご用意しました。皆様，**自家製の**フライドチキンです。

> **!** The fried chicken was cooked at home. という文由来である。Linguistic Tips の（1b）に相当し，家庭の味という含意がある。home-xxxed のパターンは汎用性が高く，家のオーブンなどで焼くものは home-baked bread のように使われる。

Solidify Your Studies

After the March 2011 Great East Japan Earthquake, Kestler and his friends donated **hand-knitted** gloves, scarves and hats to people in Tohoku who lost their homes.

（福井県立大学 2019）

2011 年 3 月の東日本大震災後，ケストラー氏とその友人たちは，家を失った東北の人々に**手編みの**手袋，マフラー，帽子などを寄付しました。

🛈 Linguistic Tips の（1c）のような手段を表す複合形容詞である。hand-kitted で「手編みの」を表す。knit は日本語の「ニット地の衣類」だが，動詞としても使われる。

  便利な過去分詞を使った複合形容詞で **wrap it up!**

- This downtown area has a lot of **family-owned** restaurants.
  このダウンタウンの地域には**家族経営の**食堂が多くあります。

- I'm making a **chocolate-covered** fruit cake for Mom's birthday.
  私はママの誕生日のために，**チョコレートで覆われた**フルーツケーキを作ります。

child や foot の複数形が
不規則変化するようになった経緯

　英語の名詞の複数形には，規則変化タイプと不規則変化タイプがあります。次のセリフでも，様々なタイプの複数形が確認できます。

Husbands clash with **wives**, **parents** cross swords with **children**. But the bloodiest **battles** often involve **women** and their mothers-in-law.

Desperate Housewives『デスパレートな妻たち』(S1, E6)(2004)〈00:00:40〉

夫は**妻**と衝突し，**親**は**子ども**と**火花**を散らす。最も激しいのは**嫁**と姑の**争い**だ。

　husbands や parents のように，規則変化タイプは語尾に -(e)s を付けるだけですが（ただし wife / wives のように語尾が変わる単語は注意），一方，不規則変化タイプは child / children や woman / women のように，それぞれの複数形を覚えておく必要があります。

　なぜ，child の複数形が children になるかには，英語の歴史が関係します。古英語の child は長母音の ćīld でしたが，その後複数形は語尾に -ru をとる ćīldru に，次いで短母音を持つ chīldre へと変化します。時は流れ，さらに別の複数語尾の -n が付いた結果，child + ru / re + n という二重複数（double plural）の形が誕生しました。奇しくも，日本語の「子＋ども＋たち」でも複数語尾が重複していますね。

　foot の不規則変化形 feet にも，複雑な経緯があります。昔の foot にあたる fōt は，複数主格・対格の場合などは語尾に -iz をとりました。本来は fōt-iz の形になるはずが，かつて ō は，同じ語内で i の音が続くと ē になったため，fōt-iz は fēt-iz の発音になりました。やがて語尾の -iz も落ち，fēt へとなっていったのです。

　ō が ē に変わるといった母音変化の痕跡は，(wo)man / (wo)men や mouse / mice の単複名詞のペア，long / length や hot / heat の形容詞と抽象名詞のペア，blood / bleed や food / feed の名詞と動詞のペア，などでも見られます。

　このように，身近な単語が持つ奇妙な変化形にも，歴史的な観点で見ればきちんとした理由があることがわかります。名詞の不規則変化した複数形は，映画のセリフにもたくさん登場するので，いろんなタイプを確認しましょう。

統語論

本章では，統語論という，文や句を形成するための規則や，その構造に関する知識といった，母語話者が無意識のうちに脳で処理していることばの仕組みについて探る分野を扱います。

1. 分裂文

Cleft Sentence

―― いわゆる it ... that の強調構文 ――

Archie: No, because you insisted on making the reservations.

Sam: I insisted, but then you insisted, and **it is the second insister that supersedes the first**.

Archie: Sam, Sam. I offered, YOU insisted. Last Vegas『ラストベガス』(2013)〈00:23:51〉

アーチー：いや，だってお前が予約するって言い張ったじゃないか。

サム：言ったが，後でお前が言い張ったんだから，**後から言った奴がやるだろ**。

アーチー：サム，聞け，俺は申し出た。お前が譲らなかったんだ。

Linguistic Tips

　英語には分裂文と呼ばれる，〈It be［X（焦点）］that__ 〉の構造を持つ強調構文がある。この構文では，たいてい文中の一要素が強調される焦点（focus）として X の位置に現れ，文の残りの部分が that に続き，前提を表す。擬似分裂文 (pp. 100–101) と同様，be 動詞の補部の X が新情報になり，旧情報の that 節内の時制が主文の be 動詞の時制に影響する。文法的には，動詞句以外の要素が X に現れる。

(1) [Max] wrote [the paper] [last year].

　　　Max は去年その論文を書いた。

　a. 主語：It was [Max] **that wrote the paper last year**.

　b. 目的語：It was [the paper] **that Max wrote last year**.

　c. 副詞句：It was [last year] **that Max wrote the paper**.

(1) には焦点として強調可能な要素が主語，目的語，副詞句と 3 つある。(1a) は「誰かが去年その論文を書いた」ことを前提とし，それが Max であることを強調している。主語が X の場合，that に代えて who が現れることが多い。(1b) は「Max が去年何かを書いた」が，それがその論文だったことを表している。(1c) は「Max がその論文を書いた」が，それが去年だったことを強調する文である。

　🎥 の例は，ホテルの予約をめぐって，誰が予約の責任者かを分裂文で強調している。the second insister supersedes the first の主語が焦点として X に現れ，残りが that 以下に後続する構造になっている。強調構文であるこの文を否定して訂正するために，構文ではなく you に強勢を置いて強調するセリフが続く点も面白い。擬似分裂文と同様，分裂文には焦点が関与しており，前文までの内容と対比して否定・修正するなどの新情報を提供する効果を持つ。談話上の制約や，焦点部分に強勢が置かれることにも注意すると，より適切に分裂文が使えるようになる。

More Movie Data

Kingsley Shacklebolt: Hey, Dean, on second thoughts, tell Professor McGonagall… we might need one or two more wands this side.

Remus Lupin: **It is the quality of one's convictions that determines success… not the number of followers**.

Harry Potter and the Deathly Hallows: Part 2『ハリー・ポッターと死の秘宝　PART2』(2011)〈00:49:21〉

キングズリー・シャックルボルト：おい，ディーン，訂正だ，マクゴナガル先生に…あと1，2本杖が必要かもしれないと伝えろ。　リーマス・ルービン：**成功を決めるのは信念の質だ，数じゃない。**

 大切なのは信念だと伝えるために the quality of one's convictions determines success の主語を強調した例である。文末で味方の数を否定対比することで，強調効果を高めている。that 節内が現在時制のため，主文の be 動詞も現在形になっている。

You don't know the whole story. **It was Palpatine who had your parents taken**. He was looking for you. But they wouldn't say where you were. So he gave the order.

Star Wars: The Rise of Skywalker『スター・ウォーズ　スカイウォーカーの夜明け』(2019)〈01:01:23〉

君は全貌を知らない。**君の両親の命を奪ったのはパルパティーンだったんだ。**奴は君を探してた。でもご両親は居場所を言わなかった。だから奴は命令を下した。

 前文までのレイと両親が生き別れた経緯を踏まえて Palpatine had your parents taken の主語を強調している。that 節内が過去時制のため，主文の be 動詞は過去形の was である。

Solidify Your Studies

It was in the late 18th century that the first real balloon flight was accomplished.

(東北薬科大学 2013)

18 世紀後半，初めて本格的な気球飛行が行われた。

 in the late 18th century という句が分裂文の焦点要素になったものである。入試用例ではこのような前置詞句や副詞句が焦点化されたものがよく見られる。

4-1   新情報を足したり，訂正したりする分裂文で **wrap it up!**

● I don't know what my wife was doing ten years ago. **It was three years ago that I met her for the first time**.

10 年前に妻が何をしていたかなんて知らないよ。**彼女に初めて会ったのは 3 年前なんだから。**

● What did you say? **It was Picasso who painted it, not Gogh**.

何を言ってるんだ？　**描いたのは，ピカソだよ，ゴッホじゃない。**

2. 擬似分裂文

Pseudo-cleft Sentence

―― 強調したい表現が文末に現れる文 ――

Prince: You could throw sticks. I will retrieve them! You can rub my tummy!

Queen: All off-topic. **What I need you to do is marry me**.

Mirror Mirror『白雪姫と鏡の女王』(2012)〈01:02:10〉

アルコット王子：棒を投げてよ。取って戻ってくるよ。お腹を撫でてくれてもいいし。

女王：全部的外れ。**あなたにしてもらわないといけないのは，私と結婚することよ。**

Linguistic Tips

　英語の強調構文のうち，〈what_ be［X（焦点）］〉の構造を持つものを「擬似分裂文」と呼ぶ。この構文には次の4つの特徴がある。**1.** 一般的に主語の関係節部分が旧情報，X が文中で強調される焦点（focus）が新情報。**2.** 焦点が人物の場合には what ではなく，the person who/that になる。**3.** X には名詞句，前置詞句，副詞句，形容詞，文（節），動詞句が出現できるが，X が動詞句の場合，動詞は原形である。**4.** 旧情報である主語の関係節の時制が主文の be 動詞の時制に影響する。(**1**) には X に出現可能な語句が (**1a-c**) の3つ存在する。

(1) [You] have to [write [a term paper]].

　　学期末論文を書かなければならないよ。

　　a. The person who/that has to write a paper is [you].

　　b. What you have to do is [write a term paper].

　　c. What you have to write is [a term paper].

(**1a**) は，「誰かが学期末論文を書かなければならない」ことが前提で，それが you だと伝える例。(**1b**) は「君が何かをしなければならない」が，それが write a paper であると伝える例。(**1c**) は，「君が何かを書かなければない」が，それが a paper であると伝えている。いずれも関係節が現在時制のため，主文の be 動詞も現在形だが，関係節内が過去時制の場合，たとえば (**1c**) は What you had to write was a term paper. になる。

　擬似分裂文を含む強調構文には焦点が関与しており，焦点部分は既出要素に対して対比・否定・訂正などを行う新情報である。🎬 の例は，前出の提案を全て否定した上で，I need you to marry me を伝えている。そのため，焦点の marry me が X に現れ，「あなたに何かをしてもらう必要がある」が，それはほかでもない，marry me だと伝えている。

More Movie Data

That's what we're here to find out. **What I do know is he's our only possible link to the Syndicate**.

Mission: Impossible – Rogue Nation

『ミッション：インポッシブル　ローグ・ネイション』(2015)〈00:26:33〉

それを俺たちが見つけるのさ。**俺にわかるのは，奴がその組織への我々の唯一の手がかりだということだよ。**

> **!** 「知らない」ことに対して「知っている」ことを強調して know の目的語表現にあたる that が省略された節を焦点化している。「知っている」ことを強調するために，真偽焦点（Verum focus）の do (cf. 助動詞 do の強調用法：pp. 58–59) を使っている。

Jules: Okay, so I can't read anything, but if I could, what do you want me to see? "Five girls, one shirt" or "check out the fit"?

Staff: Well, both, but **what I really want you to see is the shirt worn by five different body types**.

The Intern 『マイ・インターン』(2015)〈00:08:46〉

ジュールズ：さてと，全然読めないんだけど，読めてるとして，何を見てほしいの？「5人の女の子と1枚のシャツ」なのか，「そのフィット感」なのか。

社員：ええと，その両方で，**見ていただきたいのは，異なる体型の5人が着てみたシャツです。**

> **!** 直前の what do you want me to see? を旧情報として to 不定詞節内の see の目的語名詞句を強調するために擬似分裂文を用いている。

4 章

統語論

Solidify Your Studies

What we forget is that our machines are built by our own hands.

（浜松医科大学 2016）

我々が忘れているのは，機械は我々の手によって作られているということです。

> **❗** 主語の関係節内が現在形のため，主文も現在形である。前出のコンピューターの完全性と対比して「完璧な機械が不完全な人間によって作られている」と述べている。

>   「したこと」や「わからないこと」を擬似分裂文で表して wrap it up!
>
> ● That's not true. **What I did was have a cup of strong coffee and take a bath.**
> それは違うわ。私がしたのは，濃いコーヒーを飲んで，お風呂に入ることよ。
>
> ● I do understand you are fine. **What I don't understand is why you don't answer the phone when you can pick it up.**
> あなたが大丈夫なのはわかってる。**わからないのは，あなたがなぜ電話がとれる時に出ないのかということよ。**

3. 様々な文型の受動文

Various Passives

── be 動詞＋過去分詞形＋ by 句以外の形の受け身 ──

A lot of folks assumed Donald Trump would flame out by now.
They have been proven wrong.　Bombshell『スキャンダル』(2019)〈00:01:23〉

多くの人がトランプはこの時期には消えていると思っていましたが，**それは間違っていました**。

Linguistic Tips

　英語では通常，動作や行為を「する」側を主語にして能動文で表す。しかし，あえて能動文の目的語である，動作や行為を「される」(受ける) 側を主語にして受動文で表すことがある。受動文では能動文の目的語が主語として現れるため，理論上は能動文に存在する目的語の数だけ，対応する受動文が存在することになる。そのため，第 3 文型の SVO 構造からの受動文以外に，第 4 文型や第 5 文型及び to 不定詞や that 節を伴う能動文に対応する受動文が存在する。

　 の例は，(Something) has proven them wrong. という SVOC の能動文の目的語が主語になった受動文で，動作主を明示せずに「彼らは間違っていたと証明された」ことを表している。

　(1) は SVO$_1$O$_2$ の能動文とそれに対応する受動文である (cf. 句動詞からの受動文：pp. 104–105)。

(1) **a.** Max gave **his wife a diamond ring**.

　　　　マックスは**妻に**ダイヤ**の指輪**を贈った。

　　b. His wife was given a diamond ring (by Max).

(1) で O$_2$ の a diamond ring を主語にした場合は A diamond ring was given *(to) his wife (by Max) となり，標準英語では to がないと非文法的だとされる。to が his wife の前に現れる第 3 文型からの受動文は文法上可能だが，a diamond ring は新情報であるため主語になりにくい。加えて，代名詞を含む旧情報の his wife が文末に現れる構造は敬遠されやすい。これは基本的に英文は旧情報が新情報に先行する談話構造をとるからである。また，英語の受動文は，動作主を表さないなど能動文を用いない理由がある場合に使われる傾向があり， の例や (**1b**) のように動作主を表す by 句が現れないことが多い。

　このように，英語の受動文の使用には，統語上の制約以外に，特に情報の流れを意識した文の構造を十分に考慮する必要がある。

More Movie Data

You're broken into pieces now.

Elementary 『エレメンタリー　ホームズ＆ワトソン in NY』(S1, E24)（2013）〈00:37:36〉

あなたはもうボロボロよ。

> **!** break A into pieces（A を粉々に壊す）という意味の表現が受動態で使われている。

It is believed Lark is responsible for the disappearance of Norweigian nuclear weapons specialist, Nils Delbruuk.

Mission: Impossible - Fallout 『ミッション：インポッシブル　フォールアウト』(2018)〈00:03:40〉

ラークはノルウェーの核兵器の専門家であるニルス・デルブルックの失踪に関係しているとされている。

> **!** believe の目的語にあたる that が省略された節が主語になっている受動文である。節を主語位置に置くと新情報が文頭になるため，これに変わる仮主語の it を主語位置に置き，実際の主語である節を文末に回している。

Actually **I was trained to play classical music**.

Green Book 『グリーンブック』(2018)〈01:20:30〉

実際は**クラシックを叩き込まれた**んだよ。

> **!** to 不定詞を伴う train A to do（…するように A を教育する）の A が主語になった受動文である。

**4
章**

統語論

Solidify Your Studies

The Declaration of Independence was made public to the world on July 4, 1776.

（横浜国立大学 2018）

1776 年 7 月 4 日，**独立宣言が世界に公開された**。

> **!** 第 5 文型（SVOC）の目的語が主語になっている受動文。特に be made public（公になる，公開される）は入試用例でも目にする頻度の高い表現である。

  第 5 文型の make A B と presume A B からの受動文で **wrap it up!**

- **Your intention has to be made much clearer**.
  あなたの意図をもっと明確にしないといけない。

- **The adventurer was presumed dead in an avalanche**.
  その冒険家は雪崩で亡くなったとみなされた。

4. 句動詞からの受動文

Passives with Phrasal Verbs

――前置詞句や副詞句の目的語を主語にした受け身――

Rose Mary: Well, I was thinking of baking some.

Jeannette: **The gas is turned off**.

Rose Mary: What if **it gets turned back on**? Miracles happen, you know? The Glass Castle『ガラスの城の約束』(2017)〈00:42:18〉

ローズマリー：え，（パンを）焼くつもりだったのよ。　ジャネット：**ガスは止められてる。**

ローズマリー：**出るようになってる**かもしれないでしょう？　奇跡はあるのよ。

Linguistic Tips

　英語には，try on（試着する）や carry out（実行する），catch up with ...（…に追い付く）のように，「動詞（＋副詞）＋前置詞」や「動詞＋副詞」の形で１つの動詞のように使われる句動詞がある。学校文法では，熟語動詞や群動詞とも呼ばれる。これらは句動詞としてまとまることで決まった意味を表す。その際，動詞や前置詞などの各構成素の意味からは推測しづらい意味を持つことも多い。また，句動詞の中には，(1) のように他動詞と同じように目的語をとるものがある。

(1) a. His son **took** {**over** the company / the company **over**} .

　　 彼の息子が会社を**継いだ。**

　　b. The company **was taken over** (by his son).

(2) The copier **broke down**.

　　 コピー機が**壊れた。**

(1a) の take over（引き継ぐ）は目的語をとるため，(1b) のように目的語を主語にして受動化できる。一方，(2) の break down は目的語をとらないため，受動化できず，対応する受動文は存在しない。

　句動詞ではないが，非常に稀な疑似受動文（pseudo-passives）と呼ばれる，「自動詞＋前置詞句」の前置詞の目的語が受動文の主語として現れるという類似例も存在する。

　のセリフの２つの受動文は，turn off と turn on という対義する句動詞が使われている。どちらも目的語をとるため，受動化が可能である。ガスはガス会社によって使用開始あるいは停止されるが，動作主を表す必要がないため受動文が使われている。２つめは get の受動文で，it（ガス）が turned on（使用できる）状態に back して（戻って）いる，つまり「（ガスがまた）出るようになっている」ことを意味している。

More Movie Data

And the bed looks like **it hasn't been slept in**.

Desperate Housewives『デスパレートな妻たち』(S6, E23)（2010）〈00:06:37〉

しかも**ベッドはずっと使われていない**みたい。

> **!** 付加部の in の目的語である the bed が主語として現れている，Linguistic Tips でも
> 指摘した生起が稀有な擬似受動文の例である。学校英文法では look like は名詞句を
> とるとされるが，口語では seem と同様に文（節）をとることが多く，その事実を確
> 認できる例でもある。

Will I be left out?

Bombshell『スキャンダル』（2019）〈01:42:13〉

私は仲間外れにされるの？

> **!** leave {out A / A out}（A を仲間外れにする）という句動詞から受動化された例である。

She had been locked away, and she'd been punished for her magic.

Fantastic Beasts and Where to Find Them『ファンタスティック・ビーストと魔法使いの旅』(2016)〈01:42:49〉

彼女はずっと閉じ込められてたんだ。魔法を使った罰を受けてたんだ。

> **!** lock A away（A を閉じ込める）という句動詞が受動文で用いられている。

////// Solidify Your Studies //////

Anything left in the fridge **can be picked up** by anyone who wants it.

（日本女子大学 2018）

冷蔵庫に残っているものはどんなものでも欲しい人が**持っていってかまいません**。

> **❶** pick {up A / A up} という句動詞が受動態で使われている例である。文末に関係節に修飾
> された動作主が現れているのもポイントである。

 exercise in と break into の句動詞からも受動文ができることを
確認して **wrap it up!**

- **The warehouse was exercised in by Rocky**.
  その倉庫でロッキーは嫌というほど練習したんだ。

- We put a security camera there after **a couple of cars were broken into**.
  車が何台も車上荒らしに遭った後，そこに防犯カメラを取り付けた。

5. 中間構文

Middle Construction
―― 受動態の意味を表す能動態 ――

Well, I... I shall have some poetry, of course, but it doesn't **sell** quite so well as other things, like novels and essays.

The Bookshop『マイ・ブックショップ』(2017)〈00:11:12〉

そうですね…私ももちろん詩集を入荷するつもりですが，小説や随筆などほかのものほどには**売れ**ないのです。

Linguistic Tips

　表面的には能動態でありながら，受動態の意味を表す文を「中間構文」と呼ぶ。■のセリフは形の上では能動文であるが，本来は sell の目的語であるはずの it が（まるで受動文のように）主語として現れており，sell の解釈も「売れ（ない）」という受け身の形になっている。

　中間構文の特徴として，大きく次の 3 つが挙げられる。まずこの構文は主語の一般的特徴・属性を述べるはたらきを持ち，したがって現在時制で用いられるのが普通である（**1a**）。言い換えると，中間構文は特定の時点で生じた 1 回限りの状態を表すことはできない（**1b**）。

　次に，典型的には行為の難易度を表す副詞（句）(easily, poorly, well, with no difficulty など）や法助動詞（will など），否定辞（not など）を伴う。これらの語句は動詞によって表わされる叙述内容の情報価値を高める効果があり，前述の中間構文のはたらきと相性が良いためと考えられる。一方で，このような修飾語句を伴わない場合，中間構文の容認性は著しく低くなるとされる（**1c**）。

　最後に，中間構文で含意される動作主は任意の人（people in general）であり，特定の動作主が表面に現れることはない（**1d**）。

(1) **a.** This book **reads** easily.

　　　この本は簡単に**読める**（＝読みやすい）。

　b. * This book **read** easily yesterday.

　　　この本は昨日は簡単に**読めた**（＝読みやすかった）。

　c. * This book **reads**.

　　　この本は**読める**。

　d. * This book **reads** easily by John.

　　　この本はジョンに（よって）簡単に**読める**。

　　　(cf. This book can be read easily by John.)

More Movie Data

Well, bad news, kids. You're in my town now, and I do not **scare** easily.

Monsters University 『モンスターズ・ユニバーシティ』(2013)〈00:13:33〉

残念だったな，諸君。君達は今私のクラスにいる。そして私は簡単には**怖がら**んぞ。

> ! 話し手のナイト教授は「怖がらせ入門（Scaring 101）」の担当者であり，上記のセリフは自己紹介の一部である。中間構文で人が主語の場合，動詞には frighten, hurt, scare, shock などの感情を表す動詞が生じることが多い。

Okay, the tissue **rips** really easily, so only press down as hard as you would need to cut a hair. Grey's Anatomy 『グレイズ・アナトミー』(S8, E16)(2012)〈00:11:21〉

いいわね，（腸の）組織はとても**裂け**やすいから，髪の毛を切るのに必要なくらいの力加減で押さえるのよ。

> ! 超未熟児の治療にあたっている医師のセリフである。腸組織の一般的な性質が述べられている。

That kind of work doesn't **fit** neatly on a calendar.

Chicago P. D. 『シカゴ P. D.』(S1, E8)(2014)〈00:08:35〉

その手の仕事はカレンダーにうまく**収まら**ねえんだよ（＝予定通りには進まない）。

> ! 中間構文を比喩として用いた例である。that kind of work はここでは銃の密売人の逮捕を指す。

4章
統語論

Solidify Your Studies

The water purifying system **fits** neatly under a conventional sink unit.

（中央大学 2020）

その浄水器は従来のシンクユニットの下にすっきりと**収まります**。

> ❗ fit neatly は「きちんと収まる」という意味である。中間構文の特徴である「任意の動作主」が感じられる表現だと言える。

  目の前の車と，勇敢な兵士の一般的特徴をそれぞれ述べて wrap it up!

- This car **handles** easily.
  この車は簡単に**操作できる**（＝操作しやすい）。

- The soldier was terrified, though he doesn't **scare** easily.
  その兵士はひどくおびえていた。（普段なら）そう簡単に**怖がったり**はしないのだが。

6. tough（難易）構文

Tough Construction

―― 主語に現れる目的語（1）――

 Quidditch is easy enough to understand. Each team has seven players. Three Chasers, two Beaters, one Keeper and a Seeker.

Harry Potter and the Sorcerer's Stone『ハリー・ポッターと賢者の石』(2001)〈01:03:44〉

クィディッチのルールはとてもわかりやすい。各チームは，7人のプレーヤーがいて，チェイサーが3人，ビーターが2人，キーパーが1人と，シーカーが1人。

Linguistic Tips

🎥 は，"Quidditch" が主語の位置に現れているが，（1）の文とほぼ同意であるとされ，understand の意味上の目的語として解釈される。

(1) It is easy enough to understand Quidditch.

したがって，「Quidditch が簡単だ」という意味ではなく，「Quidditch を理解するのが簡単である」ということを述べている。通常学校文法では，この文は不定詞節内の名詞句が主語位置に移動したと考えられ，Quidditch に焦点をあて，それについて述べる際に用いられる構文である。この構文に現れる形容詞には特徴があり，difficult, impossible, comfortable, tough など「難易や快・不快」を表す形容詞が主に用いられることから，「tough（難易）構文」と呼ばれている。この構文のもう1つの特徴として，不定詞節内には必ず主語に対応する空所が存在する。

(2) a. **John is easy to get along with**.

　　　ジョーンは付き合いやすい。

　　b. * John is easy to {get along with Mary / arrive on time}.

（2a）では，with の後に空所があると考えられるが，（2b）には空所が存在しない。この文法性から，この構文の主語名詞句は不定詞内の空所と対応関係を持つ必要があることがわかる。ほかにも，この構文に関連する以下のような例がある。

(3) Mary is pretty to look at.

　　　メアリーは見た目がかわいい。

この文は，tough 構文と同様「be+ 形容詞 +to+ 他動詞」の構造を持っているが，* It's pretty to look at Mary. に書き換えることはできない。この構文では，tough 構文とは異なり，話者の主観的判断を表す形容詞（graceful, delicious など）が現れ，不定詞 to と動詞句が省略できる。pretty 構文とも呼ばれている。

More Movie Data

An all-access favor from Donna Pualsen, tough to turn down.

Suits『スーツ』(S9, E7)(2019)〈00:19:03〉

ドナ・ポールスンたっての願いなら，断れないな。

> **!** ここでは，tough の前に be 動詞の代わりに小さなポーズが置かれており，turn down（…を断る）の目的語が主語として現れており，「『断ること』が難しい」と述べている。

You certainly are beautiful to watch.

The Curious Case of Benjamin Button『ベンジャミン・バトン　数奇な人生』(2008)〈02:12:22〉

君は，本当に美しい。

> **!** watch の目的語 you が主語位置に現れている。このセリフは，*It's beautiful to watch you. に書き換えることはできないが，一方で to watch が省略されても文が成立する。

Cipher is impossible to decode without the key.

National Treasure: Book of Secrets『ナショナル・トレジャー　リンカーン暗殺者の日記』(2007)〈00:01:47〉

暗号はキーがなきゃ，解くのは無理だ。

> **!** ここの cipher は playfair cipher（プレイフェア暗号）を指す。この文は，It's impossible to decode cipher without the key. とほぼ同意となる。

Solidify Your Studies

Most stellar black holes, however, lead isolated lives and are impossible to detect.

（北里大学 2019）

しかし，**ほとんどの恒星型ブラックホール**は孤立して存在しており，**発見することは不可能です。**

! detect の目的語である Most stellar black holes が主語の位置に現れている。

  統語的主語が，意味上の形容詞の主語と不定詞内の動詞の目的語を担っている例で **wrap it up!**

- ### His answer was indirect and hard to understand.
  彼の回答は遠回しで，理解しにくかった。

- ### Her apple pie was delicious to eat, but Kenny didn't like it very much.
  彼女のアップルパイは美味しかったが，ケニーはあまり好まなかった。

7. 遡及的動名詞構文

Retroactive Gerund Construction
—— 主語に現れる目的語（2）——

Whatever **needs fixing**, fix it fast.

Suits『スーツ』(S8, E7)(2018)〈00:02:48〉

解決しないといけないことなら，早く片付けて。

Linguistic Tips

🎥の例を見てみよう。be worth や，deserve, merit, need, require, want のような「要求や評価」を意味する述語動詞が動名詞補部をとり，その目的語が tough（難易）構文（pp. 108–109）のように，主文主語位置に現れ解釈される場合がある。この構文の動名詞補文は，(1b) の〈不定詞 to + 受動態〉とほぼ同じように解釈され，「遡及的動名詞構文」と呼ばれている。

(1) a. The clothes {**need / require / deserve / merit**} **washing**.

　　b. The clothes {**need / require / deserve / merit**} **to be washed**.

　　この服は，**洗う {必要がある／に値する}**。

(1a) の動名詞目的語がいかにして主文主語位置に現れるのかは，統語論研究では盛んに議論されているトピックの1つである。1つの分析を見てみよう。遡及的動名詞をとる require は，(2) のように派生名詞 reconstruction のような目的語名詞句もとる。(2) では，reconstruction の目的語が受動化を受けるように補文主語位置に移動し，その位置で解釈されると考えられ，事実，by 句が生起する。

(2) The complex case requires careful reconstruction (of ———)
　　(by specialists).

　　　この複雑な事例は，専門家による再構築が必要だ。

　一方，動名詞補文の場合は，どうであろうか。一見，動詞的特徴を持つ動名詞に見えるが，(3a) のように形容詞でも修飾されることから，名詞的特徴を持った動名詞であると考えられ，さらに (2) と同様に by 句も現れる (3b)。

(3) a. This issue needs **some careful** looking after _____.

　　　この問題は**注意して**対応することが必要だ。

　　b. This coat needs washing **by me**.

　　　私はこのコートを洗わなければならない。

(2) と (3) の共通点から，この構文は派生名詞句を伴う受動化と同様の派生方法をとると考えられる。しかしながら，修飾語として副詞が現れる場合もあるため，より細かく統語構造と派生方法を検討する余地は依然残されている。

More Movie Data

The only potion **worth having** is a stiff one at the end of the day.

Harry Potter and the Half-Blood Prince 『ハリー・ポッターと謎のプリンス』（2009）〈00:56:46〉

飲むに値する唯一の薬は、1日の終わりに飲む強い酒だ。

> **!** having の目的語である the only potion が worth having により後置修飾されている。

There is something, and it's kind of hard to bring up. We feel it **deserves mentioning**.

Nebraska 『ネブラスカ　ふたつの心をつなぐ旅』（2013）〈01:09:08〉

話があるのですが。少し言いづらいことですが、**話す価値はある**かと思います。

> **!** mention の目的語 it が deserves の主語位置に現れている。「それを話すことに価値がある」という意味で使われている。

The paperwork involved in replacing it simply doesn't **bear thinking about**.

Nanny McPhee Returns 『ナニー・マクフィーと空飛ぶ子ブタ』（2010）〈01:17:30〉

それを取り替えることに関わる書類のことを考えるのは、本当に**厭わしい**。

> **!** think about の目的語である The paperwork involved in replacing it が、主語位置に現れている。bear の後に現れる動名詞は受動態のようにふるまうが、think about 自体は受動形にできないため、受動分析に対する反例となるであろう。

Solidify Your Studies

But 2,400 will mean the factory **will need updating**, and that's sure to drive up costs.

（東海大学 2021）

しかし、2,400 台となると、**工場の更新が必要になり**、コストアップにつながることは間違いない。

> **◐** update（更新する）の目的語 the factory が主語の位置に現れている。入試用例では意外とこの構文の実例は少なかった。特に merit の用例は見つかりにくいと言えるだろう。

  動名詞と共に現れる述語を探求して **wrap it up!**

- I think this topic is **worth pursuing** further.
  このトピックはさらに**追求する価値がある**と思います。

- Her language will never **bear repeating**.
  彼女の言ったことばは、決して**繰り返し言うことができない**（くらいひどい）。

8. 話題化
Topicalization
──情報の流れをスムーズにする文法操作──

This one I believe I know. Leta Lestrange. Despised entirely amongst wizards, unloved, mistreated.

The Fantastic Beasts: The Crimes of Grindelwald『ファンタスティック・ビーストと黒い魔法使いの誕生』(2018)〈01:54:58〉

こやつのことは知っておるぞ。リタ・レストレンジだな。魔法界の嫌われ者。愛されず，相手にもされず。

Linguistic Tips

　既出の情報を担う名詞（句）（ただし主語を除く）を文頭に移動し，それに聞き手の注意を向けさせる文法操作を「話題化」と呼ぶ。🎥のセリフはその一例であり，本来の語順である I believe I know this one. から know の目的語である this one を文頭に移動させることで得られる。

　機能面に関して，話題化はその名称が示す通り文頭に移動された要素を話題として際立たせ，談話の流れをよりスムーズにする効果を持つ。すなわち，談話における既出の情報を再度話題として取り上げることで，それに対する聞き手の注意・関心を高め，そこに新たな情報を追加しやすい環境を生み出すのである。🎥のセリフは闇の魔法使いが発したものだが，この時彼は彼を捕えようとする政府側の魔法使いに囲まれており，その一団の中にリタ・レストレンジがいるという状況にあった。したがってリタはすでに談話に登場している既出の情報であり，このセリフはそんな彼女が話題化によって再び話題として取り上げられ (this one)，それに対して闇の魔法使いの所見が新しい情報として述べられる (I believe I know) という構成になっている。後続するセリフでリタについての描写がさらに追加されていく様子からも，話題化によって情報の流れが既知のものから未知のものへと一本化され，よりスムーズな談話の流れが生み出されていることが確認できる。このような機能面でのはたらきから，話題化の適用を受けた文は解釈上 as for ...（…については）に導かれた文とほぼ同意であるとされる。

　なお，話題化と左方転位 (cf. 転位：pp. 114–115) は文中の名詞（句）を文頭に移動するという点では共通しているが，話題化は名詞（句）が元々占めていた位置への代名詞の挿入は容認されない。また，話題化は前述のように先行文脈で話題となっている要素を引き続き話題として取り上げる場合に用いられるが，左方転位は談話に新しい話題を導入する際に用いられるため，両者は機能面でも異なる。

More Movie Data

Girls are 300. Boys are 275. Except for that little guy there. **Him** you could have for 200 even.

Marley & Me『マーリー　世界一おバカな犬が教えてくれたこと』(2008)〈00:11:43〉

メスは 300 ドル。オスは 275 ドル。そのおチビちゃんは別よ。**その子は** 200 ドルちょうどでいいわ。

> ! 話題化によって（ほかの子犬ではなく）「おチビちゃん」が話題として取り上げられ，その後に彼に関する情報が追加されている。

You mean jump? **This** I cannot wait to see.

Pirates of the Caribbean: On Stranger Tides『パイレーツ・オブ・カリビアン　生命(いのち)の泉』(2011)〈01:14:50〉

（崖から）飛び降りるってのかい？　**こいつは**見ものだな。

> ! 断崖絶壁を前にした一団が，飛び降りて進むか迂回するかを議論している中での発言である。切り立つ崖から飛び降りるという常識的にあり得ない行為をことさらに話題として取り上げ，それについて「見てみたい」と述べた皮肉の効いたセリフとなっている。

Solidify Your Studies

We say that it is nine o'clock, that we liked a certain movie, that George Washington was the first president of the United States. **This we might call the practical use of language**; it helps us with the ordinary business of living.

（滋賀大学 2020）

「今，9 時だ」「ある映画が好きだ」「ジョージ・ワシントンはアメリカの初代大統領だ」といったことを口に出します。**このようなことは，ことばの実用的な使い方と言えるかもしれません**，つまり，それは，私たちが普通に生活していく上で役に立つものです。

> 前文内容を受ける This は情報の流れからも文頭にあるのが自然である。話題化はこのような談話の流れを踏まえた上で起こるものであり，大学入試の用例でも見つかるのである。

  談話の流れを明確にすることで話題化のはたらきを理解しやすくした短い会話文で **wrap it up!**

- What do you know about John? — **John**, Paul really respected.
  ジョンについて何か知っていますか？ ── **ジョンといえば**，ポールが本当に尊敬していましたね。

- He asked me to do it. — **That** I don't believe.
  彼が私にそれをしてくれと頼んだんだ。 ── **そんなこと**信じられないね。

9. 転位

Dislocation

——名詞（句）の移動と代名詞の挿入を組み合わせた文法操作 ——

Ethan: We don't have this conversation. I've disappeared in London. You don't know where I am. If I'm dead or alive.

Brandt: **This man you saw**, can you find **him**?

Ethan: I won't stop until I do.

Mission: Impossible-Rogue Nation『ミッション：インポッシブル　ローグ・ネイション』(2015)〈00:19:15〉

イーサン：この話はなかったことにしよう。僕はロンドンで姿を消して，君は僕の居場所を知らない。生きてるか死んでるかも。

ブラント：**君が見たその男だが，そいつを**見つけられるのか？

イーサン：見つけるまでやるさ。

Linguistic Tips

　文中の任意の名詞（句）を文頭または文末に移動し，それがもともと占めていた位置に対応する代名詞を挿入する文法操作を「転位」と呼ぶ。名詞（句）の移動先が文頭か文末かによって，それぞれ左方転位 (left dislocation)，右方転位 (right dislocation) と呼び分けられる。🎥のセリフは左方転位の例であり，本来の語順である Can you find this man you saw? を土台に，find の目的語である this man you saw を文頭に移動させ，空になった元の位置に代名詞 him を挿入することで得られる。左方転位は談話に新しい話題を導入する際に用いられるとされ，このセリフの前後でも，話題が「諜報活動中に発生したトラブルに対する今後の対応」から「諜報活動の対象であった問題の男性（国際的テロリスト）」に切り替わっている（cf. 話題化：pp. 112–113）。

　一方，右方転位の適用により，たとえば (1a) から (1b) が得られる。

(1) a. What's your sister like?

　　　あなたのお姉さんはどんな人ですか？

　　b. What's **she** like, **your sister**?

　　　どんな人なのですか，**あなたのお姉さんって**？

すなわち，(1a) の主語である your sister が文末に移動され，空となった主語の位置に代名詞 she が挿入されて (1b) が派生される。機能面については，一般に右方転位を受けた文は聞き手の誤解を避けるために用いられるとされる。代名詞の指示対象を文末であらためて明確にすることで，聞き手がそれを正しく解釈することが容易となるのである（cf. 重名詞句転移：pp. 116–117）。

More Movie Data

You see, **Jacob and I**, **we**'re getting married.

Fantastic Beasts: The Crimes of Grindelwald 『ファンタスティック・ビーストと黒い魔法使いの誕生』（2018）
〈00:27:54〉

あのね、**ジェイコブと私**なんだけど、**私たち**結婚するの。

> ！ 主語に左方転位を適用した例である。you see（ねえ）が話題を切り替えるためのマーカーとして用いられている点に注意してほしい。

You got rules. **The Joker**, **he**'s got no rules.

The Dark Knight 『ダークナイト』（2008）〈01:06:16〉

お前さんはルールを守るが、**あのジョーカーの野郎**にはルールなんてものがない。

> ！ 左方転位により話題が You（＝バットマン）から The Joker に移っていることがわかる。

There's a reason I can hear **them**, **the Horcruxes**.

Harry Potter and the Deathly Hallows: Part 2 『ハリー・ポッターと死の秘宝　PART2』（2011）〈01:24:23〉

あいつらの声が僕に聞こえるのには理由があったんだ。**分霊箱の声**がね。

> ！ 右方転位の実例である。them の指示対象を直後で明確にし、聞き手の理解を助長している。なお、Horcrux（分霊箱）は作中の架空の道具である。

Solidify Your Studies

Do you not know that **Mohammad**, peace be upon him, the prophet of mercy, **he** says, do not harm yourself or others?　　　　（群馬大学 2016）

預言者ムハンマド（彼に平安あれ），**彼**が自分も他人も傷つけるなと言っているのを知らないのか？

> ❗ Do you know that ...の節内で主語の Mohammad が he says ...と左方転位した例である。また、peace be upon him（彼に平安あれ）は預言者ムハンマドの名前を口にした時に続けて唱える英語の文句である。

  主語の名詞（句）(the interview with Mr. Smith と linguistics) をそれぞれ左と右に転位させて **wrap it up!**

- **The interview with Mr. Smith**, when is **it**?
  スミス氏との面談ですが，いつですか？

- **It**'s a fascinating subject, **linguistics**.
  面白い科目ですよ，**言語学は**。

10. 重名詞句転移
Heavy NP Shift
── 重い名詞句を後回しにする文法操作 ──

Mr. Sharp. Would you share with Miss Conlin **what you told me today**? North Country『スタンドアップ』(2005)〈01:27:14〉

シャープ君。すまないがコンリン弁護士にも共有してもらえないか。**君が今日私に話してくれたこと**をね。

Linguistic Tips

　修飾語句を伴う重い名詞句 (noun phrase: NP) を文末に移動する文法操作を「重名詞句転移」と呼ぶ。 のセリフは share の目的語である what you told me today にこの操作を適用し得られたもので，本来の share A with B という語順が share with B A という並びに変化していることが確認できる。機能面では，重名詞句転移によって後置された要素は情報伝達上重要なもの（焦点）として解釈される点が特徴である。これは のセリフにも現れており，この時シャープ氏が語った内容は裁判の行方に大きな影響を与えるものであった。すなわち，依頼人である話者としてはぜひともコンリン弁護士と共有しておきたい情報だったのである。

　重名詞句転移に関してしばしば問題となるのは，何が名詞句の重さを決定するのかという疑問である。一般的には様々な修飾語句を伴った長い名詞句が重いとされるが，これは修飾語句の分だけ情報量が増え，音的にも長くなるためと考えられる。しかし，実際には下記 (1) のように，さして長くない名詞句に対しても重名詞句転移は適用することができる。

(1) May I introduce to you **our 6 fearless contestants**.

　皆様にご紹介いたします。**6 名の恐れを知らぬ出場者を**。

こういった司会者がステージ上の出演者を紹介するような場面では，重名詞句転移が適用された文が用いられることが少なくない。このことから，重さの判断は必ずしも名詞句の複雑さだけに依存しているのではなく，その名詞句が持つ談話における意味的な重要度も関わっていることがわかる。

　なお，重名詞句転移と右方転位 (cf. 転位 : pp. 114–115) は文中の名詞（句）を文末に移動する操作という点では同じだが，前者は移動された名詞（句）の元位置への代名詞の挿入を必要としない。また，重名詞句転移によって後置された要素はその文の焦点となるが，右方転位によって後置された要素は文中の代名詞の指示対象を文末で補足・明確化する役割を担う。

More Movie Data

Ladies and gentlemen, I am your Master of Ceremonies, Maximilian Medici. And now I give to you **the Medici Brothers' circus**.

Dumbo『ダンボ』（2019）〈00:20:49〉

ご来場の皆様，私は司会進行役のマクシミリアン・メディチと申します。それではご紹介しましょう。**メディチ・ブラザーズ・サーカスです**。

> **!** サーカスの司会進行を務める団長の発言である。give の目的語である the Medici Brothers' circus が文末に移動し，焦点となっている。

Now if you'd like, we can go back, and the judge can explain to you **the difference between you and your girlfriend**.

Desperate Housewives『デスパレートな妻たち』（S5, E15）（2009）〈00:25:57〉

ねえ，お望みなら法廷に戻りましょうか。そうすれば判事が説明してくれるわよ。**あなたとあなたの彼女の違い**をね。

> **!** 親権を要求したにもかかわらず，息子の世話を今の恋人に任せてばかりいる元夫に対する一言である。自身と彼女との違いという自明のことをあえて文末に回し焦点とすることで，強烈な皮肉となっている。

Solidify Your Studies

AI will be able to explain to us **ideas that we cannot understand**.

（法政大学 2021）

AI は，**私たちが理解できない考え**を我々に説明してくれるようになるだろう。

> **❗** explain ideas that ... to us が通常の語順だが，ideas that ...以下が文末に移動している。こうなると，学校英文法の基本 5 文型では捉えにくい S+V to A +O の形になるので注意が必要である。

関係詞節を伴って重くなった名詞句と，意味的に重要度の高い名詞句を転移させて wrap it up!

- I will regard as a genius **anyone who can figure out this math problem**.
  この数学の問題が解ける人を私は天才だと思う。

- I am holding in my hand **a directive from the president himself**.
  私の手元には**大統領から直々にいただいた指令書**があります。

11. 名詞句からの外置

Extraposition from NP
―名詞句を2分割する文法操作―

He does **things** every day **that help to ground him**. Reads Scripture, swims laps, prays for people by name. Writes letters, hundreds of them. A Beautiful Day in the Neighborhood『幸せへのまわり道』(2019)〈00:47:16〉

彼は**自分の感情を抑えるのに役立つこと**を毎日やっているわ。聖書を読んだり，プールを何往復もしたり，名指しで人のために祈ったり。手紙も書くわ。それもたくさんね。

Linguistic Tips

　名詞（句）を後置修飾する要素（関係詞節，前置詞句など）をその名詞（句）から引き離して文末に移動する文法操作を「名詞句 (noun phrase: NP) からの外置」と呼ぶ。🎥のセリフでは，things に後続する関係詞節 that help to ground him がこの操作の適用によって文末に移動している。この時，関係代名詞 that の先行詞は things であって直前の every day でないことは，関係詞節内の動詞 help の語形（三人称複数の主語に一致）から判断できる。このことからも that 以下の要素がもとは things の直後に位置しており，そこから文末に移動したことが確認できる。そのほかの修飾語句を外置した例を以下に挙げる。

(1) **a.** A review of this book appeared yesterday.
　　　この本のレビューが昨日出た。

　　b. **A review** appeared yesterday **of this book**.　　　　〈前置詞句〉

(2) **a.** The time to say good-bye has come.
　　　別れを告げる時がきた。

　　b. **The time** has come **to say good-bye**.　　〈形容詞的用法の to 不定詞〉

(3) **a.** A rumor that the company will go bankrupt has spread.
　　　その会社が破産するという噂が広がった。

　　b. **A rumor** has spread **that the company will go bankrupt**.〈同格節〉

外置の適用には，ほかの文法操作と同様に様々な制約が課される。たとえば，外置を受ける名詞句の意味的な重要性や音声的な長さが適用の可否に関与しているとされ，この点は重名詞句転移 (pp. 116–117) と共通している。また，機能面では，外置される要素は情報伝達上重要なものとして文の焦点にあたることを原則とする。🎥のセリフでは that help to ground him が焦点であり，この点はその具体的な内容（短気な「彼」が自身の性格をコントロールするために実践している習慣）が直後に列挙されていることからも確認できる。

More Movie Data

A wedding was privately announced earlier today **that I don't believe any other paper in town knows about**.　The Holiday『ホリデイ』(2006)〈00:08:42〉

ある結婚式が先ほど内々に発表された。**まだ他紙は知らないはずのものだ。**

> !　主語に続く関係詞節が外置を受けた例である。

Bed castors should be lined up and pointing inwards. I found **three** yesterday **that weren't**.　Atonement『つぐない』(2007)〈01:20:58〉

ベッドのキャスターは揃えて内側に向けるようにしてください。昨日は**3台がそうなっていませんでした。**

> !　found の目的語を修飾する関係詞節が外置を受けた例である。

There have been **rumors** for years **that a number of Auschwitz SS officers stole the identities of executed prisoners near the end of the war**.　Remember『手紙は憶えている』(2015)〈00:25:53〉

長年の間，**噂**があった。**終戦間際，アウシュビッツにいた多くのナチス親衛隊将校が処刑された捕虜の身分を盗んでいたと。**

> !　同格節に外置を適用した例である。

Solidify Your Studies

The time will come **when humanity will extend its mantle over everything which breathes**.　（埼玉医科大学 2020）

人類が生きる（呼吸する）もの全てにその権威を広げる時がくるだろう。

> ❗ The time を説明する関係副詞節が主語の位置から外置されて文末に移動し，焦点があたっている。The time will come when ...という形は入試用例でも多く見られる。

 　主語を修飾する同格の that 節と目的語を修飾する関係詞節を外置して **wrap it up!**

- **A claim** has been made **that the man is innocent**.
  その男性は無罪であるという**主張**がなされた。

- I have **a picture of him** with me today **that was taken when he was five**.
  彼が5歳の時に撮られた**写真**を私は今日持っています。

119

12. 動詞句前置

VP-fronting

── 原形動詞句を話題化移動した構文 ──

Sonny: He went to Canada to make his fortune.

Mrs. Kapoor（Mummyji）: **And make it, he did**.

The Best Exotic Marigold Hotel『マリーゴールド・ホテルで会いましょう』（2011）〈00:45:23〉

ソニー：彼はひと旗揚げにカナダに行っただろ。

カプール夫人：**それで，実際ひと旗揚げたわ，彼は**。

Linguistic Tips

　英語には，先行する文脈で生起した語句が後続文中で話題化されて文頭に現れる話題化（pp. 112–113）という現象がある。その中でも，話題化され，前置される対象が動詞句である🎥のセリフのような表現を「動詞句前置」と呼び，英語では VP Preposing と呼ばれることもある。この動詞句前置には次の 5 つの特徴が見られる。

1. 前置される動詞句内の動詞は時制を持たない。

2. 前置される動詞句と同様の表現が先行する文脈ですでに発話されている。

3. 先行する表現を肯定する例が多く，接続詞 and に導かれる場合が多い。

4. 強調のため話題化移動で前置された動詞句の後に，主語と時制を持つ代動詞 do あるいは will, shall などの主語の強い意志を表す助動詞が続くことが多い。

5. 前置文の時制を持つ代動詞もしくは助動詞には，強勢が置かれることが多い。

「ワインを飲み<u>さえ</u>，彼が（は）した。」のように，日本語にも動詞句前置の例は見られる。しかし，前置される動詞句が「さえ」や「も」などの焦点化に関与する副助詞を伴うため，英語の動詞句前置とは派生要因が異なる可能性がある。

　🎥の例では，直前の文にある make his fortune を意味する，代名詞を含む動詞句 make it が前置されて，「それをした」ことが強調されている。この例は，1-5 で列挙した動詞句前置の特徴を全て備えている。前置された動詞句内の動詞が原形で時制を持たず，先行文中で生起している句を表す動詞句が前置されている。また，文頭には接続詞 and が現れている。本来動詞句が現れる位置には時制を持つ代動詞 did が出現し，これに強勢が置かれている。

　動詞句前置は時制のない動詞句が対象となるため，構成素（constituent）を見分けるための統語的なテストとしても用いられる。映画などでの生起例数は決して多くはないが，文脈や強勢との関連が深く，非常に興味深い現象の 1 つである。

More Movie Data

Dr. Joan Watson: I'm here. I can help.

Sherlock Holmes: **And help you shall**.

Elementary『エレメンタリー　ホームズ＆ワトソン in NY』(S3, E6)（2014）〈00:25:27〉

ジョン・ワトスン：私がいる。手伝うよ。

シャーロック・ホームズ：**もちろん手伝うんだよ，君は。**

> ！ 前出の I can help. を受けて，動詞句 help を前置させ，二人称の主語 you に続けて，can ではなく助動詞 shall を使って相手が必ず助けるということを表している。話者がイギリス人であるため，will ではなく shall が使われていると思われる。

But the metaphor was clear for anyone to see. **And see, they did**.

Anonymous『もうひとりのシェイクスピア』(2011)〈00:55:56〉

しかし，そのメタファー（隠喩）は誰が見ても明らかでした。**そして実際目にしたんですよ，彼らは。**

> ！ 直前のセリフにある anyone to see の部分を受けて，実際にそれが行われたということを強調するために動詞句前置を用いている例である。

Solidify Your Studies

But in the US, those in power across most of the country have almost total freedom to redesign the maps. **And redesign them they do**.

（早稲田大学 2019）

しかし，アメリカでは国の大部分で権力を握っている人々が選挙勢力図を変更するほぼ完全な自由を持っています。そして，**一新するのが彼らのやることなのです。**

> ❶ redesign them は，直前の to redesign the maps を受けて話題化され，前置された例である。動詞句が前置される例は大学入試でも見られるので，覚えておく必要がある。

 接続詞の and と but に導かれた動詞句前置で wrap it up!

- In order to go there, it was necessary to pass the exam, **and pass the exam I did**.

  そこに通うためには，試験に受からなければいけなかったし，**実際試験に合格したのです，私は。**

- None of us thought he would win the race, **but win it he did**.

  彼がそのレースで勝つなんて私たちは誰も思っていなかったが，**実際勝ったんですよ，彼は。**

13. though 移動
Though Movement
── 先行文脈を引き，前置し，自己主張につなげる譲歩 ──

Mark: Maybe you ought to head back to the gynie squad where life was all squishy and pink.

Addison: **Squishy and pink though** it may be, I have an amazing surgery today, Karev, if you want in.

Grey's Anatomy『グレイズ・アナトミー』(S3, E11)（2007）〈00:18:02〉

マーク：（カレフ，お前形成外科はやめて）産婦人科の湿ったピンクの世界に戻ったらどうだ。

アディソン：**湿ったピンクの世界**かもしれない**けど**，そこで今日すごい手術をする予定なの。カレフ，あなた入りたい？

Linguistic Tips

「though 移動」と呼ばれる現象は，(1a) のような though の節内の補語である young を (1b) のように though の前へあえて移動させる統語操作を指す。

(1) a. **Though** she is **young**, she is pretty reliable.

  b. **Young though** she is, she is pretty reliable.

  彼女は**若いけれども**，とても信頼できる。

ただし，この移動は統語のみに関わる操作ではなく前置する語句の情報が先行文脈に存在することが引き金となって起こる談話現象でもある。のセリフでは，squishy and pink が譲歩を示す though に前置して現れているが，これは直前のセリフを引用しているため生じており，前置することにより相手の発話を引き継ぎ，うまく皮肉を込めた言い回しを実現している。

前置できる語の品詞は形容詞・名詞・副詞・動詞であるが，特に名詞は前置の際，冠詞や所有格などを伴うことができないという点には注意が必要である。

(2) a. * **A genius though Bill was**, he failed the exam.

  b. **Genius though Bill was**, he failed the exam.

  ビルは天才だけれども，試験に落ちた。

また，譲歩の意味で as を用いる際は，補語が前置する現象を「as 移動」と呼ぶ（3a）。譲歩の意味で as を用いる場合は（1a, b）とは違い移動することが必須である（3b）。

(3) a. **Unbelievable as it was**, that stingy guy treated us dinner.

  b. * **As it was unbelievable**, that stingy guy treated us dinner.

  信じ難いことだが，あのけちん坊が夕食をおごってくれた。

More Movie Data

You already know what books can do. That's something we share, **different as our lives may be**.

君はもう本の力をよくご存じでしょう。**住む世界は違ったとしても**，本への思いは同じなのです。

 as の前に be 動詞の補語 different が置かれている。この文のように though / as 移動が生じている従属節はほかの従属節と同じように，主節の後ろにくることも可能である。

If you or any of your friends harm her, **as old as I am**, I will kill you.

もしお前や仲間が孫娘に手を出したら，**こんな老いぼれだが**，お前たちを殺すぞ。

 as の前に be 動詞の補語 old が置かれている。ここにあるように as 移動は as...as が元の形で，通例は 1 つ目が省略されている。

Solidify Your Studies

What should you do? Most people would say, "Turn! **Tragic though it is to kill one innocent person**, it's even worse to kill five."

（下関市立大学 2011）

何をすべきでしょうか？　ほとんどの人が「進路を切り替えろ！　**罪のない人を 1 人殺すのは悲劇だが**，5 人殺してしまうのはもっとひどい」と言うでしょう。

有名な「トロッコ問題」についての一節である。Tragic though it is to kill ...の部分に though 移動が起こっていることがわかる。これが前に置かれることで，後続の内容の主張を際立たせる効果がある。

  形容詞（obvious）や動詞句（be that）が元の位置から前置していることを意識して wrap it up!

- **Obvious though it may have been**, his comment was necessary.
  わかりきったことかもしれないけれど，彼のコメントは必須だったね。

- You did an excellent job on the last project. **Be that as it may**, we still have to work on this one together.
  この間のプロジェクトで素晴らしい仕事をしたね。**それはともかくとして**，我々はまだこれについて頑張らないといけないよね。

14. 主語補語倒置
Subject Complement Inversion
── 単なる文語表現ではなく，特殊効果のために反転させる文法操作 ──

The rest of Carolyn Armitage's remains were discovered buried behind the New Caledonia farm of Charlotte Armitage, her daughter. **Arrested at the scene was Charlotte Armitage**.

The Good Wife『グッド・ワイフ』(S1, E13)(2010)〈00:37:22〉

キャロライン・アーミテージさんの遺骨の残りが，娘のシャルロッテ・アーミテージ氏所有のニューカレドニアの農場裏の地中から発見されました。そして**その現場で逮捕されたのはシャルロッテ・アーミテージ本人です**。

Linguistic Tips

日本の報道番組で「今日の午後，公職選挙法違反の容疑で衆議院議員が逮捕されました。逮捕されたのは黒潮花子容疑者(64)です。」というパターンをよく耳にする。普通の語順は「黒潮花子容疑者(64)が逮捕されました。」であるが，この類の文では，誰が逮捕されたかという情報に焦点をあてるために倒置によって，文末に回す。はキャスターの報道文だが，基底の文は下記の(1a)である。

(1) **a.** Charlotte Armitage was arrested at the scene.

　　　シャルロッテ・アーミテージが現場で逮捕されました。

　　b. *Arrested at the scene was she.

　　　現場で逮捕されたのは彼女である。

(1a) が主語補語倒置の基底文になるこの現象の統語論的過程を単純明快にすると，be 動詞を軸に主語を後置し，述語（補語）を前置するという，180 度反転させる文法操作である。

場所句倒置構文 (pp. 126–127) と同様に，前置される過去分詞句より後置される補語の情報価値が高いことを示す鮮烈な表現法であるので，(1b) のような情報価値が低い代名詞が文末にくるような文は容認されない (cf. 重名詞句転移：pp. 116–117)。

また be 動詞を軸に半転する主語補語倒置に類似する現象には，(2b) のような移動を表す自動詞（come）を軸に不変化詞（in：方向を示す副詞表現）と主語の倒置現象があるので，併せて理解すると良い（cf. 場所句倒置構文）。(2b) は予想もしない人が入室したという情報を助長する効果がある。

(2) **a.** An FBI agent came in.　　**b.** In came an FBI agent.

　　　FBI の捜査官が入ってきた。　　　入ってきたのは FBI の捜査官だった。

主語語補語倒置や類似現象では後置された名詞句は情報価値が高くなり，伝達の中心となる。単なる文語表現ではなく，小説や映画では特別な意味や効果を担う。

124

More Movie Data

Buried in one of these boxes is a copy of this. It proves collusion.

Suits『スーツ』(S4, E9)(2014)〈00:35:23〉

これらの箱のどれかにこれの写しがある。談合の証拠書類だ。

> ⚠ 談合の証拠を入手するための a copy of this の部分を焦点にする文である。後続文の主語の it と直結するために，指示がわかりやすいという効果もある。

It's unclear how much she knew. **Far more critical is whether the woman in front of us is the Jean Grey we know, or the Phoenix furiously struggling to be free**.

X-Men: The Last Stand『X-MEN：ファイナル・ディシジョン』(2006)〈00:29:59〉

彼女がどれくらい知っているかはわからない。**それより問題なのは，目の前の女性は我々が知っているジーンなのか。それとも必死にもがいて，自由になろうとしているフェニックスなのか**がわからないのだ。

> ⚠ 「女性が知っている情報の量よりも，さらに深刻な問題は…」という情報の流れの後半が伝達の焦点となる。先行文と対比させて，形容詞の比較級が文頭にくる例である。

Solidify Your Studies

Gazing up at me were the faces of about fifteen children, each of them seated expectantly.

（奈良女子大学 2014）

私を見つめていたのは 15 人ほどの子どもたちの顔であり，それぞれが期待に満ちた表情で座っていた。

> ❗ この例が示す通り現在進行形を作る現在分詞が文頭にくる場合もある。この構文は先行文脈とのつながりを保ち，主語である the faces of ...を強調する働きをする。

  主語と補語を倒置して後半の情報に注意を向ける手法で wrap it up!

- **Given below is a list of students** who have agreed to help us prepare for the conference.
  下記は，会議の準備に協力してくれる**学生たちのリストです。**

- **Coming after the commercial break is an interview with the new Japanese Prime Minister**. Don't go away! Stay tuned!
  CM の後には，日本の新総理大臣へのインタビューがあります。テレビの前から離れずに，チャンネルはそのままで！

15. 場所句倒置構文

Locative Inversion
── 文末主語に光をあてる構文 ──

In the courthouse sits the heart of the matter, the voter registration office.　Selma『グローリー　明日への行進』(2014)〈00:33:24〉

郡庁舎の中には，問題の核心となる有権者登録所がある。

Linguistic Tips

場所句とは場所を示す副詞表現で，では in the courthouse がそれにあたる。

(1) He slid the chair **beneath the table**.

　　　彼は椅子を**テーブルの下に**入れた。

場所句は (1) のように通常文末位置に置かれる傾向がある一方，英語の語順は一般に重要度の低い情報から高い情報の流れになるように配列される性質を持つことから，情報の流れを円滑にするために，時に通常の語順を入れ替えることができる。では場所句を文の最初に置き，重要な情報を示す主語の the heart of the matter, the voter registration office が文末に置かれている。文末主語が長い表現であっても自然に響くことが本構文の本質的特徴となる。

　前項の主語補語倒置 (pp. 124–125) と同様に，本構文でも主語が重要度の高い情報を表す必要があり，(2a) のように主語が代名詞の時は場所句倒置は起こらない。動詞としてはそれほど重要な意味内容を持たない自動詞及び受動態動詞が選択される傾向があり (cf. wrap it up!)，完了形は容認度が低下する (2c)。後者については倒置のない文型 (2d) が自然となる。結論として，本構文の容認性は述部がシンプルに表現され，文末主語が十分に注目される環境が整っているどうかにかかっていると帰結できる。

(2) We arrived at the location where the party would be held that night. We were going to meet the hosts before it started.

　　　私たちはその夜パーティーが行われる場所に到着した。パーティーが始まる前にはホストの人たちと会うことになっていた。

　a. * Outside the house stood them (= the hosts).

　　　家の外には彼らが立っていた。

　b. **Outside the house** stood our old friends with the hosts.

　　　家の外には旧友がホストの人たちと立っていた。

　c. ??Outside the house had stood our old friends with the hosts.

　d. Outside the house our old friends had stood with the hosts.

More Movie Data

<u>Not far from here</u> lives a poor young woman, Mrs. Hummel.

Little Women 『ストーリー・オブ・マイ・ライフ　わたしの若草物語』(2019)〈00:28:57〉

ここから**遠くないところに**若くてお金に困っているフンメル夫人が住んでいるの。

> **!** 場所句を文頭に置き，注意を引きつけながら，注目すべき人の存在を効果的に聞き手に伝達している。

<u>Down in the basement</u> is the FOX newsroom.

Bombshell 『スキャンダル』(2019)〈00:04:31〉

地下に降りたところには FOX ニュース編集部があります。

> **!** 倒置構文は比較的かたい表現で時に古風に響く特徴を持つが，本例や wrap it up! 第2 例のように日常的な使用も散見される。

<u>Across the Atlantic</u> lies a colony that was once ours.

Sherlock Holmes 『シャーロック・ホームズ』(2009)〈01:12:49〉

大西洋の向こうにはかつては私たちのものだった植民地がある。

> **!** 本構文はフォーマルに響く傾向があることから，聞き手に対して表現内容の重みが伝達される。

Solidify Your Studies

<u>Somewhere in the mists of deep time</u> lived the common ancestor of all birds.

(東京大学 2018)

はるか遠い時間のかなたのどこかで，あらゆる鳥類の共通の祖先が暮らしていました。

> **❶** 冒頭部分の直訳は「深い時間の霧の中のどこかで」であり「昔々あるところに」のようなフレーズである。そこに登場するのが「全ての鳥類の共通の祖先」である。場所句倒置構文の主語は，後続の文脈の話題となるはたらきを持つので，この後の展開は「鳥類の祖先」となる予測が付く。

  　注目に値する主語を文末に置いた表現で **wrap it up!**

- **Into the house** were arranged tables and chairs for the party.
  家の外にはパーティーのためのテーブルと椅子が配置されていた。

- **Into the pan** goes some garlic, then the shrimp and the broccoli.
  鍋にニンニクを入れて，それからエビとブロッコリーを入れます。

---

16. 否定倒置構文

Negative Inversion
── 文頭に現れる否定辞 ──

<u>**Under no circumstances are you**</u> to tell him what this is about.

42『42　世界を変えた男』(2013)〈00:33:36〉

何があろうとも彼にはこの件について詳しいことは言う**な**。

Linguistic Tips

　通常の否定文では，否定辞 (not, no, never など) が助動詞などに隣接して現れたり，名詞句内に現れたりすることによって，文全体の内容が否定される。さらに，否定する構成素の直前に否定辞が現れ，その構成素のみを否定する場合もある。そのほかにも，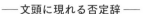のセリフのように，否定語そのもの，もしくは否定語を含む構成素が文頭に現れ，それと同時に wh 疑問文のように助動詞と主語が倒置することにより，文全体の真理値が否定される場合がある。このような構文は「否定倒置」と呼ばれ，会話においても多く見られる。(1) を見よう。

(1) a. John would be happy with no job.

  b. With no job, John would be happy.

  c. **With no job would John** be happy.

(1a) は，「ジョンは仕事がなければ幸せだ」という解釈 (構成素否定) と「ジョンはどんな仕事にも満足しないだろう」という意味 (全文否定) の 2 通りに解釈できる。しかしながら，否定辞を含む前置詞句のみが前置されている (1b) では前者の意味しかなく，一方，その要素の前置に加え主語・助動詞が倒置されている (1c) では後者の意味しか持たない。したがって，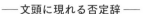では，否定辞を含む under no circumstances が前置され，be 動詞 are と主語が倒置されていることにより，文全体が否定されている。文全体が否定されるという証拠は，この構文において否定極性表現 (any) が共起するか否かに見られる。以下の例文を見てみよう。

(2) a. **At no time will there** be any rain falling even there.
    ここでさえも雨が降ることはない。

  b. *At no time there will be any rain falling anywhere else.

通常 any は，否定辞の影響が及ぶ範囲内に現れる。主語・助動詞の倒置がある (2a) では，文全体に否定辞の影響が及ぶため any が認可されるが，一方，倒置が起こっていない (2b) では否定辞が time だけに及ぶ部分否定であるため，文中にある any が認可されない。この構文は，wh 疑問文と共通する点が多くあり，さらなる用例の発掘が必要である。

More Movie Data

I haven't actually got my book yet, and **nor has Ron**.

私はまだ自分の本を持っていません。**ロンもです**。

Harry Potter and the Half-Blood Prince『ハリー・ポッターと謎のプリンス』(2009)〈00:33:30〉

> ❗ nor が前置され has と Ron が倒置されている。この後に動詞句 got his book が省略され「彼も（彼の）本を持っていない」と解釈される。my に対応する部分が his と解釈されることにも注意してほしい。

At no time will you be anywhere other than exactly where I want you to be.

あなたにいてほしいと思うところ以外決して行くことは**できないでしょう**。

Now You See Me『グランド・イリュージョン』(2013)〈00:29:36〉

> ❗ at no time が文頭に現れ，文全体を否定している。ここでは，somewhere の代わりに否定極性表現である anywhere が現れていることからも，no の意味が文全体に影響を与えていることがわかる。

Solidify Your Studies

Not until two miles into the race did officials realize that K.V. Switzer was a woman, twenty-year-old Kathrine Switzer of Syracuse University.

（早稲田大学 2013）

レース開始から 2 マイルが過ぎて初めて，関係者たちは K.V. スウィッツァーが女性であることに気づいた。

> ❗ not until ...が文頭に合われることで後続の節に倒置が起こる。この場合は「して初めて…だ」という意味になる点に注意してほしい。

  否定倒置により，日本語のニュアンスが英語の直訳と少し異なる例で wrap it up!

- **In not many years will New Year's Day** fall on Monday.
  元旦が月曜日になることは**しばらくの間ないだろう**。

- **Not until Ally showed up, did we** realize the situation we were in.
  アリーが来て初めて私たちが置かれている状況に気づいた。

17. 間接疑問文削除
Sluicing
―― 削除される推測可能な節 ――

A bunch of us were walking home with Minch's mom, who said something was happening but didn't say **what**.

Extremely Loud and Incredibly Close 『ものすごくうるさくて，ありえないほど近い』(2011)〈01:23:15〉

ミンチのママと帰っていた時,何かが起こってるって言ってたけど,**何がかは**言ってなかった。

Linguistic Tips

　言語には，先行する文脈上，情報が重複していたり，容易に推測ができたりする場合には,後続する文で対応する要素が削除される場合がある。🎥のセリフは，「間接疑問文削除」と呼ばれる削除現象の1つで，通常先行文に不定名詞句が現れ，その内容を後続する間接疑問文において wh 句を用いて問うものである。このセリフでは something の内容（ここでは，「9.11」のこと）について what を用いて話している。動詞 say の後には，一見 wh 句のみがあるように見えるが，後続する文の埋め込み節の先頭に what が移動した後，先行文と重複する部分である was happening が削除されていると考えられている。以下で，wh 句以下に節が存在し，発話時に削除（sluice）されると考えるべき証拠を見てみよう。ちなみに sluice とは「＜材木＞を水路に流す」という意味にウィットに富んだ命名である。

(1) He claimed one of the guards had been present. Who knows **which**?

(2) a. Who knows which guard he claimed had been present?

　　　　誰が，彼がどの警備員が居合わせたと言っているか知っていますか。

　　b. Who knows **which guard**?

　　　　誰が**どの警備員**を知っていますか。

(1) の疑問文は (2) のように2通りの解釈が考えられるが，実際には，(3a) のような返答のみ容認され，(3b) のような返答は容認されない。

(3) a. Jack does. / Jack knows **which**.

　　b. Jack knows Guard Mulligan, Bill knows Guard Keeley, etc.

つまり，(1) では，who のみが質問の対象となり，which は間接疑問文の要素と解釈される。この事実は，which 以下に後続する guard he claimed had been present が先行文との重複を避けるため削除されていることを示している。このような例から，ことばには，いわゆる WYSIWYG (What You See Is What You Get) だけではなく，目に見えない要素が含まれていることが考えられる。

More Movie Data

Something is drawing him out there and I'm going to find out **what**.

Independence Day: Resurgence『インディペンデンス・デイ　リサージェンンス』(2016)〈00:29:31〉

彼があんなに行きたがるのだから，**その理由を**突き止めないと。

> ❗ what 以下の is drawing him out が第 1 文と重複するため削除されている。

Frankie says he got an injection. He can't remember from **who**.

Grey's Anatomy『グレイズ・アナトミー』(S14, E8)(2017)〈00:26:40〉

フランキーは注射されたって言ってたけど，**誰からか**覚えていない。

> ❗ 先行文では，from who に対応する要素は表面上は現れていないが，文脈上含まれていると考えられる。このような例も Sluicing の一種で，Sprouting と呼ばれている。

I'll have me one or the other, **I don't care which**.

Pirates of the Caribbean: On Stranger Tides『パイレーツ・オブ・カリビアン　生命(いのち)の泉』(2011)〈01:10:55〉

私のものかもう一つの方かを取ろう。**どちらでもいいけど。**

> ❗ ここの me は，現代英語では my として使われる。one or the other に対して which が用いられており，which の後に I'll have ___. が省略されている。

Solidify Your Studies

We knew that something was terribly wrong, but had no idea **what**.

（中央大学 2010）

我々は何かがひどく間違っていることはわかっていたが，それが**何なのかは**わからなかった。

> ❗ had no idea what の後ろには was terribly wrong が省略されている。なお，have no idea of A（A について知っている）の形が普通だが，この例が示すように，後ろに wh-疑問詞が続く場合，前置詞の of が削除されることがある。

消されているものは，重複部分。主部に現れる wh 節も動詞補部同様に先行文脈をきっちり捉えて wrap it up!

● He must have bought one of the CDs, but I don't know **which**.
　彼は，その CD の中から 1 枚買ったと思うのだけど，**どれかは**わかりません。

● The data was stolen by someone, but **by whom** has not been clarified yet.
　そのデータは誰かに盗まれたが，**誰によるのかは**明らかになっていない。

18. 多重 wh 疑問文
Multiple Wh-Question
── 複数の疑問詞を含む疑問文 ──

Christopher Herrmann: OK. **Who** knows **what** this is? Ah, besides my handsome, young son there. Yes, bright young lady?

Smart girl: It's a gas detector, for, like, toxic smoke you can't see.

Chicago Fire『シカゴ・ファイア』(S5, E13)(2017)〈00:30:16〉

クリストファー・ハーマン：さてと。**誰か**これが**何か**知っているかい？　おっと，そこにいる俺のハンサムな息子以外でだ。よし，そこの利口なお嬢さん？

利口なお嬢さん：ガス検知機よ。目に見えない有毒な煙なんかのためのものね。

Linguistic Tips

　同一文中に 2 つ以上の wh 疑問詞（how を含む）が現れている疑問文を「多重wh 疑問文」と呼ぶ。🎥のセリフでは，who と what がそれぞれ主節の主語と間接疑問文内の補語として生じている。

　多重 wh 疑問文は見た目には問い返し疑問文（pp. 64–65）の wh 疑問文タイプと似たところがあるが，実際には両者は文法面でも機能面でも大きく異なっている。まず文法面に関しては，多重 wh 疑問文においては原則的に疑問詞がほかの疑問詞を飛び越して移動することは許されない。たとえば，下記 (**1b**) と (**2b**) がいずれも非文法的なのは，what が who を飛び越えて移動しているためである。

（1）**a. Who** bought **what**?　　　　　　**b.** * What did who buy?

　　　　誰が何を買ったの？

（2）**a.** Do you know **who** bought **what**?　**b.** * Do you know what who bought?

　　　　あなたは**誰が何を**買ったか知っていますか？

これに対して，問い返し疑問文ではそのような文法的制約はなく，したがって (3)のようなやり取りが可能である。

（3）Do you know what John bought? ── Do I know what who bought?

　　　ジョンが何を買ったか知ってる？ ── 誰が何を買ったか知ってるかって？

　機能面については，多重 wh 疑問文は純粋な問いかけの文であり，聞き手からの何らかの解答が期待されるのが普通である。たとえば，上記 (**1a**) に対してはJohn bought some flowers.（ジョンは花を何本か買った。）のような応答が考えられる。また，🎥のセリフは小学校のあるクラスを訪問した消防士が発したものだが，この質問に対して複数の小学生が手を挙げて正解を答えようするのも，多重 wh疑問文がれっきとした疑問文であることの証拠である。

More Movie Data

So, I guess the only question is **who** plays **who**?

Collateral Beauty『素晴らしきかな，人生』(2016)〈00:28:36〉

なので，唯一の問題は**誰がどの役を**演じるかだと思うんだけど？

> ! 主人公の友人が，劇団員と配役をどうするか相談しているシーンでのセリフである。間接疑問文の主語と目的語がそれぞれ疑問詞になっている。

How do you tell **how good** bread is without tasting it?

Ratatouille『レミーのおいしいレストラン』(2007)〈00:45:30〉

パンが**どれだけおいしいか**味見せずに確かめるにはどうすればいい？

> ! 主節に単独の how が，従属節の間接疑問文に how good がそれぞれ生じた例である。

Just **what**, please, gives you the right to decide **who** brings **what** to a luncheon that I suggested?

Desperate Housewives『デスパレートな妻たち』(S4, E2)(2007)〈00:23:15〉

一体何の権利があって私が提案した昼食会に**誰が何を**持ち寄るかをあなたが決めるのかしら？

> ! 同一文中に疑問詞が3つ生起した，比較的珍しい例である。

Solidify Your Studies

Who knows **what** will happen in the restaurant world of the future?

（東北学院大学 2017）

これからのレストラン界は**どうなるのか**，**誰にも**わからない。

> ❗ who と what を含む多重 wh 疑問文である。who knows ... の形は「誰が知っているのか」という修辞疑問文であり，多重 wh 疑問文となる例も多く見つかる。

4-18 疑問詞を2つ含む用例と3つ含む用例をそれぞれ確認して wrap it up!

- **Who** can tell me **what year** the United Nations was established?
  誰か国際連合が**何年に**設立されたか答えられますか？

- I don't have the faintest idea **who** asked **who** to do **what**.
  誰が誰に何をしてくれと頼んだのか見当も付かない。

19. 随伴と前置詞残留

Pied-piping and Preposition Stranding

――wh- 句に前置詞が伴う時・残る時――

Hey. Have you any idea **to whom you are speaking**?

Anonymous『もうひとりのシェイクスピア』(2011)〈01:07:44〉

おい。この御方が**どなただと思って話しかけている**んだ？

Linguistic Tips

to whom のように wh- 句に前置詞が伴うことを「前置詞随伴」と呼ぶ。Pied-piping という名称は, wh- 句が前置詞を引き寄せることをハーメルンの笛吹きがその音色で村の子どもたちを引き寄せたことになぞらえて付けられたものである。

🎥 のセリフはウィリアム・シェイクスピアがエドワード（オックスフォード伯）にぶっきらぼうな物言いをしたところで, エドワードの執事が割って入るシーン。wh- 疑問詞である whom に前置詞 to が随伴している点に注目しよう。これはフォーマルな会話やかたい書きことばでよく使われ, 場合によっては, かた苦しく古くさい印象を与えると言われる。逆にいえば, シェイクスピアの頃（1590 年頃から 1611 年頃）の近代初期の英語（Early Modern English）のセリフで前置詞随伴が使われているのも納得がいく。なお, Have you ...? は Do you have ...? の意味である。さらに, 次の例を見てみよう。

(1) a. **Who** are you writing **to**?　　　　b. **To whom** are you writing?

　　誰に手紙を書いているのですか？

(2) a. **Whom** did you **put up with**?　　b. ****With whom** did you **put up**

　　君は**誰のことで我慢した**のですか？

(3) a. 　It was an interesting meeting **during which many ideas were discussed**.

　　b. ** It was an interesting meeting **which many ideas were discussed during**.

　　　　それは**様々な考えが議論された興味深い会議**でした。

(1) のように to, with, by などの道具, 手段, 同行などを表す前置詞句は随伴も残留も可能である。そして, (1b) の方が改まった会話や書きことばで使われる。(2) の put up with のような成句イディオムのチャンクの場合, 構成する動詞と前置詞の結びつきが強いので, 引き離すことができない。したがって, (2b) のような例は容認されず, 前置詞残留のみが選択される。また, 前置詞の随伴は (3) のような関係詞を含む文でも生じる。(3b) が示すように, during のような文の付加部（adjunct）として働く前置詞句は随伴のみが選択される。類例には, 日時（at, on）, 期間（during, until）, 様態（in）, 理由（for）がある。

More Movie Data

Robert: "Combustion imminent"? What does that mean?

Edna: It means fire, Robert, **for which the suit has countermeasures**.

Incredibles 2『インクレディブル・ファミリー』(2018)〈01:17:06〉

ロバート：「噴火直前」？　何を意味するんだこれは？

エドナ：ロバート，それは火災が起こるということよ，けど**それに対してスーツは対策済み**。

> ！ ジャック・ジャックがパイロキネシス（人体発火）の能力を持っており，特殊スーツがその対策済みだということをエドナがロバートに説明するシーンである。countermeasures for fire は「火災に備えた対策」という意味で，for which が前置詞随伴の部分である。

What are you looking at me for?

Star Wars: The Last Jedi『スター・ウォーズ　最後のジェダイ』(2017)〈02:13:50〉

なぜ私を見るの？

> ！ クリスタルのきつね（crylstal critters）を追いかけるシーンで，皆がレイアの方を見た時のセリフ。what 〜 for ...で「何のために」という理由を尋ねている。この前置詞 for は必ず残留する。*For what are you looking at me. は非適格である。

Solidify Your Studies

Last year I visited England twice. I hadn't been back to the land of my birth for a while, and it was not **something I was particularly looking forward to**.

（大東文化大学 2020）

昨年，私はイギリスを2回訪れました。自分が生まれた国にしばらく戻っていなかったのもあり，それ（イギリスに帰郷すること）は，**私がとりわけ楽しみにしていたもの**ではなかったのです。

> ❶ 東京で長く暮らしている主人公がイギリスに戻った時のことを述べた英文。この英文のように関係詞が省略された場合，前置詞随伴は生じないので注意してほしい。また，look forward to は句動詞としての結びつきが強いので，前置詞残留となるのが普通である。

4-19　疑問詞や関係詞と前置詞は切っても切れません！　随伴するときも残留するときも前置詞を忘れずに wrap it up!

- **What** are you looking **for**?
  何を探しているのですか。

- There are **situations in which machines can do many good jobs**.
  機械が良い仕事をたくさんしてくれる場面があります。

20. 前置詞 + 関係代名詞 +to 不定詞

Relatives and Infinitives
──to 不定詞が現れる関係節 ──

 Captain... there is only one logical **direction in which to go**...
Forward. Please Stand By『500 ページの夢の束』(2017)〈01:00:47〉

船長，**進むべき唯一**の論理的な**方向**があります。前です。

Linguistic Tips

　前置詞 + 関係代名詞に続けて to 不定詞がくることがある。これは「関係不定詞 (relative infinitive)」や「不定詞関係節 (infinitival relative clause)」などと呼ばれる関係代名詞節であり，フォーマルな文体で用いられる。のセリフは『スタートレック』の並外れた知識を持つ自閉症のウェンディが『スタートレック』の脚本コンテストに自分の 500 ページの脚本を届けるために病院を脱出し，その途中で脚本の一部を失ったため，書き直しを始めるシーンである。セリフは乗組員が船長に向けたもので，関係不定詞を用いたフォーマルな文体が上下関係を示唆している。このセリフが示すように先行詞が to 不定詞に続く前置詞の目的語であり，かつ，先行詞と前置詞が隣接する場合，関係不定詞が使われる。次の例を見てみよう。

(1) a. My colleagues are all friendly, but I can't think of **anybody to invite to my party**.

 b. * My colleagues are all friendly, but I can't think of **anybody whom to invite to my party**.

  同僚はみんな親切だが，**私のパーティーに招待する人**が思い浮かばない。

(1) のように先行詞 anybody が invite の直接目的語である場合，to 不定詞のみによる修飾が可能であり関係不定詞は不可である。さらに次の例を見てみよう。

(2) a. The children need **a bigger room in which to play**.

 b. The children need **a bigger room to play in**.

 c. * The children need **a bigger room which to play in**.

 d. * The children need **a bigger room where to play**.

  その子どもたちは**遊ぶことができるより大きな部屋**を必要としている。

関係不定詞の (2a) と to 不定詞の (2b) は共に文法的には正しいが，平易な文では (2b) が好まれる。また，(2c) のように前置詞が文末にくる場合，関係不定詞を使うことはできない。さらに (2d) が示すように in which を関係副詞の where にすることはできないので注意してほしい。

More Movie Data

We've built slits into the walls which the cameras can track along, giving **a range of positions from which to film**.

The Eichmann Show『アイヒマン・ショー　歴史を映した男たち』(2015)〈00:23:46〉

我々は，テレビカメラが撮影できるように壁に隙間を作り，**撮影可能な広範囲の場所**を設けました。

> ! 敏腕 TV プロデューサーであるミルトンが，アイヒマンが法廷で裁かれるシーンを撮影するために法廷にカメラを入れるシーンである。視察に来ている判事に対してのセリフなので，フォーマルな表現である関係不定詞を使い，丁重さをセリフに込めている。

Well, I am destroying all my equipment and communications. I have **nothing with which to fight**. I am going to the woods.

The Good Shepherd『グッド・シェパード』(2006)〈00:06:29〉

ええっと，私は自分の装備と通信機器を破壊しています。**戦うためのものは何も**ありません。森の中に入っていくつもりです。

> ! キューバにあるピッグス湾における戦況を伝える際のセリフである。nothing with which to fight はもともと nothing to fight with という形だが，前置詞が先行詞 nothing に隣接することで関係代名詞が現れている。

Solidify Your Studies

Teachers are using this new ability to offer **students of all ages authentic partners with whom to practice their language skills**.　（立命館大学 2018）

教員は，**あらゆる年齢の生徒に対して共にことばの技術を磨く信頼できるパートナー**を提供するためにこの新しい機能を利用しています。

> ! this new ability はインターネットの持つ機能のことを指す。ここでは practice … with authentic partners が元の形で，それが with whom となり，関係不定詞を作っている。

>   関係不定詞を用いた英文はかなりフォーマルな文体。マスターして表現の幅を広げるために wrap it up!
>
> ● Hiroshi had **no money with which to pay his fines**.
> 浩志は**罰金を払うお金が**なかった。
>
> ● It is hard for me to find even **a point from which to make a start**.
> **始めるポイント**を見つけるのさえ私には難しいのです。

21. 数量詞遊離
Quantifier Float
──離れた場所から名詞句を狙う all や both ──

Laura and two other neurologists have **all** agreed on the Lewy Body diagnosis.　Chicago Med『シカゴ・メッド』(S1, E16)（2016）〈00:14:56〉

ローラとほかの 2 人の神経科医も**皆**，レビー小体型認知症の診断という意見で一致した。

Linguistic Tips

　通常，名詞句を修飾する all や both などの数量詞は，（1）のように修飾する名詞句に隣接するか，もしくは of + 名詞句を伴った形で現れる。

(1) **a.** All (of) the children haved seen this movie.

　　　子どもたちは全員この映画を観ました。

　　b. Both of the men were here.

　　　その男たちは 2 人ともここにいました。

しかし，（2）では，all や both は（1）とは異なった位置に現れているにもかかわらず，（1）とほぼ同意を表す。このような現象を数量詞が浮かんでいるようにみえることから「数量詞遊離」と呼び，定名詞句主語を離れた場所から修飾する。

(2) **a.** The children have **all** seen the movie.

　　b. The men **were both** here.

🎥においても同様に，all が have の後に現れているが，実は主語である Laura and two other neurologists を遊離した場所から修飾している。数量詞が統語上のどこに遊離して現れ得るかは，母語話者によって若干判断は異なるものの，多くが（3）のように助動詞の前後に遊離することを容認し，（2b）と異なり非定形の be 動詞の後にはそれを認めない。また，（4）の文法性が示すように，同じ数量詞の仲間である any, many, some, several の浮遊を許さない。

(3)　The passengers (**all**) must (**all**) have (**all**) been (***all**) being (***all**) treated by the doctor.

　　　乗客は皆，医師に手当を受けていたにちがいない。

(4) * The men have (**any / many / some / several**) picked up a glass.

生起する位置やなぜ特定の数量詞のみが遊離するのかなど，未だ不明なことが多く，今後さらに用例を採取し，この現象を明らかにする必要がある。

More Movie Data

You **are both** leaders in this house.

Chicago Fire『シカゴ・ファイア』(S5, E6)(2016)〈00:17:37〉

君たちは**2人とも**ここではリーダーだ。

> ！ もともと both of you の形で you を修飾する数量詞 both が be 動詞の直後に現れている。数量詞は be 動詞の前には浮遊しないことに注意が必要である。

I believe they may **each** have been screened by the same security agent.

Fringe『フリンジ』(S4, E11)(2012)〈00:26:34〉

それらは**全て**同じ保安係によって検査されているようです。

> ！ 助動詞 may と非定形 have の間に，you を修飾する数量詞 each が現れている。元の形は，each of them であったと考えられ，1つ1つを強調したニュアンスになっている。

We probably shouldn't have **all** gone directly to the bus.

Captain Fantastic『はじまりへの旅』(2016)〈00:42:43〉

おそらく，私たち**みんなで**直接バスまで行くべきではなかった。

> ！ 非定形 have の後に all が遊離し，主語の We を修飾している。

Solidify Your Studies

Please tell me more about it when we **both** have the time. Bye.

(北海学園大学 2016)

お互い時間がある時にまた教えてくださいね。じゃあね。

> ❗ 主語である we と動詞 have の間に we を修飾する both が現れている。もちろん意味は「我々が両方とも」という意味で，数量詞遊離が起こっていることがわかる。

  主語を修飾する数量詞がリモートワーク。be 動詞と数量詞の位置に注意して wrap it up!

- Thank you. We **are both** fine.
  ありがとうございます。私たちは**2人とも**元気にしています。

- The students **were each** satisfied with their final grade.
  学生たちは**それぞれ自分たちの**最終評価に満足した。

22. 否定極性の long

Negative Polarity Item: "long"

── 程度表現を伴えば否定・疑問環境だけの制限はなくなる ──

My teacher said I could**n't** be gone **for long**.

The Sorcerer's Apprentice 『魔法使いの弟子』(2010)〈00:08:55〉

先生が**あんまり長く**出かけるのは**ダメ**だって言うんだ。

Linguistic Tips

　一般的には副詞の long は否定・疑問文でのみ使われる否定極性表現であると知られている（**1a, b**）。それに対し肯定の平叙文で用いる場合には，(for) a **long** time といったように形容詞として使うことで使用可能となる（**1c, d**）。

(1) **a.**　Fortunately, we have**n't** been waiting **long**.

　　　　運良く，私たちは**長時間**待たされ**ずに**済んだ。

　　b. *Unfortunately, we have been waiting **long.**

　　　　運悪く，私たちは**長時間**待たされた。

　　c.　Fortunately, we have**n't** been waiting **a long time**.

　　d.　Unfortunately, we have been waiting **a long time**.

　ただし，次のように肯定の平叙文であっても too や so, enough, as ... as などの程度表現を伴うことによって副詞の long を用いることが可能となる。

(2) Unfortunately, we've been waiting **too long**.

　このような許容範囲の原因は，程度表現が（**3**）のように a long time のような名詞句から long を強制的に抜き出して句を形成することが可能な語であるためだと説明する研究もある。（**3**）から a time が省略されたものが（**2**）の表現である。

(3) Unfortunately, we've been waiting **too long a ~~long~~ time**.

　（**1a**）の文でも否定辞の n't が long を抜き出し［n't long ~~(A long TIME)~~］という句を根源とし，そこから否定辞 n't が述部に移動していると考えられている。

　上記から考えるとのシーンは，（**4a**）のように for long であり，n't は［for n't long］という句から助動詞の位置に移動しているため，long を否定する意味になる。それに対し（**4b**）のように for a long time の場合は否定辞 n't と一度も１つの句にならず，単に動詞を否定する意味になる。

(4) **a.** John has**n't** been in France **for long**.

　　　　ジョンはフランスに来て**時間が長くない**（＝まだ日が浅い）。

　　b. John has**n't** been in France **for a long time**.

　　　　ジョンはフランスに**いなくなって**（＝フランス**を離れて**）もう長い。

More Movie Data

I have been waiting to do this properly for **so long**.

Crazy Rich Asians『クレイジー・リッチ！』(2018)〈01:16:48〉

こうなる日を**ずっと**待ってたのよ。

> ! 程度表現である so が副詞 long に付いているために肯定の平叙文でも使うことができる例である。

Remember, the magic will **only** last **so long**.

Cinderella『シンデレラ』(2015)〈00:52:12〉

覚えておいて，魔法は**あまり長くは**続か**ない**の。

> ! 程度表現 so が含まれるが，意味的に否定が含意する only も伴うことができる。程度表現と否定語が同時に生起することは副詞の long の適格性にとって問題ない。

I could**n't** walk for **a long time** after.

Grey's Anatomy『グレイズ・アナトミー』(S8, E20)(2012)〈00:20:57〉

その後，**ずっと**歩け**ない**のです。

> ! a long time を用いた否定文の例である。この場合 Linguistic Tips の（4b）と同じように動詞句を否定しているため「歩けない状態が長い」という意味になっている。

Solidify Your Studies

If you work **long enough** and hard enough to understand yourself, you will come to discover that this vast part of your mind, of which you now have little awareness, contains riches beyond imagination. (愛知医科大学 2016)

自分自身を理解するために**十分な時間**と労力をかければ，今はほとんど意識していないこの心の広大な部分に，想像を超える豊かさがあることを発見することができるだろう。

> 🔔 long に enough が付加されていることで，肯定文において long が用いられている。つまり enough が long の生起条件として機能していることがわかる。

単独で long を使うときは，否定文では not は long を否定，肯定文では程度表現が必要という 2 つの点を意識して **wrap it up!**

- I can**'t** speak **for very long** without enough time to get ready.
  準備をする十分な時間なしには，**ほんの少ししか**話すことは**できません**。

- We've been waiting for this movie to start **for too long**.
  この映画が始まるのを**あまりに長い間**待っていました。

意味をとる範囲によって文意が変わる表現

　映画などを観ていると，同じような見た目の文にも関わらず字幕の訳で全然違う意味の文であると気づくことがあります。その中には数量詞（all, every, a, two など）や否定の表現（not など）などの意味の力がどこまで及ぶか，ほかの表現の解釈にどのように影響を与えるかが重要になっていることがあります。そのような文中で影響を与える意味の範囲のことを英語学では「作用域」と呼んでいます。(1) の対比の例で考えてみましょう。

(1) a. **[Not all** the students] [had computers].　　　　　　　　　〈部分否定〉
　　b. **[None** of the students] [had computers].　　　　　　　　　　〈全否定〉
　　c. **[All** the students] [didn't have computers].　　　　〈部分否定 or 全否定〉

　下線部は，(1) において [ ] で示している名詞句や動詞句のように，一定の句の右側の要素全体に作用域を持つと考えてみましょう。(1a) では名詞句で all は the students を作用域にとり「全ての学生」, not は all the students を作用域にとり「全ての学生ではない」を表します。結果として「全ての学生がコンピューターを持っているわけではありませんでした」といったように部分否定の意味になります。これに対して (1b) のように否定表現の none や nobody などを使い作用域を持つ表現を 1 つにすることで全否定を表し「学生全員がコンピューターを持っていませんでした」という意味になります。

　ところが (1c) では名詞句と動詞句の 2 ヶ所にそれぞれ作用域をとる表現が出ており，文全体でどちらの作用域の解釈が優勢になるかは一義的に決まらず，両方の可能性が出てきてしまうのです。(1c) のように曖昧になるものをほかの例でも見てみましょう。

(2) **[Every** boy in this class] [loves a girl].

この文においても「どの男の子もある特定の女の子が大好きだ」と，「どの男の子もそれぞれ大好きな女の子が 1 人いる」という解釈があります。これは文脈でどちらかに決まります。このようなことが映画やドラマでも登場するのです。

　(3) では「それぞれの作用に対応する反作用が 1 つずつある」という解釈になっています。

(3) **Every** action has **an** equal and opposite reaction.

　　　　　Grey's Anatomy『グレイズ・アナトミー』(S10, E23) (2014)〈00:00:01〉

　　あらゆる作用には，**それに応ずる**同等かつ逆方向の反作用があるものである。

それに対し，(4) のように目的語が 1 個の解釈「あらゆる文化で 1 つの掟」も文脈によっては登場するのです。

(4) **Every** culture in history has **a** secret code... one you won't find in traditional texts.　　　　　Wanted『ウォンテッド』(2008)〈00:54:24〉

　　歴史的に**あらゆる**文化で，**ある**秘密の掟を共有している。どこにも記録されていない掟だ。

このように作用域を持つ表現にも気を付けて映画を観てみましょう。

5章

意味論と構文文法論

本章では，意味論という，単語や語句そのものが持つ意味について探る分野を扱います。また，構文文法論という，ことわざや成句のような固定された表現から，語句を自由に入れ替えることができる表現までを構文と捉え，その仕組みや構造を研究する分野も扱います。

1. Go+ -ing

Go ...ing

―― 体の動きが大切な表現 ――

We **went bowling** and I made four strikes!

Boyhood『6才のボクが，大人になるまで。』(2014)〈00:21:26〉

私たち，**ボーリングに行って**，私はストライクを 4 回出したのよ。

Linguistic Tips

go + -ing（…しに行く）の文例を「KUFS データベース」で調べてみると，go {shopping / looking / swimming / fishing / camping / dancing / hiking / hunting / bowling / skiing} がランキングの上位となる。用いられる -ing はの例のようにスポーツや娯楽の活動を示すものが基本となり，動き回る活動が想定されるものとなっている。次の (1) のように動きを伴わない娯楽の活動については通常，非文法的と判断され，その場合は go to do などの文型が自然となる。

(1) a. * We **went seeing** a movie last night.

　　　私たちは昨夜，映画を**見に行きました**。

　 a'. We went to see a movie last night.

　 b. * We **went watching** a basketball game last night.

　　　私たちは昨夜，バスケットボールの試合を**見に行きました**。

　 b'. We went to watch a basketball game last night.

前述リストの 2 番目にある go looking については I can't go looking for her.（彼女を探しに行くことはできない。）のように用いられ，こちらも本構文の高頻度表現の 1 つとなる。この構文は何かを探したり集めたりする活動の描写でも用いられることから，looking あるいは shopping が探索・収集の活動例として容認される。結論として，体の動きを伴う娯楽及び探索が go + -ing の本質的意味となる。開始と終了が明確な活動については go + -ing で表現できないとする説もあるが，これによっても (1a, b) の非文法性を説明することができる。

go + -ing の後に続く前置詞は，go ではなく -ing に意味的に結合するので，to 以外の前置詞が続くことに注意したい。

(2) They **went shopping** {**in** Kobe / **at** a supermarket / **on** Kensington Street}.

　　　彼らは〔神戸に／スーパーに／ケンジントン通りに〕**買い物に行った**。

また話し手の視点が目的地にある場合は come + -ing の表現も可能となる。

(3) Can you **come shopping with** us right now?

　　　今すぐに私たちの**買い物に付き合え**ますか。

More Movie Data

After high school, I **went backpacking** through Italy.

No Reservations『幸せのレシピ』（2007）〈01:01:37〉

高校を終えて，イタリアに**バックパック１つで出かけた**んだ。

> ❗ 身体的活動を伴う娯楽性を表現している。

I'm sorry, we don't have to **go dancing**. We can go have coffee or talk or something, just...

American Hustle『アメリカン・ハッスル』（2013）〈00:57:44〉

ごめんなさい，**踊りには行か**なくていいわ。コーヒーを飲んだり，話をするとかできるでしょ。

> ❗ 「KUFS データベース」では，go dancing のフレーズはしばしば登場するが，体の動きを伴わない go singing のフレーズは検出されない。

Paul: So what do you want to do first?

Bree: I don't know, I thought maybe we could **go antiquing**.

Desperate Housewives『デスパレートな妻たち』（S2, E6）（2005）〈00:26:44〉

ポール：最初に何をしたい？

ブリー：わからない。たぶん**アンティークショップめぐり**かな。

> ❗ 動詞 antique が本構文以外で用いられることはまれである。

Solidify Your Studies

You know that I'm always very careful when I **go driving**.

（名古屋外国語大学 2013）

私が**ドライブに行く**時いつもとても気を付けているの知っているでしょ。

> ❗ go driving は「ドライブをする」である。これは「ドライブ」という行為をしに行くという意味で，単に運転をしてどこかに移動するという意味ではなく，運転そのものを活動とみなし，それを娯楽の活動と捉えているのである。

5-1 アクティブな娯楽を go + -ing で表して wrap it up!

- I'll **go camping** for the first time with my family this weekend.
  私はこの週末家族と初めて**キャンプに行きます**。

- We **went swimming** in the ocean, but the water was cold.
  私たちは海に**泳ぎに行った**が，水が冷たかった。

2. 変化を表す Go と Come

Describing a State of Change with Go and Come

―― 「ある状態」から「別の状態」に「なる」を表す移動動詞 ――

But the customers like you. So, if you want to **go full-time**, you can.

Yesterday『イエスタデイ』(2019)〈00:02:19〉

だが君はお客に人気だ。だから，君が**正社員になり**たいなら，なってもいい。

Linguistic Tips

　ある状態から別の状態に「なる」という変化を表す場合，become や turn だけではなく，go や come という移動動詞が用いられることがある。英和辞典などでは，go は通常，好ましくない状態に変化する時に用いられ，come は好ましい状態変化を表す時に用いられることが多いと説明されている。

　本来，go は話者の視点から離れていくことを表し，come は目的地の視点に近づいていく移動を表す。これらの動詞が状態変化を表す場合も，「移動」の意味が反映されている。「go＋形容詞」は，元の状態（話者の視点）とは異なる状態へ変化する（話者の視点から離れる）時に用いられる。一方，話者にとってその変化が想定内である場合（目的地の視点に近づく）は「come＋形容詞」が用いられると考えられる。英和辞典の記述のように，go が好ましくない状態への変化，come が好ましい状態への変化を表すことが多いが，必ずしもそうではない例も見られる。

　🎥のセリフでは，アルバイトという状態から正社員という状態になる変化が go full-time で表されている。ここでは go が使われているが，良くない状態への変化が述べられているのではなく，「アルバイト」という現状から離れて「正社員」という状態へ移っていく変化が go で表されている。

(1) a. {The traffic light / The family} **went green**.

　　　 信号が**青になった**。/ その家族は**環境に配慮するようになった**。

　　b. The stitching has **come loose**.

　　　 縫い目が**ほころんできている**。

go は (1a) の go green のように，文字通り色の変化を表すことがあるが，go green は「緑になる」という意味以外に，文脈によって「環境に配慮するようになる」という意味や，「嫉妬で顔色が変わる」という意味にもなる。come は (1b) の come loose のように人為的な力が加えられた状態（糸で縫った状態）から縫い目がほどけて元の状態（元の縫われていない状態）に戻っていくような変化を表す時に使われる。

More Movie Data

My God, man, are you trying to **go blind**? That stuff's illegal.

Star Trek Beyond『スター・トレック　BEYOND』(2016)〈00:06:30〉

おい，**盲目になろ**うとしているのか？　それは違法のやつだ。

> **!** 「go+ 形容詞」で好ましくない変化を表している。go は bad, bankrupt, crazy, mad, missing, wrong などと共起して，ネガティブな変化を表すことが多い。色彩語の red や green と共起すると，怒りや嫉妬で顔色が変わるという意味でも使われる。

You wanna **come clean** or you want me to make a mess?

Transformers: Age of Extinction『トランスフォーマー　ロストエイジ』(2014)〈01:04:53〉

お前が**白状する**のか，それとも俺に騒ぎを起こしてほしいか？

> **!** 言うべきことを黙っている状態から，黙っているのをやめて打ち明けるという状態への変化が「come+ 形容詞」表されている。come はほかに，alive, awake, clean, every, short, undone などとも共起する。

Solidify Your Studies

Alexander and Trakhman say that while there may be economic and environmental reasons for schools to **go paperless**, "there is clearly something important that would be lost with the disappearance of print. In our academic lives, we have books and articles that we regularly return to.

(東京女子大学 2021)

アレクサンダーとトラクマンは，学校が**ペーパーレス化を進める**のには経済的，環境的な理由があるかもしれないが，「印刷物がなくなることで失われる重要なものがあるのは明らかだ」という。私たちの学問の世界では，定期的に読み返す本や論文があるのだ。

❶ go paperless は「ペーパーレスになる」という意味である。現状が「紙がある状態」なので，その状態から「離れる」イメージであるために go+ 形容詞の形になるのである。

5-2 become を使わずに移動動詞の go と come で状態変化を述べながら **wrap it up!**

● Please use the strawberries before they **go bad**.
イチゴが**傷んでしまう**前に使ってちょうだい。

● Brad finally made his dream **come true**.
ブラッドはついに夢を**叶えた**。

3. 軽動詞構文
Light Verb Construction
──補助役の have と take──

Wake up. Come and **have a chat**.

About Time『アバウト・タイム　愛おしい時間について』(2013)〈01:01:23〉

起きて。こっちに来て**話をしよう**。

Linguistic Tips

のような，補助的な役割をする軽動詞（have）を用いた構文を「軽動詞構文」と呼ぶ。軽動詞自体は補助的で重要な意味を持たず，後に続く名詞 chat が中心的な意味役割を果たし，have a chat ≒ chat のように名詞から同義の動詞が導かれる。軽動詞には have, take, make, give, do などが用いられ，次のような日常活動の表現が作り出される。

〈余暇的な活動〉walk: take a walk（主に米）/ have a walk（主に英）
　　　　　　　　swim: have a swim / take a swim（米）
　　　　　　　　dance: do a dance
〈休息と睡眠〉rest: take a rest / have a rest（主に英）
　　　　　　　sleep: have a sleep / take a sleep（比較的まれ）
〈会話〉talk: have a talk，chat：have a chat
〈入浴〉bath: take a bath（主に米）/ have a bath（主に英）
　　　　shower: take a shower（主に米）/ have a shower（主に英）
〈飲食〉drink: have a drink / take a drink（主に米；have ... が優勢）
　　　　eat: have a meal
〈そのほかの活動〉decide: make a decision / take a decision（英）
　　　　　　　　　suggest: make a suggestion，explain: give an explanation
　　　　　　　　　smile: give a smile，work: do some work

傾向として take はアメリカ英語で好まれ，have はイギリス英語で好まれるが，語によってはどちらか一方が優勢，あるいは１つの軽動詞に固定されるものもある。動詞１語に置き換えられる特徴を持つが，He **took a walk** yesterday. では a が付くことから一度の歩行活動を示し，He walked yesterday. では状況によって長く断続的な歩行活動を示す可能性があり，両者が同義でないケースもある。また He had a drink of my beer. は「私のビールの一部を飲んだ」となるが，He drank my beer. は「私のビールを全部飲んだ」の意味になる。各例を見ると，take (have) a ... はその行為を気軽に楽しむことがしばしば暗示されると帰結できる。

More Movie Data

Hey, let's **take a walk**, shall we?

The Amazing Spider-Man 2 『アメイジング・スパイダーマン 2』（2014）〈01:41:11〉

さあ，**少し歩き**ましょうか。

> ！ 映画・テレビドラマにおける Let's take a walk. は一緒に歩くだけでなく，何らかの話し合いを持つことが通常含意される。

Mrs. Green: Good afternoon, Mrs. Gipping.

Mrs. Gipping: Come in, Mrs. Green. Let's **have a talk**.

The Bookshop 『マイ・ブックショップ』（2017）〈00:35:30〉

グリーン夫人：こんにちは，ギッピングさん。

ギッピング夫人：中にどうぞ。グリーンさん。**お話し**しましょう。

> ！ have a talk は通常「相談する」の意味となる。

The magic will not work unless you **take a bite** before the clock strikes 12.

Enchanted 『魔法にかけられて』（2007）〈01:25:38〉

時計が 12 時を打つ前に**一口かじ**らないと魔法が効かなくなるよ。

> ！ 魔女が主人公のジゼルに一口だけリンゴをかじることを強要している。take (have) a bite（一口かじる）は英米とも take ... が優勢である。

Solidify Your Studies

The seasons **have an influence on** architecture in Japan.（東北芸術工科大学 2019）

季節は日本の建築物に**影響を与え**ます。

> ❗ have an influence on は「影響を与える」という意味で，軽動詞 have が使われている。これは affect に対するものである。「与える」に引きずられて *give an influence on としないように注意してほしい。

5-3 軽動詞を含んだ助言の表現で **wrap it up!**

- You might want to **take a look** at this article.
  この記事を**見ておいた**方がいいと思いますよ。

- We need to **have a talk** about what happened today.
  私たちは今日のことについて**話しておく**必要があります。

4. 2種類の心理動詞
Two Kinds of Psychological Verbs
── 「恐れている」？　それとも「恐れさせられている」？ ──

Dana: Dad, you're **scaring** me.
Brody: Don't be **scared**.　　Homeland『HOMELAND』(S1, E12)（2011）〈00:20:17〉

ダナ：パパ，**怖い**よ。
ブロディー：**怖がる**な。

Linguistic Tips

　心理状態を表す動詞のことを「心理動詞」という。心理動詞には，2種類のタイプがあり，心理状態を経験する者（感情を持つ者）が主語になる「経験者主語タイプ」と，心理状態の原因（感情の変化を起こさせるもの）が主語になる「経験者目的語タイプ」に分類することができる。

　🎥 のセリフの scare（怖がらせる）という心理動詞は，経験者目的語タイプなので，ダナのセリフに見られるように「怖い」という感情を持つ者（この場合は me）が目的語となる。このタイプの心理動詞は，scared や excited のように受身形で使われることが多く，形容詞のようなふるまいをする。

（1）a. **Johnny fears** the woman

　　　ジョニーはその女性を**恐れている**。

　　b. The woman **frightens Johnny**.

　　　その女性は**ジョニーを怖がらせる**。

　　c. **Johnny is frightened** of the woman.

　　　ジョニーはその女性を**怖がっている**。

（1a）の fear は経験者主語タイプの心理動詞なので，主語は感情を経験する Johnny で，fear が表す心理状態の原因となる the woman は目的語になる。fear が表す感情は，感情の経験者 Johnny の心的な態度で，この感情が状態として続いていることが意味される。このタイプの心理動詞には，ほかに love, envy, regret などがある。一方，（1b）の frighten は経験者目的語タイプの心理動詞で，frighten が表す感情の変化を経験する Johnny が目的語になり，感情の経験者の気持ちの変化（「怖くない」という状態から「怖くなる」という変化）を表している。しかし，（1c）の frightened のように経験者目的語タイプの心理動詞が受け身になると，形容詞と同様に機能できるので，前置詞 of を伴い「常習的に怖がる」という状態を表すことができる。経験者目的語タイプの心理動詞には，surprise, please, confuse などが挙げられる。

More Movie Data

I wanna go someplace where I can **marvel** at something.

Eat Pray Love『食べて，祈って，恋をして』(2010)〈00:25:52〉

どこかに行きたいの，何かに**驚く**ことができるところへ。

 be surprised や be amazed も「驚く」という意味で使えるが，これらは何かが感情の原因であること（何かが感情の主体となる人物を surprise あるいは amaze させる）ということが根底にあるが，marvel は感情の主体となる人物の心的状態を表すにとどまる。

You mustn't be angry with yourself or **disappointed.**

Eat Pray Love『食べて，祈って，恋をして』(2010)〈01:04:15〉

自分自身に腹を立てたり，**がっかりしたり**しないこと。

 「がっかりさせる」という意味の disappoint が受け身になって「がっかりさせられる（＝がっかりする）」という感情を表している。disappointed のような心理動詞の過去分詞形は形容詞のはたらきをするため，形容詞句の angry with yourself と等位接続詞の or でつなぐことができる。

Solidify Your Studies

Friends in Japan **marveled** at the speed with which Akiko had picked up English.

（東京経済大学 2020）

日本の友人たちは，アキコさんの英語習得の速さに**驚嘆していた**。

心理動詞の中で marvel は受動態ではなく能動態で用いるものとして知られている。入試でもこのよう例はもちろん見つかるし，語法問題として出題もされている。なお，このような例の pick up は「（ことばを）身に付ける」という意味である。

  5-4 感情を自分で揺さぶるのか，揺さぶられるのかを考えながら **wrap it up!**

- Andrew has always **envied** Norman's success.
  アンドリューは常にノーマンの成功を**うらやましがっている**。

- I am so **embarrassed** to tell you this, but I lost all my money gambling.
  大変**お恥ずかしい**話なんですが，ギャンブルで全財産をなくしてしまいました。

5. 非能格動詞と非対格動詞
Unergative Verbs and Unaccusative Verbs
── 自動詞にも種類がある ──

Ed: Have you got any beer?　　Malik: Uh, cider.
Ed: Cider **works**.　　　　　　　　Yesterday『イエスタデイ』(2019)〈00:36:06〉

エド（シーラン）：ビールはないの？　マリック：えっと，サイダーなら。
エド：サイダーでもいいよ。

Linguistic Tips

　動詞には，目的語をとらずに動詞単体で動作や状態を表すことができる自動詞と，目的語をとって動詞自体の意味を補うことで動作や状態を表す他動詞がある。他動詞は，目的語を1つしかとらないもの，2つとることができるもの，節をとるもの，目的語に加えて補語や不定詞節をとることができるものなど，細分化して説明されることが多い。しかし，自動詞もさらに細分化することができる。

　自動詞のうち（特殊な場合を除き），目的語を全くとらないものを「非能格動詞」と呼び，主語の意図的な動作を表す work, dance などに加えて，生理現象などで起こる動作を表す sleep や cough などがこれに属する。目的語を全くとらないこの非能格動詞に対して，目的語をとらない自動詞としての用法に加え，目的語をとる他動詞としての用法を持つものや主語に意図や自発性のない無生物の名詞や事柄を表す名詞をとるものを「非対格動詞」と呼ぶ。たとえば，melt には，The cook melted **the butter** in a pan. のような他動詞用法と，**The butter** melted in a pan. のように，同じ表現が主語として現れる自動詞用法もあり，この自動詞の用法の場合は非対格動詞に分類される。ほかにも break, sell などがこれに属す。これらの動詞は文法的には能動態だが，意味的には受動態に近いという特徴を持つため，中間動詞と呼ばれることもある。「出現」や「存在」を表す happen, exist や，「始点」と「終点」を表す start, end も非対格動詞に分類される。

　非能格の自動詞の中でも，のセリフの work は「機能する，（その機能を）発揮する」と覚えておくと，様々な主語に対応でき，便利である。この例の cider のような物質名詞以外にも，The copier doesn't **work**.（そのコピー機は**動かない**。）の無生物の名詞，I am exhausted. My brain is not **working**.（もうクタクタ。頭が**働かない**。）の体の部位を表す名詞，Our big plan didn't **work**.（我々の大規模計画は**うまくいかなかった**。）の物体として存在しないものを表す名詞なども主語にとることができる，守備範囲の広い自動詞である。

More Movie Data

He's been on a diet of coffee, tobacco and cocoa leaves. He never **sleeps**.

Sherlock Holmes: A Game of Shadows『シャーロック・ホームズ　シャドウ　ゲーム』(2011)〈00:14:20〉

彼ったら，コーヒーとタバコとコカの葉しか口にしないのよ。全然**寝**ないし。

> **！** 人間の生理現象である「眠る，寝る」という意味の非能格の自動詞を使っている。

Ed: I'm just trying to work out your process. Is it music first or lyrics first?

Malik: Um, it **varies**.

Yesterday『イエスタデイ』(2019)〈01:14:33〉

エド：君の制作手順を聞きたいんだけどさ。曲が先なの？　詞が先なの？

マリック：ええっと，曲**による**かな。

> **！** 🎥 のセリフと同じ『イエスタデイ』からの引用だが，🎥 のセリフが非能格の自動詞 work を使用しているのに対し，ここでは I vary it. のように他動詞の用法も持つ vary が，it（曲が先か，詞が先かということ）を主語にした非対格の自動詞として用いられている。I ではなく事柄の it を主語にすることで，自分の意識とは無関係で，自分が意図的に「曲が先か，詞が先か」を変えているのではないことを含意する効果が得られる。

Solidify Your Studies

On the other hand, hot coffee **sold** well for the first three months but its sales decreased in April.

（関東学院大学 2019）

他方，ホットコーヒーは，最初の3ヶ月間（1月から3月）はよく**売れ**ましたが，4月に入り売上が減少しました。

> **！** アイスクリームの1月から3月の売上と比較して，ホットコーヒーの売上について述べている文で，sell（well）（（よく）売れる）という非対格動詞が使われている。

  生理現象を表す非能格の cough と，無生物の名詞が主語の非対格の break で wrap it up!

- It's been a month since I had the surgery, but I still can't stop **coughing**.
  手術をして1ヶ月になるが，まだ**咳**が止まらない。

- My favorite coffee mug **broke** into pieces.
  私のお気に入りのマグカップが粉々に**壊れた**。

6. 目的語と to 不定詞をとる動詞

Control Verbs

──「人に…してほしいと思う」系か「人に…すると約束する」系か──

Mary: Would my mom have **wanted me to go to this school**?

Frank: I could only guess. But I tell you what, she would have **wanted you to have friends**. Gifted『gifted　ギフテッド』(2017)〈00:11:54〉

メアリ：お母さんは**私にこの学校に通ってほしかった**のかな？

フランク：推測だけど，俺に言えるのは，お母さんは**君に友達を作ってほしかった**と思うよ。

Linguistic Tips

　動詞には自動詞（cf. 非能格動詞と非対格動詞：pp. 152–153）と他動詞があり，どちらもさらに細分化される。他動詞の場合は，目的語として名詞句を1つだけとるもののほかに，give や buy のように直接目的語と間接目的語の2つの名詞句をとることができるもの，make にように目的語の名詞句と補語をとることができるもの，hope のように to 不定詞をとるもの，announce や suggest のように that 節をとるもの，want や ask のように目的語の名詞句とその後ろに to 不定詞をとることができるものなどがある。このうち，目的語の名詞句とその後ろに to 不定詞をとる動詞には2種類のパターンが存在する。1つは根底に「人（目的語）に…してほしいと思う」という意味を持ち，目的語の名詞句が to 不定詞の行動をする関係にある want に代表される「目的語コントロール（object control）動詞」と呼ばれるもの，もう1つは「人（目的語）に…すると約束する」という意味を持ち，目的語に対して，主語の名詞句が to 不定詞の行動をする関係にある promise や vow のような「主語コントロール（subject control）動詞」である。この2種類の動詞は，動詞の絶対数としてもコーパスの生起例数としても圧倒的に前者の方が数が多い。

　🎥のセリフにある want me to go to this school と want you to have friends はいずれも，目的語が to 不定詞の行動をする目的語コントロール動詞の want に導かれる動詞句で，go to this school をするのも have friends をするのも目的語の me と you である。これに対して，Just **promise me to drop her over this side** when you're done.（用が済んだら，こちら側に彼女を引き渡すと（私に）約束してくれ。）(Quantum of Solace『007/慰めの報酬』(2008)〈00:28:27〉）にある promise は主語コントロール動詞であるため，後ろに目的語の名詞句と to 不定詞をとってはいるが，drop her over this side をするのは目的語の me ではなく，命令文のためにこの文では表面化していない主語の you である。

More Movie Data

Ellie, you think me getting hit by a bus was God's way of **telling me not to go back to teaching**.
Yesterday『イエスタデイ』（2019）〈00:11:25〉

エリー，君は，僕がバスに轢かれたのは，神様**に教員に戻るなって言っている**サインだって思ってるの？

> ！ tell が目的語と否定を伴う to 不定詞を従えて「A に…するように言う」という意味で使われている例である。of と to の 2 つの前置詞の後ろに動名詞がきているところも 2 箇所あり，前置詞の後には動名詞がくるという文法規則にも触れられる。不定詞と前置詞の to の違いだけでなく，不定詞と動名詞の違いも解説できる例である。

Remember this, and **promise yourself never to taste it again**.
Invictus『インビクタス　負けざる者たち』（2009）〈00:37:38〉

覚えておけ，こんな気持ちは**二度と味わわないと自分に誓え**。

> ！ promise が目的語と否定の to 不定詞をとっている例である。命令文のため主語は表面化していないが，目的語が再帰代名詞の yourself であることからも，主語が you だということがわかる。そのため，（自分に対して）二度と辛酸を舐めないと誓うのは主語の you である。

Solidify Your Studies

Next Sunday is Mother's Day. I always **promise myself to send my mother some flowers**, but I have never done it.
（広島修道大学 2018）

来週の日曜日は母の日です。いつも**母に花を贈ろうと心に誓っている**のですが，一度も実行したことがありません。

🛑 目的語が再帰代名詞の myself になっている例で，「母に花を贈ることを自分に約束している」という意味になる。

  5-6　人に何かをしてもらうことを望む expect と want で **wrap it up!**

- I don't **expect you to understand my situation**.
  私の状況をあなたに**理解してもらえるとは思っていません**。

- My wife **wanted me to promise her to come back home early tonight**.
  妻は私に今夜は早く帰宅すると約束してほしがっていた。

155

7. there 構文
There Construction
—— 存在と出現を表す用法：be 動詞以外の動詞 ——

<u>There exists</u> a pre-"do it" conversation about price.

Star Wars: The Last Jedi『スター・ウォーズ　最後のジェダイ』(2017)〈01:24:34〉

それをやる前の報酬についての話が**ある**だろ。

Linguistic Tips

　学校文法では，(**1a**) のような主語位置に不定名詞句を持つ文は (**1b**) の主語位置に仮主語のような there を置き，be 動詞の後に意味上の主語を置く「there 構文」と呼ばれる文に書き換えることを学ぶ。この構文は，主にモノや人物の「存在」を聞き手に対して新たに導入するはたらきを持つため，重要な情報を文の後方に置くことが多い英語では，(**1a**) よりも (**1b**) の方が好まれる。この構文では，be 動詞直後の名詞句に前置詞句や形容詞句，動詞句が後続すると主述関係を築く (**1c**)。

(1) **a.** A man is in the garden.　**b.** There is a man in the garden. (、isn't there?)

　　　（1 人の）男が庭にいます。

　　c. There are a lot of boxes left in the storage.

　　　たくさん箱が倉庫に残っています。

　there 構文では，be 動詞が用いられた文をよく見かけるが，一般動詞が現れる場合もあり，それは主に 2 種類に分けられる。1 つは，のように「存在・出現」を表す自動詞が用いられ意味上の主語が動詞の直後に現れる (cf. (**2a**))。この場合は，通常，不定名詞句のみ生じることが許され，主語は動作主的意味を持たない (**2b**)。もう 1 つは，「存在・出現」の意味を持つ自動詞以外の動詞が用いられ，この場合は定名詞句が文末に現れることができ，談話の中でその名詞句を聞き手に新たに提示する用法である (**2c**)。

(2) **a.** *There disappeared a man from in front of us.

　　b. **There arose** {a / *the} storm here.

　　　ここで嵐が**起こった**。

　　c. **There flew** through the window that shoe on the table.

　　　あの靴が窓からこのテーブルに**飛んできた**。

いずれの場合にも，意味上の主語名詞句を文の後方に置くことによって，それが談話の中での新たな情報や強調しようとする要素として機能する。映画や物語の中では非常に重要な役割を持つ構文であるため，用いられる動詞の種類や意味に注意を払う必要がある。

156

More Movie Data

Once upon a time, **there lived** a boy whose magic was known throughout the land.
Any Day Now『チョコレートドーナツ』(2012)〈00:32:48〉

昔，そこでは有名な魔法使いの男の子が**住んでいました**。

> **!** 物語の冒頭部分として，関係節で修飾された不定名詞句 a boy が「存在」を意味する自動詞 live の後に現れている。この構文は，このような形で物語の導入として用いられることが多い。

There comes a time when we all have to let go of the things we hold dear.
Mary Shelley『メアリーの総て』(2017)〈00:44:52〉

持っているものは全て手放さなければならない時が**きた**。

> **!** このセリフの主語は a time であり，直後に when 以下の関係副詞節が続いている。ここでは現在の状況を臨場感を持って聞き手に示すために，come の現在形が用いられている。

Solidify Your Studies

Conversely, for every species or other entity or phenomenon, **there exist** important problems for the solution of which it is ideally suited. (Example: bats were logical for the discovery of sonar.)
(岐阜大学 2018)

逆にいえば，あらゆる種やそのほかの存在や現象には，その解法が最適な重要問題が**存在する**のだ。(例：ソナーの発見にはコウモリが論理的であった。)

> 🚫 there exist の後に important problems が現れている。この exist は自動詞である。このような例を見て，exist に他動詞用法があると思ってしまう学習者もいるので注意したい。

  出現を意味する（句）動詞と不定名詞句を用いて話の導入に用いる表現で wrap it up!

5-7

- Suddenly, **there took place** an incident that changed the history of the country.
  突然，その国の歴史を変える出来事が**起こった**。

- **There followed** a prolonged silence.
  その後，長い沈黙が**続いた**。

157

8. 動能構文
Conative Construction
──行為が目的語に影響を及ぼすことに水を差す at や on ──

I didn't assume they were thinking. I assumed they were **shooting at anything that moved**.

Mission: Impossible -Ghost Protocol『ミッション：インポッシブル　ゴースト・プロトコル』(2011)
〈00:45:25〉

奴らに考えがあるなんて思わなかったさ。**動くもの全てをめがけて撃っていた**だけだ。

Linguistic Tips

　他動詞用法としてなじみのある学習者が多い英語の shoot, kick, cut のような動詞は，行為の対象物の前に前置詞 at を伴い自動詞としての用法を持つ。このような「自動詞＋ at ＋行為の対象物」が含まれる文は「動能構文」と呼ばれている。

　たとえば，のセリフでは，shoot という行為の対象物である anything that moved（動くもの全て）の前に at が挿入されているので，発砲をしているが，必ずしも弾丸があたっているとは限らない。つまり，at が挿入されると，動詞が表す行為が引き起こす結果までは含意されないのである。一方，仮にこの文から at を取り除いて他動詞用法にした場合，「動くもの全てを撃って，弾丸は全てに命中している」という意味になる。

　動能構文では，動詞の表す行為の対象物が，その行為により必ずしも影響を受ける必要がない。動能構文には at が含まれるものが多いが，chew（嚙む）や gnaw（かじる）などは対象物の前に on をとる。では，動詞 kick で動能構文と他動詞構文を比べてみる。

(1) a.　The soccer player **kicked at the ball** but missed.

　　　　そのサッカー選手は**ボールをめがけて蹴った**が，蹴り損ねた。

　　b. * The soccer player **kicked the ball** but missed.

　　　　そのサッカー選手は**ボールを蹴った**が，蹴り損ねた。

(1a) は動能構文なので，ボールを蹴るために足を前後に振るという身体の動きは行われているが，その足がボールに実際にあたったかどうかは不明である。したがって，but missed が後続しても矛盾は起きない。一方，他動詞用法で kicked the ball にすると，「ボールが蹴られる」ということが含意されるので，(1b) のように，「蹴り損ねた」という意味の but missed が続くと意味的に矛盾してしまうので，容認されない。

More Movie Data

I rose, and I felt bodies **pulling at me** with their hands, **biting at my legs**...　The Eichmann Show『アイヒマン・ショー　歴史を映した男たち』(2015)〈00:57:15〉

私は登りながら感じました，いくつもの死体の手が**私を引っ張っているのを**，**私の脚に爪を刺しているのを**…。

> ! pull は at を伴うと「引っ張ってみる」が引っ張られる対象物は動いていないという意味になる。また，この例の bite は「(爪で) 刺す」という意味だが，「爪で刺す」という行為により，刺された部分がえぐり取られるなどの影響があったことは含意されない。

I know, but you can **chew on these**, and you know, they help curb the urge.　Nomadland『ノマドランド』(2020)〈00:54:03〉

そうだろうけど，**これを噛んでる**と，タバコを吸いたい気持ちを抑えられる。

> ! chew は「口の中で食べ物などを噛む」という意味だが，噛む対象物の前に前置詞 on が置かれた場合は，対象物が「噛み砕かれる」ということが含意されず，通常，一定の時間，対象物を噛み続けるという意味になる。

Bernie: You shot a duck?　Greg: I **shot at a duck** and...

Meet thee Fockers『ミート・ザ・ペアレンツ 2』(2004)〈00:26:47〉

バーニー：カモを撃ったのか？　グレッグ：**カモを狙って撃った**んだよ。

> ! 「撃ってその弾丸がカモにあたったのか」という質問に対して，shoot at を使うことで「カモをめがけて発砲した」という事実だけが伝えられており，実際にはカモにあたらなかったことが含意されている。

Solidify Your Studies

She was often **shot at** but never wounded.　（東邦大学 2014）

彼女は**銃で撃たれることがあった**が，一度も傷を負わなかった。

> 🛈 shoot at の後ろに目的語がくる場合，実際に弾があたったかどうかは含意されない。この入試用例はその受動態だが，shoot at の持つ意味特性を反映して「一度も傷を負わなかった」という結果が続いている。

> 5-8   at を使って行為の結果が目的語に影響を及ぼすことを含意せずに wrap it up!
>
> ● We **pushed at the iron door** but it wouldn't budge.
> 私たちは**その鉄のドアを押した**が，ドアはびくともしなかった。
>
> ● The boxer powerfully **punched at his opponent** but missed.
> そのボクサーは力を込めて**対戦相手にパンチを放った**が，外してしまった。

9. 二重目的語構文
Double Object Construction
── 伝達・譲渡が確実に行われたことを示す SVOO 文 ──

Give me your phone. I'm going to **give you my number**.

I Feel Pretty『アイ・フィール・プリティ！　人生最高のハプニング』(2018)〈00:30:33〉

電話をちょうだい，私の番号を教えるわ。

Linguistic Tips

　動詞の中には give や send のように 2 種類の目的語が必要になるものがある。たとえば give は「あげる」という意味の動詞だが，「あげる」という行為を成立させるには，「あげる人」と「もらう人」と「あげる物」の 3 つの要素が必要となる。つまり，動作をする人 (give の場合は「あげる人」) 以外に，物を受け取る「受取人」(give の場合は「もらう人」) とあるところから別のところに移動する「移動物」(give の場合は「あげる物」) が必要だが，英語の場合，give のような動詞は前置詞を使わずに目的語を 2 つ並べる二重目的語構文（SVOO）で表すことができる。

　このような動詞は，二重目的語構文に現れる以外に，与格構文（SVOA）(pp. 162–163) にも現れることもあるが，2 つの構文がランダムに使われるわけではない。どちらの構文を使うかの選択は，**1.** 受取人が移動物を確実に所有したかどうか，**2.** 受取人と移動物のどちらが新しい情報なのか，**3.** 移動物を表す名詞句が長いかどうか，というような意味的な要因で決定される。のセリフの会話は，2 人だけで行われており，me や you というのは文脈でわかっていること (旧情報) であるので，your phone や my number という新しく話題に出てきた情報 (新情報) が 2 つ目の目的語として文末に現れている。

　下の (**1a**) は Jude taught French to Robert. という与格構文で表されることもあるが，二重目的語構文で表した場合，Robert がフランス語を習得したことが含意される。二重目的語構文を受け身にする場合，(**1b**) の「受取人」が主語になる場合と (**1c**) の「移動物」が主語になる場合の 2 通りになるが，動詞によって主語になる要素が異なる。

（**1**） a. Jude **taught Robert French**.

　　　　　ジュードは**ロバートにフランス語を教えた**。

　　　 b. **Robert was taught** French by Jude.

　　　　　ロバートはジュードにフランス語を教えてもらった。

　　　 c. **French was taught** to Robert by Jude.

　　　　　フランス語がジュードからロバートに教えられた。

More Movie Data

I wanna **send you greetings from my wife, Mary Alice Schwarz**.

Once Upon a Time... in Hollywood 『ワンス・アポン・ア・タイム・イン・ハリウッド』(2019)〈00:06:15〉

妻のメアリーアリスが君によろしくと。

> ❗ 英語では長い名詞句は文末に置かれるという特徴があるが，二重目的語構文の場合も，移動物が長い名詞句で表される場合は文末に置かれる。

I **bought you these cookies**. They're covered in chocolate.

I Feel Pretty 『アイ・フィール・プリティ！　人生最高のハプニング』(2018)〈01:24:20〉

あなたにクッキーを買ってきたの。チョコレートがかかってるやつ。

> ❗ 下線部は bought these cookies for you としても意味的に大きな差はないが，二重目的語で述べた場合，買ってきたクッキーは相手に所有されるものであるという意味合いが濃くなる。

I never **show anybody these**.

Lion 『LION ライオン 25年目のただいま』(2016)〈01:09:09〉

これは誰にも見せたことがなかったんだけど。

> ❗ 母親が息子のガールフレンドに自分の趣味の作品を見せるシーンで使われているセリフで，anybody も these も新情報であるが，より強調したい these が文末に置かれている。

Solidify Your Studies

Dad, could you **give me a ride to the station**?

(学習院大学 2013)

お父さん，駅まで送ってくれない？

> ❗ 二重目的語構文をとる動詞 give は give me a ride 以外にも give me a hand（手を貸して），give me a call（電話をして），give me a break（ちょっと待って）などの熟語となる表現も多い。この形は与格構文に書き換えることはできない。

5-9 前置詞を使わず「誰に何を」の目的語を2つ並べて譲渡を確実に表しながら **wrap it up!**

- Can you **throw me that towel**, please?
  ごめん，**そのタオルをこっちに投げて**くれる？

- I've **booked us two tickets** to see the live show.
  ライブの**チケットを2枚予約**した。

10. 与格構文

Dative Construction
——伝達・譲渡の方向を to や for で示す SVOA 文——

 I accidentally **sent an e-mail to the wrong person**, and she's at work right now.　　The Intern『マイ・インターン』(2015)〈01:09:34〉

メールを間違えて送っちゃったんだけど，送った相手は今仕事中なの。

Linguistic Tips

　send や buy のような動詞が前置詞 to や for を伴う与格構文（SVO₂ to/for O₁）に現れる時，目的語になる「移動物」が動作を行う人の位置から別の「移動先」に移動するという意味を持つが，二重目的語構文（SVO₁O₂）（pp. 160–161）とは異なり，受取人が実際に移動物を所有したかどうかまでは含意されない。

　たとえば，send が与格構文に出現している のセリフは，メールを送るという行為は行ったが，送られた相手はまだそのメールを受け取っていないというシーンで使われている。このセリフを sent the wrong person an e-mail のように二重目的語構文で述べると，相手がメールを受け取ってしまったことになるので，この後の「相手は 5 時半まで私用メールは見ないから，その前に送ったメールを削除したい」というセリフと矛盾してしまうことになる。

　一方，移動物が受取人に所有されたことが確実である場合でも，移動物より受取人を強調したい場合や，移動先（受取人）が長い名詞句である場合は，二重目的語構文ではなく，与格構文が使われる。

　与格構文では，（1a）のように前置詞 to をとる文と（1b）のように for をとる文がある。give や send のように移動物が受取人の方に移動する場合や，teach や read のように伝達内容が受取人に伝達される場合，前置詞 to が用いられる。一方，for が用いられる動詞には，build や cook のように何かを創造する意味合いの動詞や，buy や find のように何かを誰かのために獲得するという意味合いの動詞が挙げられる。（1a, b）では，Martin や Laura がより強調される（新情報である）場合や，移動物が所有されたことが明確でない場合，与格構文が用いられる。

（1) a. Benedict showed {**his work to Martin** / **Martin his work**}.

　　　ベネディクトは**マーティンに自分の作品を**見せた。

　　b. Kyle baked{**a Christmas cake for Laura** / **Laura a Christmas cake**}.

　　　カイルは**ローラにクリスマスケーキを**焼いた。

More Movie Data

I learned what I could from the black hole but I couldn't **send anything to your father**. We've been receiving, but nothing gets out.

Interstellar『インターステラー』(2014)〈01:18:22〉

ブラックホールから学べるものは学んだが，**君のお父さんには何も送れ**なかった。受信はできるが，送信できないんだ。

> **!** send という行為は行っているが，受取人には届いていないという文脈なので，このセリフは，移動先の your father が前置詞 to を伴う与格構文で述べられている。

One of the A&R men from EMI saw us recording. **Gave our demo to John Reid**.

Bohemian Rhapsody『ボヘミアン・ラプソディ』(2018)〈00:20:41〉

EMI の新人アーティスト発掘担当者がレコーディングを見て，**俺たちのデモテープを送ったんだ，ジョン・リードに**。

> **!** 与格構文を用いて移動先を前置詞 to で表すことによって，デモテープを受け取ったのがマネージメントで有名なジョン・リードという人物だったということを強調している。

Solidify Your Studies

When the ship had landed in New York, he **had bought this toy for his daughter**, and it just happened to come with pictures from my episode of Land of the Lost.

(富山大学 2019)

船がニューヨークに着いた時，彼は**娘にこのおもちゃを買ってきてくれた**のですが，偶然にも私が出演した『ランド・オブ・ザ・ロスト』の写真が付いていたのです。

> **❗** buy 型の与格構文の例である。この例では this toy が旧情報，his daughter が新情報という対比的な関係が示されており，おもちゃを受け取る娘に焦点があたっている。

  前置詞の to と for を使って，受取人が物を受け取ったことを含意せずに **wrap it up!**

- **Pass the ball to Paul**!
  ポールにボールをパスして！

- **I baked a birthday cake for my father**.
  父にバースデーケーキを焼きました。

---

11. 自動詞移動構文
Intransitive Motion Construction
──移動だけではなく様態も主役になる表現──

Yeah, it's like a jumble of ideas **rattling around** in my brain.

Big Eyes『ビッグ・アイズ』(2014)〈00:40:28〉

ああ。そうだ，アイデアがごった返しで頭の中が**ごちゃごちゃしてる**よ。

Linguistic Tips

　自動詞移動構文は，形式的には〈主語＋動詞＋場所句〉を雛型とし，「主語が特定の様態を伴って，ある場所へ移動する」意味を伝える表現である。一般的にgo や come は主語の「移動」のみを伝える自動詞であるが，(1) の run や bike のように「移動（Motion）」とその移動に伴う特定の「様態（Manner）」を意味に含む自動詞も多く存在する（amble, canter, crawl, dash, drive, fly, rush, swim, skip, travel, walk など。）

(1) a. John **ran out of** the room.　b. John **biked to** the station.

　　　　ジョンは部屋から**走って**出た。　　　　ジョンは**自転車**で駅まで**行った**。

　(1a) を見てみよう。動詞 run の意味を分解すると［MOVE + QUICKLY］と表示でき，その意味の中には「移動」に加えて，どのように移動するのかという様態を表す「速く」という情報が含まれていることがわかる。このように「移動」と「様態」の両方を移動動詞の意味に含む言語のことを衛星枠付け言語（satellite-framed languages）と呼び，英語のほかにはドイツ語や中国語など多くの言語がこのタイプに属する。一方，日本語で (1a) の動詞は「出る」となる。これを意味分解すると［GO + OUT］となることから，「出る」の意味には「移動」に加えて方向を示す「経路」が含まれることがわかる。したがって，日本語では移動の様態は副詞などを使って動詞の意味とは別に表す必要がある。このように移動（動詞）の意味に「移動」と「経路」を含む言語を動詞枠付け言語（verb-framed languages）と呼び，日本語のほかにもフランス語やスペイン語，韓国語などがあげられる。

　また，動詞本来の意味に「移動」を含まない自動詞も本構文に使われる。のセリフを見てみよう。妻マーガレットが描いた絵を自分の作品として世間に売り出し大成功を収めた夫ウォルターが，作品に関する質問を受け，馬脚を現しそうになるシーンである。「ガタガタ」という音放出動詞 rattle は本来的に「移動」の意味を持たないが，前置詞句で「経路」を示すことで「ガタガタ動き回る」という移動の意味が付与される。

More Movie Data

I can't just drop everything and **drive to** Lincoln, Nebraska.

Nebraska『ネブラスカ　ふたつの心をつなぐ旅』(2013)〈00:13:05〉

全てを投げ打ってネブラスカ州のリンカーンまで**車で行く**ことはできない。

> ！宝くじで高額当選したと信じ込んでいる初老のウディが，当選金を受け取るためにネブラスカ州まで車で連れていくよう息子デヴィッドに頼むシーン。動詞 drive は「車などで移動する」というように「移動」と「手段」を動詞の意味に含んでいる。

I can feel you **banging around** inside there.

Fringe『フリンジ』(S5, E5)(2012)〈00:22:58〉

お前が俺の頭の中を**荒らしまくってる**のを感じるよ。

> ！IQ190 の天才ピーターと捕らえた監視人との心理戦のシーン。ここでは監視人がピーターの思考を探る様子を bang around で表している。動詞 bang は大きな音を伴う打撃接触動詞であるが，around と共起することで「音を立てながら動き回る」意味となる。

Solidify Your Studies

Why had such a large number of icebergs **floated into** the shipping lanes so far south that night?
(神奈川大学 2013)

あの夜，なぜあんなに大量の氷山がはるか南の航路に**流れ込んできた**のだろう。

❗float into A で「A へと流れていく」という意味である。「大量の氷山」の移動が float into により表現されており，これは入試問題の用例における典型的な自動詞移動構文の例だと言える。

We **rattled through** the crowded London streets.
(長崎大学 2014)

私たちは**ガタゴト音を立てながら**混雑したロンドンの通りを**走り抜けた**。

❗rattle は「ガタゴト音を立てる」という意味である。馬車で通りを移動する様子が rattle through で表現されている。

>   fly（飛行機で）のような移動の様態や rattle（グルグル）のような擬態語をイメージして wrap it up!
>
> ● I will **fly to** New York to meet with the union leaders.
>   組合の幹部たちと話し合うためにニューヨークまで**飛行機で行く**予定です。
>
> ● This is a song that kept **rattling around** in my head days after I listened to it.
>   これは聴いた後で何日も頭の中で**ぐるぐると回っていた**曲です。

12. 動詞不変化詞構文
Verb Particle Construction
── 動詞の意味を補足する前置詞や副詞 ──

 Oh, I see. That's why you're **driving him around**.

Green Book『グリーンブック』(2018)〈01:26:04〉

ああ，そうか。だから**あいつを乗せてあちこち運転している**んだな。

Linguistic Tips

　「動詞＋前置詞」，あるいは「動詞＋副詞」がまとまって 1 つの意味になるものを句動詞というが，句動詞には動詞が「不変化詞（particle）」と呼ばれる前置詞とは異なる要素と結合して，1 つのまとまった動作を意味するものがある。前置詞は名詞の前に現れるが，不変化詞は必ずしも名詞の前に現れるわけではない。

　たとえば，run up a hill（丘を駆け上がる）の up は前置詞なので，*run a hill up という並びにはできないが，run up a bill（請求書がたまる）の up は不変化詞なので，run a bill up という並びになることもある。このような「動詞＋不変化詞」が含まれる文を「動詞不変化詞構文」という。

　🎥のセリフの driving ... around は「運転し回る」という意味になるが，「動詞＋不変化詞」は日本語の複合動詞のように機能し，動詞の意味に＋αの補足をする。不変化詞が動詞の表す動作に伴う目的語の位置変化や行為の結果などの追加情報を表し，動詞と意味的に結合して，1 つの出来事を表すのである。

(1) a. Jennifer accidentally **{burned her home down / burned down her home}**.

ジェニファーは誤って**家を全焼させた**。

b. Courteney **{chased the mob away / chased away the mob}**.

コートニーは**野次馬を追い払った**。

c. Lisa **{cut her hair off / cut off her hair}**.

リサは**髪を切り落とした**。

(1a) の burn down は「燃やす」という動詞と完了の意味を表す不変化詞の down が結合して，「焼け落とす」，つまり「全焼させる」という意味になっている。また，eat up（食べ尽くす）の up も down と同様，完了の意味を表すことがある。次に，(1b) の away は目的語 the mob の位置変化を示しているもので，動詞 chase と結合し，chase away で「追い払う」（追われてどこかへ遣られる）という意味になっている。(1c) の cut off は「切り落とす」（髪を切った結果，髪が落ちる）という動詞が表す動作とその動作による目的語の結果までのまとまった行為を意味している。

More Movie Data

And you know, I'm slammed right now. But I will do my best to **pencil you in**. I Feel Pretty『アイ・フィール・プリティ！　人生最高のハプニング』(2018)〈00:30:56〉

今はバタバタしてるの。でも、なんとか**予定を空ける**ようにする。

> **!** 「予定を入れておく」という意味で，pencil someone in，または pencil in someone のどちらでも使えるが，代名詞が目的語になる場合は不変化詞の in は代名詞の後ろに現れる。

Oh, hooray. Great. I'll **buzz you up**.

Once Upon a Time... in Hollywood『ワンス・アポン・ア・タイム・イン・ハリウッド』(2019)〈02:34:59〉

やった，最高。**門を開ける**わ。

> **!** インターホンで門扉の外にいる人物に発しているセリフだが，動詞の buzz と不変化詞の up で「相手が家の中に入るために門を開閉するブザーを鳴らして門を開ける」という一連の行為が示されている。

I'll **walk you out**. Green Book『グリーンブック』(2018)〈00:07:37〉

玄関までお連れします。

> **!** 不変化詞 out が位置変化を示している。家に来た修理人が作業を終えた後，玄関まで送りに行くシーンのときに使われているセリフで，一緒に歩いていって相手を外に出すというという一連の動作が walk out で表されている。

5章 意味論と構文文法論

//// Solidify Your Studies ////

Her eyebrows were newly plucked and **penciled in** darker than the original colour. （神戸大学 2020）

彼女の眉毛は再び抜かれて，元の色よりも濃く**ペンシルで描かれていた**。

> **❶** pencil {A in /in A} には，More Movie Data で触れられたように「A（予定など）を書き入れる」という意味のほかに，A に eyebrow(s) を入れて「まゆずみを引く」という意味もある。

  動詞の意味を補足する「＋α」の over と through でまとまった動作を表しながら **wrap it up!**

- The troops wanted to invade the territory and **take it over**.
  軍隊は領土に侵入して，**占領する**ことを望んでいた。

- Will you **put me through** to the sales manager, please?
  営業部長に**つないで**くれませんか。

---

13. 他動詞移動構文
Caused Motion Construction
── 移動動詞を使わず人や物の移動を表す文型 ──

They **pull him off stage** and beat him badly.

Green Book『グリーンブック』(2018) 〈01:38:55〉

その人たちは**彼をステージから引っ張り下ろして**，袋叩きにした。

Linguistic Tips

「主語 X が目的語 Y を場所 Z に V という様態や手段で移動をさせる」という行為を英語では「他動詞移動構文」で表すことができる。他動詞移動構文は「動詞＋目的語＋前置詞＋場所（移動元／移動先）」という文型で，この構文に使われる動詞は，移動の意味を表すものでなくても良い。

たとえば，🎥 のセリフの動詞 pull は「引っ張る」という行為を表すが，それ自体には移動の意味はない。このセリフでは場所である移動元の stage から離れるという移動が前置詞 off によって表されていて，動詞 pull はその移動の手段を示している。

英語の他動詞移動構文で述べられる出来事を日本語で述べる場合，多くは「引っ張り下ろす」や「蹴り入れる」のような複合動詞が用いられ，移動の意味は「下ろす」や「入れる」という複合動詞の 2 つ目の動詞要素に担われている。

(1) a. Bradley **pushed his friend into the swimming pool**.
　　　ブラッドリーは**友達をプールに突き落とした**。

　b. The audience **booed the band off the stage**.
　　　観客は**ブーイングしてバンドをステージから退場させた**。

　c. Zach **washed the stain out of his shirt**.
　　　ザックは**シャツから汚れを洗い落とした**。

英語の場合，(1a) の push や (1b) の boo，(1c) の wash のような動詞自体に移動の意味が含まれていない行為動詞が，日本語の複合動詞の 1 つ目の動詞要素（「突き落とす」の「突き」の部分）が表す出来事の最初の行為を示し，(1a, b) の前置詞 into や off，または (1c) の out of で移動先の方向が示されている。

(1a, b) は目的語 his friend や the band が push や boo という行為によってプールの中やステージの外に移動させられる様子が述べられている。(1c) はシャツにしみ込んだ汚れが洗うことによってシャツの外に出される（つまり汚れが落ちる）というある種の使役移動が他動詞移動構文によって表されている。

More Movie Data

Two times! I have to **drag you out of that jail** like a filthy hobo.

Vice『バイス』(2018)〈00:08:55〉

2 回目よ！　汚い浮浪者みたいに**あなたを牢屋から引きずり出さ**ないといけないのは。

> ！ 動詞と目的語の drag you で表される行為の移動経路が out of で示されている。元の
> 場所 that jail の中から外に drag という手段で移動物の you が移動されている。

Ivan, **swim the big boys down to the sloop**.

Australia『オーストラリア』(2008)〈02:18:27〉

イワン，**大きな男の子たちを泳いで船まで連れていけ**。

> ！ swim は通常，自動詞として使用されるが，使役移動の他動詞移動構文として用いら
> れた場合，泳いで目的語を別の場所に移動させるという意味になる。誰かをどこかへ
> 連れていくという行為を他動詞移動構文で表す際，移動の手段には walk や run や
> drive などが使われる。

Now, why would you **pick up a rock off the ground**?

Green Book『グリーンブック』(2018)〈00:44:49〉

さて，どうして**地面から石を拾い上げる**んだ？

> ！ 「地面に落ちている石を拾う」という意味で，pick up という行為により，移動元の
> the ground から a rock が離れるという移動の方向が off で示されている。

Solidify Your Studies

A few weeks later, two older boys **pushed my hand into a door** and
shut it on my little finger.

(上智大学 2019)

数週間後，2 人の年上の男の子が**私の手をドアに押し込んで**，小指の上でドアを閉めたんです。

> ❗ push A into B で「A を B に押し込む」という意味を表す。英語の他動詞移動構文は日本
> 語では「押す」＋「込む」といった複合動詞となる。

  移動動詞を使わずに，前置詞 into や off を使って位置変化を表し
ながら wrap it up!

- What happens if a player accidentally **kicks the ball into the wrong goal**?
  もし選手が**違うゴールにボールを蹴り入れて**しまったらどうなりますか。

- Natalie was trying to **blink the snow off her eyelashes**.
  ナタリーは**まばたきしてまつ毛に付いた雪を払い落と**そうとしていた。

14. 使役構文
Causative Construction
── make, have, let の使役動詞と get ──

And you **make her feel happy** like you **made me feel happy**.

A Dog's Journey『僕のワンダフル・ジャーニー』(2019)〈00:16:15〉

そして君は**私を幸せな気分にさせた**ように，**彼女も幸せな気持ちにさせる**。

Linguistic Tips

　「…させる」という意味を表し，〈主語＋＿＿＋目的語＋動詞（の原形）〉の下線部に入る動詞を使役動詞と呼ぶ。使役動詞に分類される make は「物事が人に無意識に…させる」あるいは「人が強制的に人に…させる」という意味を表す。🎥では前者の意味となるが，これは you が主人公の犬を指すためである。使役動詞にはそのほかに have と let があり，have は「指示や職務を遂行する立場の人に…させる，…してもらう」，let は「その人が望むように…させる」という意味を表す。加えて「…させる」という意味を表す get もあるが，〈主語＋＿＿＋目的語＋to＋動詞（の原形）〉の文型となることから前述の使役動詞とは別の表現群となる。get は「{頼んで／説得して} 人に…してもらう」「努力して人に…させる」という意味を示す。

　「KUFS データベース」でそれぞれの高頻出例を見てみると，目的語には自分自身（me），対話相手（you），遂行役（him, them, her）を表す代名詞が高頻度で検出される。映画・テレビドラマの対話シーンを想像すると納得できる検出結果である。使役動詞及び get の高頻度の文型例としては，I'll have you know (that)...（言っておくが…），Let me see（ええっと），I'll let you know...（…をあなたにお知らせします），Let me know if ...（…であればお知らせください），といった慣用的な表現が上位を占める。次に示すものはそれらに次ぐ高頻度表現である。

- make A do：
  What makes you think (that) …? / It makes me feel {good/better/sad/bad}.
  なぜ…だと思うのですか？／それは私を{気分良く／よりいい気分に／悲しく／悪い気分に}させる。

- have A do：**Have him call me. / Have her give me …**
  彼に私に電話をさせて。／彼女に私に…を渡させて。

- let A do：**Let me see** that [your …]. / **Let me ask you a question**.
  それ［あなたの…］を見せてください。／あなたに１つ質問があります。

- get A to do：**I tried to get him to … . / How did you get her to do that**?
  私は彼に…させようとした。／どうやって彼女にそれをさせたの？

More Movie Data

What makes you think you can do that?

I Am Sam 『I am Sam アイ・アム・サム』(2001)〈01:30:15〉

なぜそれができる**とお思いですか**。

> **!** 理由を客観的に尋ねていて，why ...？よりも丁寧な響きがある。ただしこのシーンでは上記の同じ質問が3回連続で繰り返され，丁寧な表現形式ながら相手であるサムを問いただしている。

I guess that **got me to thinking** about the widow Audel.

Chocolat 『ショコラ』(2000)〈00:42:50〉

そのことで**私は未亡人のオデルさんに思いを寄せるようになった**と思います。

> **!** 「KUFS データベース」を見ていくと，本例のような英和辞典に記載のない文型例を目にすることがある。非標準の構文であるが，映画・テレビドラマでは一定数の使用例が見つかり，日常会話表現として定着している様子がうかがえる。

Solidify Your Studies

Taylor asked her parents to take her to Nashville, a city in Tennessee where many country singers and musicians worked. Her parents decided to move there to help her **make her dream come true**.　(九州産業大学 2014)

テネシー州のナッシュビルという街は，カントリーミュージックの歌手やミュージシャンが多く活躍する街で，テイラーは両親にそこに連れていってほしいと頼んだ。両親は，**彼女の夢を叶える**ためにそこに移住することを決めた。

> **!** 使役動詞 make に続けて her dream come true となっている。make one's dream come true で「…の夢を叶える」である。

 　5-14　make と get を使った日常表現で **wrap it up!**

● He **makes me laugh**. He is funny.
　彼は**私を笑わせる**。彼は面白い。

● What can I **get you to drink**?
　飲み物は何に**します**か。

15. 使役結果構文
Caused Resultative Construction
── 結果の解釈を含意する使役構文 ──

It took us three years to **talk them into this visit**. It took you one day to ruin it. Desperate Housewives『デスパレートな妻たち』(S5, E3) (2008)〈00:37:10〉

彼らを説得してここに連れてくるのに 3 年かかった。それを君は 1 日で台無しにしたんだぞ。

Linguistic Tips

　英語には make や have のような迂言的使役動詞 (cf. 使役構文 : pp. 170–171) を用いずに，〈主語＋動詞＋目的語 + into/out of ＋名詞〉という形式で使役の意味を表すことがあり，これを「使役結果構文」と呼ぶ。(**1**) を見てみよう。(**1a**) は「父親を説得」⇒「父親がアイスクリームを買う」といった因果関係が成立している。同様に，(**1b**) でも「母が私を説得」⇒「学校をやめることを思いとどまる」という結果の読みとなる。「(説得など) して…させる」意の into 句をとるタイプは talk のほかにも argue, charm, con, force, mislead, persuade, trick などの動詞がある。一方，上記の動詞の中で「(説得など) して…させない」意の out of 句をとれるのは argue や persuade, talk のみとなるため，into 句に比べて動詞タイプは限定的である。

(**1**) a. I **talked Dad into buying another ice-cream**.

　　　私は**お父さんを説得してもう 1 つアイスクリームを買って**もらった。

　　 b. My mother **talked me out of quitting school**.

　　　母に**説得されて私は学校をやめない**ようにした。

　🎥のセリフについて見てみよう。3 年ぶりに娘のダニエルが孫を連れて里帰りしたシーンである。母のブリーがとった行動でダニエルを怒らせてしまい，3 年かけて説得して実現した家族団欒が台無しになってしまった様子が描かれている。

　この「行為の達成」を解釈に含むか否かは to 不定詞を伴う (**2**) を比べてみるとよくわかる。動詞 tell は to 不定詞をとり，「…するよう伝える，指示する」，あるいは not を伴って「…しないように伝える，指示する」という対照的な意味となる。しかし，(**2**) は使役結果構文とは異なり，実際にもう 1 つアイスクリームを買ったかどうかは中立的であり，結果の解釈は含意しない。その証拠に，(**2**) では but he didn't do so.（しかし父親は買わなかった。）という節が続いても問題ないが，(**1a**) では結果の解釈と矛盾が生じるために不適格となる。

(**2**) I told Dad to buy another ice-cream.

　　　私はお父さんにアイスクリームを買ってくれるよう言った。

More Movie Data

I'm the woman who **tricked you into going to Danbury**.

Suits『スーツ』(S6, E8)（2016）〈00:30:04〉

私が**あなたを騙してダンベリー刑務所まで行かせた**女よ。

> **!** 夫が刑務所に服役しているジルにドナが話しかけるシーンである。ここでは動詞 trick を使い，「騙して…させる」という意味になる。実際，第 7 話でジルは電話で呼び出され，刑務所まで面会に行くシーンが描かれている。

You won't be able to **talk yourself out of this**.

Pirates of the Caribbean: Dead Man's Chest『パイレーツ・オブ・カリビアン　デッドマンズ・チェスト』
（2006）〈00:15:56〉

お前は決して**血の契約を反故にする**ことはできない。

> **!** 13 年前に伝説の海賊デイヴィー・ジョーンズと血の契約を交わし，ブラック・パール号の船長になったジャック。その契約期限が迫るジャックにビル・ターナーが忠告するシーンで talk oneself out of が使われ，「自分に言い聞かせて契約に従わない」意味で使われている。

Solidify Your Studies

Most people when reading this passage **tend to be misled into making an initial assumption** that the bat is a baseball bat, a conclusion that is of course inconsistent with the later information that it was flying back and forth.

（早稲田大学 2014）

この一節を読むと，ほとんどの人が「bat は野球のバットだ」と**誤解しがち**だが，この結論はもちろん「bat は前後に飛んでいた」という後の情報とは矛盾する。

> 🔔 入試問題の用例では mislead O into A の受動態が見られる。このような英文を理解する上でも，使役結果構文の持つ mislead O into A という「動詞の型」の理解が必須であろう。

5-15 使役の意味を持つ動詞を使って，結果を表す into（…させる）と out of（…させない）を意識しながら **wrap it up!**

- No one can **talk me into doing something illegal**.
  私を**説得して違法行為をさせること**は誰もできません。

- My wife **argued me out of buying a new car**.
  妻は**私を説得して，新しい車を買うことを思いとどまらせた**。

意味論と構文文法論

173

16. 結果構文
Resultative Construction
―― 行為と結果を単文で伝える効率的な表現 ――

 Now, keep it up, and I'm gonna **smash that thing to pieces**.

Avengers: Infinity War『アベンジャーズ　インフィニティ・ウォー』(2018)〈00:28:54〉

ほら，そいつを続けてみろ，**そいつを粉々にぶっ壊してやる**からな。

Linguistic Tips

　結果構文は通常，学校文法でいう SVOC（第5文型）を雛型とし，「動作」と「結果」という2つの出来事を単文で表すことができる表現である。動作主が動詞で示される行為を対象に及ぼすことで，対象が結果句で示される状態変化を引き起こす意味を伝え，動詞に含まれる情報の違いによって大きく2種類に分けられる。

　まず弱い結果構文（別名：本来的な結果構文）とは，動詞の意味の中に状態変化が含まれており，結果句はその状態変化をさらに詳しく述べるものを指す。(**1a**) では He painted the wall. だけで壁に色を塗ったという状態変化の意味を表しており，さらに結果句の red が塗った色を具体的に示している。また freeze などの非対格動詞（pp. 152–153）は動作主を明記しない自動詞用法があることから，(**1b**) のように結果句 solid が主語の位置にある the lake の結果状態を示すこともできる。

(**1**) a. He **painted the wall red**.　　b. The lake **froze solid**.
　　　　彼は**壁を赤く塗った**。　　　　　　湖は**カチカチに凍った**。

　のセリフは，船内でゲームを続けるグルートにロケットが毒づくシーンである。動詞 smash は動詞の意味自体に状態変化を含むため，結果句の to pieces は that（＝ゲーム機）を壊してどのような状態にするのかを詳述している。

　次に強い結果構文（別名：派生的な結果構文）とは，動詞自体には含まれない状態変化を結果句で述べるものを指す。(**2a**) では，動詞の hammer は「ハンマーで叩く」という意味しか表さず，He hammered the metal. だけでは金属に変化が起こったのかはわからない。しかし，この文に結果句の flat が付くことで初めて文全体で状態変化の意味が立ち上がる。(**2b**) の自動詞の場合，They drink は直接的にその行為を the pub に働きかけているわけではないが，結果句 dry を伴うことで初めて出来事を形成し「お酒を飲む⇒パブのお酒がなくなる」という因果関係を表す。

(**2**) a. He **hammered the metal flat**.
　　　　彼は**金属を叩いて平たくした**。

　　 b. They **drank the pub dry**.
　　　　パブの酒がなくなるほど，彼らは**お酒をたくさん飲んだ**。

More Movie Data

I think of an analogy as a workhorse. The workhorse that is willing to **work itself to death** and then be put out to pasture.

Nomadland 『ノマドランド』(2020)〈00:19:04〉

使役馬にたとえて考えてみよう。**懸命に働いた**使役馬は役目を終えると野に放たれる。

> **!** 自動詞の work が再帰代名詞 itself と結果句 to death と共起する強い結果構文の一例である。自動詞タイプでは「結果」の意味を表す目的語と結果句が「程度」の意味で解釈されることもある。このシーンでは実際に「死ぬ」という結果ではなく,「死ぬほど」という強意的な意味となっている。

Okay, the Rick Marshalls of this world will **suck you dry**. They're blind alleys.

Zodiac 『ゾディアック』(2007)〈02:06:59〉

この世のリックマーシャルを調べても**無駄骨になる**ぞ。袋小路だ。

> **!** ゾディアック事件を追う風刺画家のロバートに刑事のデイヴがこれ以上の肩入れを止めるよう促すシーンである。動詞の suck には含まれない結果状態 dry が結果句として示され,「あなたを搾り取ってカラカラの状態にする」の意味となる。

Solidify Your Studies

She **pushed the door open** and went in.

(名古屋外国語大学 2017)

彼女は**ドアを押し開けて**,中に入った。

> **!** 英語で push the door というだけでは「押す」という動作のみを表し,ドアが開いたかどうかの結果を含まない。ここに open という結果を表す述語が付加されることで日本語の「押し開けた」という複合動詞の意味を表すのである。

The road is **frozen solid**. The temperature must have been below zero last night.

(駒澤大学 2020)

道路は**カチカチに凍っ**ている。昨夜は気温が零下だったのでしょう。

> **!** 動詞の freeze は通常であれば凍らないものがあまりの寒さで凍り付く際に solid が結果句として現れる傾向がある。

>
> **5-16** break into pieces や wipe the slate clean のような行為と結果を意識しながら **wrap it up!**
>
> ● A meteor **broke into tiny pieces** in the upper atmosphere.
>   隕石は大気圏上層部で**粉々に砕け散っ**た。
>
> ● He wishes he could **wipe the slate clean**.
>   彼はできることなら**過去を帳消しにし**たいと願っている。

5章

意味論と構文文法論

17. one's way 構文

One's Way Construction

── 多彩な動詞と共に主語が辿る経路に焦点をあてる表現 ──

The moment you make a move, highly-paid men with weapons will **make their way into this room** with one very specific instruction.

The Fate of the Furious 『ワイルド・スピード ICE BREAK』(2017)〈00:52:28〉

あなたが動いた途端に武装したプロの傭兵が**この部屋に入ってくる**わ。1つの非常に具体的な指示を遂行するためにね。

Linguistic Tips

　one's way 構文は〈動詞 + one's way ＋前置詞句／副詞〉を雛型とする表現で，「主語がある動作を行いながら経路を進む」という意味を持つ。目的語には必ず「所有格 + way」が現れ，主語が進む方向や経路は前置詞句や副詞によって表される。コーパスで one's way 構文に現れる動詞を検索すると，make が圧倒的に高い頻度で現れるため，「道を切り開きながら進む」という「障害」や「困難」を乗り越えて進む意味が中心にあると考える研究者も多い。

　🎥 のセリフについて考えてみよう。主人公のドミニクがサイバーテロリストのサイファーに家族を人質にとられて脅されるシーンである。make が使われていることから，部屋の外で待機している傭兵が扉を壊すなどして強引に部屋に突入してくる様子を効果的に伝えている。次の例を見てみよう。

(1) a. Alex **crunched his way through the snow**.

　　　アレックスは**ザクザクと音を立てながら雪の中を進んだ**。

b. Peter **bought his way to the top of the governor's race**.

　　　ピーターは**お金にものをいわせて知事選でトップになった**。

c. I cannot **talk my way out of this situation**.

　　　この状況を言い逃れすることはできないな。

one's way 構文は make 以外にも多彩な動詞が使われることで知られる。たとえば，(1a) では crunch のように音を表す動詞が使われ，「ザクザクを立てながら進む」意味となる。また，(1b) のようにお金という「好ましくない手段を使って進む」というニュアンスを含むこともある。(1c) のような自動詞の talk も one's way 構文で現れることで「話をしながら進む」という移動の様態を表すことができる。

　このように，one's way 構文は主語が辿る道のりを線でなぞらせるようにイメージさせることから，多くの作家や脚本家が好んで個性的な動詞を使ってユニークな表現を生み出すことを可能にする表現形式と言える。

More Movie Data

Sator emerged from this blank spot on the map with ambition and enough money to **buy his way into the British establishment**.

Tenet『TENET テネット』(2020)〈00:25:23〉

セイターは地図に載っていない街で生まれ，野心を胸に**金にものをいわせてイギリスの支配階級に入り込んだ**。

 表向きは天然ガスで富を築いた大富豪，一方で武器商人という裏の顔を持つセイターの過去を話すシーンである。かつてはプルトニウムを採掘する仕事をしていたセイターが，莫大な資金を手に入れたことで不正に自身の道を切り開き支配階級にまで登りつめた経緯が one's way 構文で表されている。

Well, you're free to **dance your way home**. I'll ride.

Jojo Rabbit『ジョジョ・ラビット』(2019)〈00:52:18〉

じゃあ，お母さんは自由なんだし，**踊りながら家に帰ったら**いいよ。僕は自転車で帰るから。

 戦争や政治にばかり興味があり，イマジナリーフレンドのアドルフ・ヒトラーと日々を過ごす Jojo。10歳の子どもらしく踊って人生を楽しく過ごしてほしい，という母の願いを耳にした Jojo のセリフである。自動詞の dance を使うことで「踊りながら家へと向かう」という移動の様態を表す例。

Solidify Your Studies

She **elbowed her way through** the crowds.

（工学院大学 2011）

彼女は人混みを**肘で押しのけて進んでいく**。

❗ 動詞の elbow「…を（肘で）押しのけて進む」は one's way 構文で用いられる動詞である。one's way を伴うことで「…を（肘で）押しのける」という動作を繰り返し行って経路を進むのである。

  5-17 one's way 構文の典型例と様々な動詞を使って，進む経路を意識しながら **wrap it up!**

- The boxer **made his way through the crowd toward the ring**.
  ボクシング選手は**大観衆の中を通り抜けてリングへと向かった**。

- It is important for kids to **talk, read, and play their way to better language skills**.
  子どもは**話したり，本を読んだり，遊びながら言語能力を上達させる**ことが重要です。

18. time-away 構文
Time-away Construction
── 私的な時間をのんびり過ごす表現 ──

And during that picnic, we can reminisce about the week before, where we **danced the night away** in the Latin Quarter.

Suits『スーツ』(S4, E14) (2015) 〈00:14:03〉

ピクニックをしながら，前の週にカルチエ・ラタンで **1 晩中踊り明かした**思い出にふけるんだ。

Linguistic Tips

英語には目的語に時間表現 (time) をとり，その後に不変化詞 away が現れる構文があり，「time-away 構文」と呼ぶ。形式的には，〈自動詞＋時間表現＋ away〉を雛型とし，時間表現に焦点をあてる場合は，(**1b**) のように時間表現が後置されるともある。動詞 while の場合は〈while＋away＋時間表現〉とした方が自然となる。その意味としては，「主語がある動作を行いながら時間を過ごす」となる。

(1) **a.** Bill **danced the night away**. **b.** Kate **whiled away the afternoon**.

      ビルは**夜通しダンスをした**。   ケイトは**午後をのんびり過ごした**。

time-away 構文の大きな特徴は，「のんびり・楽しんで・無駄に過ごす」という構文的意味を含むことである。不変化詞 away に注目してみよう。time-away 構文で現れる away の意味は「消失」であり，「主語が動作を行う」⇒「時間が過ぎ去る」という因果関係が成立している (cf. 結果構文: pp. 174–175)。これにより，(**1a**) のように「ビルがダンスをして夜が過ぎ去る」ことから「楽しんで」という意味を帯び，(**1b**) のように「ケイトは (活動時間である) 午後を寝て過ごした」ことから「無駄に」という意味を帯びる。

🎥のセリフについて考えてみよう。ジェフが恋人のジェシカをパリ旅行へと誘うシーンである。パリ好きのジェシカが喜ぶような旅程を披露する中で，dance the night away が使われている。ここでも，「時間を忘れて踊り明かす」という本構文の特徴を利用してロマンチックで詩的な雰囲気を伝えている。また，同じ文にラテン語由来の reminisce が使われている点も興味深い。

time-away 構文は「時間の消失」に焦点を置く表現であるため，(**2a**) や (**2b**) のように，「夜を寝て過ごす」など自明な時間の過ごし方や，「午後を働いて過ごす」など生産的な活動を表す文脈では容認度が落ちる。

(2) **a.** ??Matt slept the night away.

    b. ??Robin worked the afternoon away.

More Movie Data

So if you want to **piss your life away** and blame it on how horrible things are at home, go ahead.

Desperate Housewives『デスパレートな妻たち』(S1, E18)(2005)〈00:35:31〉

もしあなたが**自分の人生を台無しに**したいのなら，そしてそれを家庭がいかにひどいものであるかのせいにしたいのなら，勝手にしたらいいわ。

> ！ 更生キャンプに入っている息子のアンドリュー。そのアンドリューの面談に突然飛び込んだ母親ブリーのセリフである。piss ... away は「（時間を）ダラダラ過ごす，浪費する」という意で，主に口語で罵りことばとして使われる。

Supposed to teach you not to **piss your life away** and you come right back.

Exit Wounds『DENGEKI 電撃』(2001)〈00:50:41〉

人生を無駄にするなって教わっただろうに，もう戻ってきたのか。

> ！ 出所したにもかかわらず，すぐに刑務所に戻ってきた囚人に対するボイド刑事のセリフである。刑務所で過ごす時間を指していることから，ここでも時間を無駄に過ごすという意味が表出している。

////// Solidify Your Studies //////

Puzzles and pastimes such as crosswords have helped readers **while away the time** spent with their newspaper.

（三重大学 2016）

クロスワードなどのパズルや娯楽は，読者が新聞を読む**時間の暇つぶし**になりました。

> 🔔 while が動詞として使われている例である。while away は「のんびり過ごす」「暇をつぶす」という意味である。入試問題でもたまに出てくるので，while を動詞で使う用法として押さえておくと良いだろう。

楽しい時間や貴重な時間が dance や while などの行為であっという間に過ぎ去ることを意識しながら **wrap it up!**

- The guests came into the wedding hall and **danced the night away**.
  招待客らは結婚式場にやってきて**夜を踊り明かした**。

- This cafe is a nice place to meet up with your friends and **while away a cozy afternoon**.
  このカフェは，友人との待ち合わせや，**ゆったりとした午後のひと時を過ごす**のに最適な場所です。

19. 穴あけ構文

Hole Construction

── 衝撃力のある動詞＋ a hole / holes ＋ 3 次元を表す前置詞句 ──

He **shot a hole in the damn ceiling**. So what? You lose your son, let's see how well you handle it.

Minority Report『マイノリティ・リポート』（2002）〈01:10:55〉

銃で撃って天井に穴をあけただけよ。だから何よ！　息子を失ったら，あなただってやりかねないんじゃない？

Linguistic Tips

　日本語では「地面を掘る」場面で「地面を掘る」と「穴を掘る」という 2 つの表現を使うが，「穴を掘る」といってもスコップが空振りしていると解釈しないのはなぜだろうか。英語も digging the ground と digging a hole の両方が可能であるが，日本語とは違い，英語は dig 以外の動詞を使っても表現が可能である。🎥 が示すように，「銃で天井を撃って，穴を開けた」という意味であり，「穴を撃った」という解釈にはならない。

　下記の（**1a, b**）のような「穴あけ構文」と呼ばれる構文を日英比較する。（**1a**）の dig はそれ自体に「穴をあける」という意味が含まれるために「弱い穴あけ構文」と呼ばれる。一方，（**1b**）の burn には「穴をあける」という含意は必ずしもなく，この構文内では「（焦がして）穴をあける」という意味になるので「強い穴あけ構文」と呼ばれる（cf. 結果構文：pp. 174–175, one's way 構文：pp. 176–177）。

　上記のように日本語では（**1c**）のような「穴を掘る」という意味の弱い穴あけ構文は容認される。しかし（**1d**）が示すように「穴をあける」という含意のある動詞以外の強い穴あけ構文は容認されないので，日本語では「煙草で焦がして，穴をあけた」のように動詞を 2 つ別々に使い，2 文で表現しないと容認度が落ちる。

（1）a.　Dan **dug a hole in the ground**.

　　　b.　Dan **burned a hole in his coat** (with a cigarette).

　　　c.　ダンは地面に穴を掘った。

　　　d.　*ダンは煙草でコートに穴を焦がした。

冒頭の用例に戻ると，shoot（銃で撃つ）からといって穴があいたかどうかは中立的であるので強い穴あけ構文の例になる。穴あけ構文の動詞は強いインパクトの意味があり，直接の接触を意味する動詞（bite, break, chop, cut, dig, drill, poke, punch, etc.）のみならず，無接触だが衝撃を含意する動詞（blast, blow, burn, sneeze, etc.）も容認される。また動詞の自他は問わない。

More Movie Data

I'm about to **drill a hole into your son's skull**. You don't want to watch this.

Grey's Anatomy『グレイズ・アナトミー』(S2, E19)（2006）〈00:18:56〉

これから**息子さんの頭蓋骨に穴をあけて**いこうとしていたところなので，お父さんは見ない方がいいですよ。

> ! dirll という動詞も穴をあける含意がある弱い穴あけ構文の例。医療用ドリルが徐々に頭蓋骨に穴をあけていくプロセスが焦点になるので，前置詞は into が使われている。

I bring the coffee. That crap you made **burnt a hole in my stomach**.

Desperate Housewives『デスパレートな妻たち』(S2, E10)（2005）〈00:15:15〉

コーヒーは持参するよ。この間のコーヒーはひどくて**胃に穴があいた**よ。

> ! burn という動詞には穴をあけるという意味が含まれないので，強い穴あけ構文となる。以前に飲んだコーヒーが濃すぎて胃に穴があくほどまずかったと我が娘に伝えている。

Solidify Your Studies

The bird could fly skillfully through the sky and was sure to get an A in flying. However, the other animals insisted that she be able to **dig a hole in the ground** like a gopher.

（鳥取大学 2013）

この鳥は空を上手に飛ぶことができ，空を飛ぶことについて成績は A をもらえるはずだった。しかし，ほかの動物たちは，彼女が穴掘りガメのように**地面に穴を掘る**ことができることを主張しました。

> ❗ dig a hole という「弱い穴あけ構文」の例である。dig a hole (in the ground) の in the ground の部分は当たり前なので省略されるのが原則だが，ここは穴掘りガメはほかの場所ではなく，地面に穴を掘ることを明確にするために省略されていない。

5-19 インパクト系の動詞で「穴を開けて」wrap it up!

- The electric technician **cut a hole through the wall** to install an air conditioner.

  電気屋の職人さんはエアコンを設置するために，**壁を切って穴を貫通させました**。

- Tom's presentation was so weak that the other students easily **punched holes in his ideas**.

  トムのプレゼンテーションは十分ではなかったので，ほかの生徒たちが簡単に**彼の考えについて欠点を指摘した**。

5
章

意味論と構文文法論

20. 描写述語

Depictive Predicates

──主語や目的語の状態を表す副詞ではない二次述語──

She served her bottle of water **room temp**. Now, I prefer to serve it **chilled**. I Feel Pretty『アイ・フィール・プリティ！　人生最高のハプニング』(2018)〈00:38:03〉

あの方は**常温**でお水をお渡ししてましたが，私は**冷やして**お渡ししたいんです。

Linguistic Tips

　英語では形容詞や名詞を使って，文の動詞が表す動作が行われている時に，主語や目的語で表される人や物がどのような状態なのかを表す「描写構文」と呼ばれる文型がある。描写構文は S+V（+O）+Adj/N の文型で，状態を表す形容詞（Adj）や名詞（N）は「描写述語」と呼ばれる。この構文は見かけが結果構文（pp. 174–175）と似ていて，これらの構文は「二次述語構文」と呼ばれている。

　🎥 のセリフの最初の文を見てみよう。描写述語 room temp は served her bottle of water という動詞句が表す動作が行われている時の目的語 her bottle of water の状態を表している。2 つ目の chilled も serve する時の it の状態を表している。

(1) **a.** Ethan was driving a car **drunkenly**.

　　　　イーサンは**酔ったような感じで**車を運転していた。

　　b. Ethan was driving a car **drunk**.

　　　　イーサンは**酔って**車を運転していた。

　　c. Ethan was driving a car **unregistered**.

　　　　イーサンは車を**無登録で**運転していた。

描写述語は意味的には様態を表す副詞に似ていることがあるが，副詞は話し手が主観的な判断を述べるのに対し，描写述語は主語や目的語の実際の状態を表すという点で違いがある。たとえば，（1a）の drunkenly という副詞が使われる場合，話し手が「酔っているような感じだ」と主観的に判断したイーサンの様子を表しているので，酔ったように見えるが実際にイーサンは酔ってはいなかったということもあり得る。ところが，（1b）の drunk という描写述語を用いると，酔った風に見えるかどうかは問題ではなく，「イーサンが酔っている」ことが事実であるという意味になる。

　描写述語は（1b）のように主語である人や物の状態を表す「主語指向」のものと，（1c）のように目的語の状態を表す「目的語指向」のものがある。文型はいずれも S + V（+O）+A/N なので，主語指向であるか，目的語指向であるかは文脈で判断される。

More Movie Data

They're barbecuing! You see, I couldn't do that. Barbecue **naked**.

One Day『ワン・デイ　23年のラブストーリー』(2011)〈00:19:42〉

あの人たちバーベキューしてる。私にはできないわ、**裸で**バーベキューは。

> ! 描写述語 naked は，barbecue という行為をする人が barbecue をする時にどのような状態かを表す主語指向の描写述語である。

Virginia said I left **a stranger** and came back **a husband**.

The Bucket List『最高の人生の見つけ方』(2007)〈01:27:58〉

ヴァージニアはこう言った，「私は**他人のように**出て行ったが，**夫として**戻ってきた」と。

> ! 名詞句の a stranger と a husband が left や came back という行為の際の主語の状態を表している。英語では形容詞だけではなく名詞句も描写述語として使用できる。

I'll probably be back in a week, **penniless with dysentery**.

Eat Pray Love『食べて，祈って，恋をして』(2010)〈00:27:43〉

多分，1週間したら**無一文で赤痢になって**帰ってくるかもしれない。

> ! 主語の「無一文であること」と「赤痢になっていること」の2つの状態が，描写述語と with 前置詞句で表されている。

Solidify Your Studies

Food may be eaten **raw or cooked**, but most know that cooking can greatly improve the taste of food.

(熊本県立大学 2013)

食べ物は**生で**食べることもあれば，**加熱して**食べることもありますが，加熱することで味が格段に良くなることは多くの人が知っていることでしょう。

> ❗ raw と cooked が主語の状態を表す描写述語として使われている。学校英語では動詞 eat を使った描写述語を紹介することは少ないだろう。それにもかかわらず，今回のような入試用例が見つかるのである。描写述語は，入試では見かけるのに，学校英語では取り上げられることが少ない項目と言えるだろう。

  動作に伴う主語や目的語の状態を表すために，形容詞を最後に付けて wrap it up!

- I don't want to show up **empty-handed**. I think that's rude.
  手ぶらで顔を出したくないよ。失礼だと思うし。

- Is it better to drink green tea **hot**? I prefer to drink it **cold** though.
  緑茶は**ホットで**飲んだ方がいいですか。**アイスで**飲む方が好きなんですが。

5章
意味論と構文文法論

21. 強意句

Intensifiers

―― 誇張的な表現を使って程度のはなはだしさを伝える表現 ――

That man is scared **to death** that this year you actually might be smart enough to start trusting me.

Ford v Ferrari『フォード vs フェラーリ』(2019)〈01:10:14〉

あの男は**心底**恐れている。今年あなたが私を信頼するほどの賢明さがあるのではないかと。

Linguistic Tips

　日本語で「死ぬほど美味しい」と言えるように，英語にも結果構文の文末に現れる結果述語 (cf. 結果構文：pp. 174–175) が慣習化し，「結果」の解釈ではなく行為のはなはだしさを描写する副詞的な機能を果たす表現がある。これを強意句 (intensifier) と呼ぶ。たとえば，(1) の to death は本来的には「死に至らしめる」意を表すが，動詞 bore のように実際には「死に至る」結果が予測できない動詞と共起することで，比喩的な強意表現として動詞の行為を修飾することができる。日本語の「死ぬ<u>ほど</u>」と同様，英語でも死に至る解釈の可否が少しでも曖昧な場合は almost や nearly のような副詞を伴いうことで強意句の意味を際立たせる。また，実際に死に至る場合は literally（文字通り，本当に）などを伴うことで曖昧性を回避する(The sea turtle literally starved itself to death.(海ガメは本当に飢え死にした。))。

(1) a. I was bored **to death**.　　b. That story has been done **to death**.

　　　私は**死ぬほど**退屈だった。　　　その話は**何度も**繰り返されて**聞き飽きた**。

　のセリフは，レースに惨敗したシェルビーが責任の追及を受け，フォード社長に呼び出されるシーンである。シェルビーはエンツォ・フェラーリの目前でフォード車が最高速度を記録したことを引き合いに出し，フェラーリ側の恐れを強意句 to death でさらに強めてフォード社長に自身の続投を応じさせることに成功する。

　ほかにも (2a) のように〈V + the hell out of + 人〉を雛型とした表現や，(2b)のように to the moon and back などの表現も強意句として使われる。(2a) の「地獄」を表す the hell は，くだけた会話で強意句として挿入または代入語として使われることが多い。通時的に見ると，「意識を失う」を意味する the wits out of が定着し，その後 the hell のような罵り語が the wits の代わりに使われるようになったと考えられる。また，(2b) では「月まで行って帰ってくる」という途方もない距離を示すことで，動詞句が表す程度のはなはだしさを伝えていることがわかる。

(2) a. You scared **the hell out of** me.　b. I love you **to the moon and back**.

　　　めちゃくちゃ驚いたよ。　　　　　君を**とてもとても**愛しているよ。

More Movie Data

I respect **the hell out of** Reagan, but no one has shown the world the true power of the American presidency.　Vice『バイス』(2018)〈00:44:43〉

私はレーガン大統領を**とても**尊敬している。だが，アメリカ大統領の真の力を世界に見せつけたのは１人としていなかった。

> 下院院内幹事に就任したディックのセリフである。The hell が使われているのでくだけた印象を与えるが，相手を蔑む際のみならず相手を讃える際にも強意句として使われることがわかる。

No matter what happens, I will always love you **to the moon and back**.

Desperate Housewives『デスパレートな妻たち』(S7, E3) (2010)〈00:40:01〉

どんなことがあっても私はあなたのことを**ずっとずっと**愛してるわ。

> ホワニータが血のつながった娘ではないことがわかった時の母ガブリエルのセリフであり，どれだけ深く愛しているのかを伝えている。Linguistic Tips の (2b) でも示したが，この to the moon and back が強意句として使われる際には，I love you との共起が圧倒的に多い。

Solidify Your Studies

This was the cruelest blow of all for a night person like myself, and the class bored me **to death**, as I had foreseen.　（関西大学 2020）

これは私のような夜型人間には何よりの痛手であり，予期していた通り授業は**死ぬほど**退屈であった。

> ❗ 「死ぬほど退屈」という表現が大学入試の英文でも見つかった。心理動詞は人を主語にして受動態で使われることが多いが，今回は，bore（退屈させる）という心理動詞を能動態で使い，me を目的語にしており，その結果述語に to death を置いている。もちろん I was bored to death という形も可能である。

> 5-21   to death や to the moon and back を使って程度や距離のはなはだしさを意識しながら wrap it up!
>
> ● Don't sneak up on me like that. I was scared **to death**.
> そんな風にこっそり近づかないでよ。**死ぬほど**驚いたじゃない。
>
> ● No matter where you go, I will love you **to the moon and back**.
> 君がどこへ行こうと，君のことを**とてもとても**愛しているよ。

22. NPN 構文

NPN Construction
―― 同じ名詞を繰り返した表現 ――

Part one of the two part plan was that I should just get on with ordinary life, living it **day by day**, like anyone else.

About Time『アバウト・タイム　愛おしい時間について』(2013)〈01:39:24〉

2つある秘訣の1つは，ごく普通の生活を送るということだ。**毎日毎日**，ほかの人と同じように過ごしながら。

Linguistic Tips

　英語には year after year や step by step のように〈名詞 (N) + 前置詞 (P) + 名詞 (N)〉という形式をとり，様々な意味を伝える表現があり，これらの表現を総じて NPN 構文と呼ぶ。意味の面では (**1a-c**) のように前置詞によって多岐に渡るが，形式的な面では NPN 構文に共通する規則が見られる。×water after water などの質量名詞 (mass noun)，×the man for the man などの決定詞，×weeks by weeks などの複数形は NPN 構文で用いることはできない。

（1）a. **Forest after forest** is destroyed.

　　　森林が**次々と**伐採されている。

　　b. Naomi is making progress **day by day**.

　　　ナオミは**日に日に**成長している。

　　c. We've spoken on the phone but never **face-to-face**.

　　　私たちは電話で話したことはあるが**対面で**話したことはない。

　のセリフについて考えてみよう。タイムトラベルの能力を持つティムは父親から幸せになるための秘訣を教えてもらう。それは特殊な能力を持っていながら，通常の日々を着実に過ごすというものだった。この day by day は1日1日を刻むことで変化の過程を含意するのに対して，day after day は変化のない単調な日々を含意する違いがある。

　また，頻度は高くないものの後続する名詞を形容詞で修飾する場合もある。(**2a**) のように NPN 構文に内在する意味をより明示的に描写したり，(**2b**) のように，より詳細な意味を付け加えたりすることで，描写性を高める機能を果たしている。

（2）a. He started down on, **step by careful step**.

　　　彼は**一歩一歩慎重に**下り始めた。

　　b. They live **day after miserable day without hope**.

　　　彼らは**希望もなく悲惨な日々を**過ごしている。

More Movie Data

He doesn't answer when we knock on his door at Kirkland, and the closest I've come to dealing with him **face-to-face** is when I saw him on the quad and chased him through Harvard Square.

The Social Network『ソーシャル・ネットワーク』(2010)〈01:02:06〉

カークランドハウス（大学寮）のドアをノックしても返事がなく，彼と**面と向かって**話せるほど接近したのはクアッド（校舎）で彼を見た時で，ハーバードスクエアまで追いかけました。

> マーク・ザッカーバーグにアイデアを盗まれたと学長へ進言するウィンクルボス兄弟のセリフである。N to N のパターンでは to が「対峙」を表すことから，身体部位が多く用いられ，ほかにも shoulder to shoulder（肩を並べて），eye to eye（意見が一致して），toe to toe（向き合って）などがある。

We never go out, Jerry. We sit in that damn house, **day after day, month after month**.

Grey's Anatomy『グレイズ・アナトミー』(S7, E3)(2010)〈00:12:07〉

私たちは外に出られないの，ジェリー。あの家に**毎日，毎月**ずっとこもりっきりなのよ。

> 全身をイボが覆う病気にかかり，入院したジェリーへの妻のことばである。外見を気にして数年もの間ずっと家の中で引きこもった生活をしていたことを NPN 構文を使って表している。この用例のように，NPN 構文を重ねてより意味を強調することも可能である。

Solidify Your Studies

Time after time I have seen young people absorbed in goal-directed work stemming from their own initiative.

(立命館大学 2013)

若い人たちが自発的に目標を持って仕事に取り組む姿を，私は**何度も**見てきました。

> NPN 構文として time after time が使われている。これは「何度も」「繰り返して」という意味で，主に好ましくないことに使う。time and time（again）でもほぼ同じ意味を表すことができる。

5-22   day by day や face-to-face のように同じ名詞の繰り返しを意識しながら wrap it up!

● The seasons are changing and it gets warmer **day by day**.
　季節は移り変わり，**日に日に**暖かくなっています。

● We were strolling into the town when we came **face-to-face** with a famous movie star.
　街を散策していると，有名な映画俳優と**顔を突き合わせた**。

23. 度量句

Measure Phrases
── 物事を測る尺度に焦点をあてる副詞的名詞句 ──

Look, you just tell her that you missed her. Right, and then, you came **all the way** to Paris just to find her.

Fantastic Beasts: The Crimes of Grindelwald 『ファンタスティック・ビーストと黒い魔法使いの誕生』(2018)〈00:42:27〉

いいか, まず会いたかったと言うんだ。よし, それから, 君に会うために**はるばる**パリまで来たと。

Linguistic Tips

英語には (1) のように名詞句が副詞として使われ, 事態の尺度に焦点をあてる表現があり, これを「度量句」と呼ぶ。のセリフについて見てみよう。闇祓いとして復職したティナにパリまで会いにいこうとニュートとジェイコブが密航を企てているシーンである。ここでは all the way を使うことで, パリまでの距離や移動の労力を強調する表現となる。上記では省いているがセリフの合間にニュートの Right. という合いの手が入っている。

同様に, (1a) のように形容詞 thick の前に 1 inch という尺度を表す名詞句が位置し, 副詞的な役割を果たしていることがわかる。また, (1b) の five minutes も直後の形容詞 slow を修飾しており, 具体的な時間の尺度を表している。しかし, 全ての形容詞に度量句が共起するとは限らない。(1c) のように, 形容詞 heavy は原級のままでは five pounds をとることができない。一方, (1d) のように比較級 heavier や, too heavy のような強意副詞 (He is five pounds too heavy.) を伴った際には, 度量句との共起が容認される。このタイプの形容詞はほかにも young, expensive/cheap, rich/poor, hot/cold, large/small, fat/thin などがある。

(1) a. The board is **1 inch** thick.　b. The clock is **five minutes** slow.
この板は**1インチの**厚さです。　　　　この時計は**5分**遅れている。

c. *He is **five pounds** heavy.　d. He is **five pounds** heavier than John is.
彼は**5ポンド**重たい。　　　　　彼はジョンよりも**5ポンド**重たい。

次に (2) を見てみよう。通常, 「ゲップをする」という意の動詞 belch は生理的な行為を表す非能格動詞 (pp. 152–153) であり, 移動の解釈を要求する文では不適格となる。しかし度量句の all the way が目的語位置に現れると, belch に移動の意味が加わり適格な文となる。これは all the way が持つ尺度の意味と直後の前置詞句の意味と相まって, 行為の道のりに焦点をあてる機能を果たすことによる。

(2) Bill belched **all the way out** of the restaurant.
ビルはゲップをしながらレストラン**から出ていった**。

More Movie Data

Here, I brought you these, **all the way** from Syria. I found these exquisite dates in Jordan... and your favorite... olives from the Cyclades.

Sherlock Holmes『シャーロック・ホームズ』(2009)〈00:28:22〉

どうぞ，これは**わざわざ**シリアで買ってきたのよ。ヨルダンではこの最高のデーツ，そしてあなたの好物…オリーブはキクラデス諸島のものよ。

> **!** アイリーンがホームズの下宿に忍び込み，寝起きのホームズにお土産を渡すシーンである。旅行先で買ったものに all the way を使うことで遠さだけではなく，手間にも焦点をあてている。

You see these young couples laughing **all the way** to the altar.

Carnage『おとなのけんか』(2011)〈00:53:46〉

祭壇にまで笑顔で**進んでいく**若い新婚夫婦を見てみろ。

> **!** お酒を飲みながらマイケルとペネロペが夫婦喧嘩をするシーンである。ここでは幸せいっぱいのカップルが祭壇まで笑顔で進んでいく様子を all the way で際立たせている。ここでは，結婚生活や子育ての理想と現実が異なるという皮肉を込めている。

Solidify Your Studies

His marathon time at age 85, 3:56:34, is **more than an hour** slower than the 2:54:48 he ran in Toronto at age 73 in what is widely considered his greatest masters race.

(電気通信大学 2018)

85 歳の時のマラソンのタイムは 3 時間 56 分 34 秒で，73 歳の時にトロントで走ったマスターズレースでの 2 時間 54 分 48 秒より **1 時間以上も**遅かったのです。

> **❶** slower の前に an hour がきている例である。このような表現を知っておくことで「どれくらい遅れているか」を英語で表現できる。慣れるまでは違和感がある語順だが，たくさんの用例を目にすることで理解が深まるだろう。

> **5-23** 様々なタイプの動詞に all the way や the whole way が加わって移動に焦点をあてながら **wrap it up!**
>
> ● That dress came **all the way** from Paris.
>   このドレスは**はるばる**パリから取り寄せました。
>
> ● We talked **the whole way** to the restaurant and throughout dinner.
>   私たちはレストラン**に向かう途中**も，夕食の間もずっと話をしていた。

24. 場所の目的語

Locative Object

―― 偉業や困難性を含意する自動詞表現 ――

When I was 19, I attempted to become the first woman ever to **swim the English Channel**.

The Curious Case of Benjamin Button『ベンジャミン・バトン　数奇な人生』(2008)〈01:09:46〉

19歳の時，私は**英仏海峡を泳いで渡る**最初の女性になろうとしたの。

Linguistic Tips

　英語には本来自動詞であるにも関わらず，場所に関する語句を目的語にとることがあり，これを「場所の目的語」と呼ぶ。場所の目的語の特徴として，動詞によって示される行為の達成が困難であるという意味を含意する。(1) の例を比べてみよう。動詞 swim の場合は場所の目的語として the lake を容認するものの，比較的達成が容易である the pond では容認度が著しく低下する。同様に，動詞 jump も多少の困難を予測させる the fence は場所の目的語として認められるが，困難さを伴わない the stool は不適格となる。

(1) a.　John **swam the lake**.　　　　b.??John **swam the pond**.
　　　　ジョンは**湖を泳ぎ切った**。　　　　　ジョンは**池を泳ぎ切った**。

　　 c.　Jill **jumped the fence**.　　　d. * Jill **jumped the stool**.
　　　　ジルは**フェンスを飛び越えた**。　　　ジルは**椅子を飛び越えた**。

　この困難性や偉業を含意する理由に他動詞化が考えられる。本来，非能格動詞の swim は前置詞 across などを伴い，(2a) のようにするのが一般的である（cf. 非能格動詞と非対格動詞：pp. 152–153）。しかし，非能格動詞を他動詞化することで主語の意識的な行為に「目的語への働きかけ（他動性）」が加わり，対象となる場所全体にわたって意識的に動詞の行為を働きかける解釈となる。

(2) a.　John **swam across the lake**.　b.　John **swam across the pond**.
　　　　ジョンは**湖を泳ぎ切った**。　　　　　ジョンは**池を泳ぎ切った**。

　　 c.　Jill **jumped over the fence**.　d.　Jill **jumped over the stool**.
　　　　ジルは**フェンスを飛び越えた**。　　　ジルは**椅子を飛び越えた**。

　🎥のセリフについて見てみよう。デイジーが若かりし日に英仏海峡横断泳に挑戦したことをベンジャミンに話すシーンである。非常に困難な挑戦であったことを場所目的語を使うことで効果的に伝えている。この特性を活かし，本作ではもう一度同じ表現が終盤〈02:15:16〉に使われている点にも注目されたい。

More Movie Data

Late last night, you **climbed the walls** of our monastery... shouting out question about love, marriage and the meaning of life.

The Hangover Part II『ハングオーバー !!　史上最悪の二日酔い，国境を越える』(2011)〈00:47:00〉

昨日の深夜，君たちは寺院の**壁をよじ登って**大声で問うた。愛，結婚，人生の意味について。

> **!** 酒に酔って昨晩の記憶を一切思い出せないフィルらに，寺院の首領が真相を語るシーンである。酔った勢いで寺院の高い壁をよじ登り敷地内に侵入していることから，通常ではない手段に焦点をあてている。

Raphael got out. I don't know what happened. I think he **jumped the fence**.　Desperate Housewives『デスパレートな妻たち』(S4, E4)(2007)〈00:24:46〉

ラファエルが逃げ出してしまった。何が起きたのかわからないけど。**フェンスを飛び越え**たんだと思う。

> **!** いなくなった犬のラファエルを探すリーのセリフ。通常では飛び越えないフェンスを意図的に飛び越えることから，場所目的語として使われている例。動詞 jump にはほかにも jump the gun（フライングする，早まった行動をする），jump the {track / rails}（脱線する），jump the line（列に割り込む）のようなイディオム化した表現が多く見られる。

Solidify Your Studies

British Airways calls it Fast Track, a service that also lets high-paying passengers **jump the queue** at passport and immigration control.

（名古屋市立大学 2013）

ブリティッシュ・エアウェイズは，このサービスを「ファスト・トラック」と呼び，高額の支払いをする乗客は，パスポートや入国審査の列に**割り込みをする**こともできる。

> ❶ Don't jump the queue. はイギリスの空港や地下鉄で見られる標識だが，これも場所の目的語構文である。jump the queue は，「割り込み」という従来「悪いこと」とされている行為に対して「let O V 原形」の「許可」を表す使役構文が使われている点も興味深い。

---

  swim the English Channel のような偉業や jump the gun（フライングする）というイディオムを意識しながら **wrap it up!**

- Matthew Webb was the first known person to successfully **swim the English Channel**.
  マシュー・ウェッブは，**英仏海峡を泳ぎ切った**最初の人物として知られている。

- Let's not **jump the gun**. We had better do more research first.
  焦りは禁物です。もっと先に調査した方が良いでしょう。

25. 場所格交替
Locative Alternation
—— 前置詞句や目的語に現れる場所表現と意味の違い ——

It must have been a shock to discover that Mr. Murrow had **drained the water out of the pool**.

Good Night, and Good Luck. 『グッドナイト＆グッドラック』（2005）〈01:11:22〉

マロー氏が**プールから水を抜いていた**のを知ってショックだったに違いない。

Linguistic Tips

「場所格交替」とは，場所を表す名詞が目的語と前置詞句のどちらの位置にも生起できる構文の交替現象を指す。たとえば，「塗料を壁にスプレーする」という出来事は，（**1a**）のように移動の対象（paint）を目的語にとり，塗る場所（the wall）を前置詞句で示す構文と，（**1b**）のように塗る場所を目的語にとり，移動の対象となる塗料を前置詞句で示す構文の2つの構文で描出することが可能となる。塗る場所を前置詞句で示す際には onto などの前置詞を伴い，特に場所全体を意識する場合には over なども可能となる。一方，移動の対象を前置詞句で示す際には材料を表す with をともなう。

（1）a. He **sprayed paint onto the wall**. ⇔ b. He **sprayed the wall with paint**.
　　　　彼は**壁にペンキを塗った**。　　　　　　　　　　彼は**ペンキで壁を塗った**。

2つの構文は談話構造と意味の観点で違いが生じる。談話構造の観点では，前置詞句で示される語句は新しい情報・重要な情報として導入され，話題の焦点となる。意味の観点では，（**1a**）のように場所が前置詞句で示される場合は，壁全体にペンキが塗られたか否かは中立的であるが，（**1b**）のように場所が目的語に現れた際は壁全体にペンキが塗られた解釈が優勢となる。

🎥 のセリフは，CBS の人気キャスターであるマローがテレビ番組を通してマッカーシー上院議員を敗北へ追いやるシーンである。ここでは，マッカーシーの口撃を高飛び込みにたとえ，マローがプールの水を抜くことで相手を自滅させるという比喩表現として使われている。

また，自動詞でも場所格交替が可能となる場合がある。（**2a**）では，anger を主語にとり，場所を表す his eyes が前置詞句で示されている。一方，（**2b**）では場所を表す his eyes が主語として現れ，anger が材料を表す with 句で示され，主語と前置詞句との交替が起きている。

（2）a. **Anger blazed in his eyes**. ⇔ b. **His eyes blazed with anger**.
　　　　怒りが彼の目の中で燃え上がった。　　　**彼の目は怒りに満ちていた**。

More Movie Data

Excuse me, sir. Mr. Gatsby, I'm gonna **drain the pool** today, before the leaves start falling in.　　　The Great Gatsby『華麗なるギャツビー』(2013)〈01:58:33〉

ギャッツビー様，本日**プールの水を抜こ**うと思います。葉が落ちる頃ですので。

> **!** 場所の the pool を目的語にとる構文の例。本来であれば the pool of water となるが，プールを満たす液体は水であることが自明であることから of water が省略されている。このシーンでは，使用人がプールの水を全部抜くことを意図していることがわかる。

The grounds are **crawling with Death Eaters and Dementors**.

Harry Potter and the Deathly Hallows: Part 2『ハリー・ポッターと死の秘宝　PART2』(2011)〈00:31:40〉

校庭には**デスイーターとディメンターがうようよしている**。

> **!** ホグワーツ魔法術学校へと続く抜け道を歩きながらネビルが話すシーンである。場所の the grounds が主語になることで，ホグワーツ魔法術学校の校庭がデスイーターとディメンターでいっぱいになっていることを含意している。

Solidify Your Studies

Citra started working at the fruit market in Jakarta when she was ten years old. Customers at the market give her a little money to carry their shopping back to their houses or cars. She carries **a huge basket loaded with fruit and vegetables** on her head all day.　　　(京都光華女子大学 2013)

シトラがジャカルタの果物市場で働き始めたのは 10 歳の時。市場の客は彼女にわずかなお金を渡して，買い物を家や車まで運んでもらう。彼女は 1 日中，**果物や野菜を積んだ大きなカゴ**を頭に載せて運んでいます。

> **❶** この例では，load a huge basket with fruit and vegetables が元の形で，a huge basket を場所に見立てている。この場合，果物と野菜でカゴがいっぱいになっている解釈が優勢になるだろう。

 5-25 pack somewhere with somethingとpack something into somewhere の意味の違いを意識しながら **wrap it up!**

● We will **pack the lecture with an exciting line-up of interesting speakers**.
私たちは**興味深い発表者たちで講演会を盛り上げて**いきます。

● He **packed a lot of sightseeing into our weekend in London**.
彼は**ロンドンでの週末にたくさんの観光を詰め込んだ**。

26. 焦点化詞修飾
Focus Association
──離れた場所にあるものでも修飾する only や even──

Rose: And you can **only** do it **with a magnet**?
Cartier staff: **Only the magnet**. Ocean's Eight『オーシャンズ8』(2018)〈01:02:40〉

ローズ：**磁石だけでこんなことができるの？** 店員：**この磁石だけです。**

Linguistic Tips

英語には only や even などの副詞によって焦点となる語句を修飾する方法がある。学校文法では only などの副詞は修飾する表現の直前に置くと教わることもある。しかし実際には，(1) のように，副詞が現れる典型的な位置である主語と動詞句の間に現れて，動詞句内の語句を修飾することが多い（ただし，even は only と異なり，主語と動詞句の間の位置で主語を修飾することも可能である）。

(1) She **only** buys wine.

    a. 動詞句：She **only** [**buys wine**]   **b.** 動詞：She **only** [**buys**] wine

    c. 目的語：She **only** buys [**wine**]

しかし，動詞句内に修飾され得る句が複数存在する場合，1 文を見るだけではどれが焦点として修飾されているのか判別が難しい。そのため，韻律（prosody）や前後の文脈による判断が必要である。たとえば，(1) には only が修飾できるものが 3 つ存在する。(1a) は，たとえばパーティーの準備で，「料理を作る」「飾り付けをする」などのほかの役割もある中，「ワインを買う」行為以外は何もしないという意味を表す。この場合，buys wine に強勢が置かれる。(1b) は，ワインに対する動作として考えられる「買う」「飲む」「収集する」などの中で，彼女がするのは「買う」ことだけだという意味になる。この場合は，buys に強勢が置かれる。(1c) は only が離れた位置にある目的語の wine を修飾しており，買うものがいつも「ワイン」だと伝える場合である。この場合，ほかの食料品や飲料と対比して wine が焦点になり，強勢が置かれる。

🎥 の例は，カルティエの金庫にある国宝級ジュエリーを着脱するシーンである。only が動詞句内の付加部で離れた位置にある with a magnet を修飾して，「磁石のみで（そのネックレスを外すことが）できる」という意味になる。次の only は名詞句の the magnet を修飾し，それができる唯一の磁石だと強調している。上述のように，only や even は離れた位置にあるものも修飾できるため，何が焦点であるかの判別には，韻律や文脈などの文法面以外からの判断も必要である。

More Movie Data

Guys really **only** care about **photos**.

I Feel Pretty 『アイ・フィール・プリティ！　人生最高のハプニング』(2018)〈00:32:09〉

男って本当に**写真にしか**興味ないのね。

> **!** only が離れた位置にある about の目的語の photos にかかっている例である。この映画には〈00:09:57〉にも No one even looks at the profile.（誰もプロフィールさえ見ないのね。）という例があり，ほかの情報もある中で，プロフィールにさえ関心がないことが強調されている。

Two rules. First, **only** raise your hand **once a class**, no matter how many answers you know.
Wonder 『ワンダー　君は太陽』(2017)〈00:13:16〉

ルールは 2 つ。1 つめは，どんなにたくさん答えがわかっても，手を挙げるのは**1 つのクラスで 1 回だけ**。

> **!** only が離れた位置にある副詞句の once a class を修飾している例である。

Solidify Your Studies

If you're angling for sympathy, you might be better off seeking it from a more spiritual source such as from Buddha（born c. 6th-4th century BCE）. He **even** looks **more sympathetic**, with that beatific smile.

（札幌医科大学 2020）

もし共感を求めるのであれば，ブッダ（紀元前 6 世紀から 4 世紀生まれ）のような，よりスピリチュアルなソースに求めた方がいいかもしれません。ブッダは満面の笑みで，**より共感しているようにさえ**見えます。

> ❶ more sympathetic が焦点化されており，それを even が修飾している。even more sympathetic のように even は比較級の強調のためにその直前に置かれるはずだが，この例では He と looks の間に置かれている。そして「より共感しているようにさえ」という意味になるので注意が必要である。

5-26 リモートで目的語を修飾する only と even の例で wrap it up!

- I don't know why I can't lose weight. I **only** eat **salad**.
  なんで痩せないのかわからない。**サラダしか**食べてないのに。

- I don't **even** know **where to go**.
  どこに行けばいいのかさえわからない。

27. 身体部位所有者上昇構文

The Body-part Possessor Ascension Construction

── 叩いたり蹴ったりするターゲットを 2 段階に分けて述べる表現 ──

> You did not get in trouble because you **punched this sneaky brat in the face**, not at all. You got in trouble because you **punched this sneaky little brat in the face** in front of other people.
>
> Black Mass 『ブラック・スキャンダル』(2015)〈00:20:50〉
>
> **その卑怯な野郎の顔を殴った**からマズいんじゃない。**その卑怯なガキの顔を殴ったのが**, みんなが見ている前だったからマズいんだ。

Linguistic Tips

英語では,「トムはジョンの顔を殴った」を表す文が 2 パターン存在する。ひとつは Tom punched [John's face]. という「SVO」の型にするもの, もうひとつは Tom punched [John] in the face. のように「S + V + 相手 + 前置詞 + the + 身体部位」の語順にするものである。後者は, 身体部位の「所有者」のみが目的語になるために「(身体部位)所有者上昇構文」と呼ばれ, 身体部位の直前は(所有格などではなく)the にすることが求められる。🎥 のセリフでも, 先に殴るターゲット (= this sneaky (little) brat) を述べ, 次に具体的な身体部位 (= the face) が現れていることがわかる。

この構文では, hit/pat (叩く), kick (蹴る), catch/grab (つかむ), shoot (撃つ), stab (刺す) など, 相手の身体部位に物理的に接触する他動詞がよく用いられるが, look 人 in the eye (目をまじまじと見る) などの自動詞の例もある。前置詞は, その接触の仕方に応じて by, in, on, over など様々なものが用いられる。

(1) a. Tom caught John's arm. ⇔ Tom caught **John by the arm**.
   トムは**ジョンの腕を**つかんだ。

   b. Tom kissed Susan's cheek. ⇔ Tom kissed **Susan on the cheek**.
   トムは**スーザンの頬に**キスをした。

この 2 つの文の意味的な違いは, SVO 型は身体部位に, 所有者上昇構文は人に焦点があたるとされる。よって (1b) の場合, この構文を使うと「スーザンにキスをした」ことが重要な情報になる。またこの構文では, 目的語が生物であること, 及び the の後ろが生物の(譲渡不可能な)身体部位であることが大事なので, *Tom kicked the table on the leg.(トムは机の脚を蹴った。)や, *Tom hit John on the backpack.(トムはジョンのリュックを叩いた。)といった文は認められない。

More Movie Data

And then she returned home and **stabbed me in the eye**.

Avengers: Infinity War『アベンジャーズ　インフィニティ・ウォー』(2018)〈00:31:40〉

そして彼女が帰ってきて，**俺の目を刺した。**

> **!** 幽閉から放たれた姉との戦闘の末に片目を刺された話者は，このセリフの発話時に，実際に右目に眼帯をしている。「家族というものは厄介だな」という文脈での会話なので，刺された「身体部位（＝目）」よりも，刺された「人（＝弟である自分）」に焦点があると言える。

Because I want you to **look me in the eyes** and tell me why you betrayed Wakanda.

Black Panther『ブラックパンサー』(2018)〈00:04:59〉

なぜなら君に，**私の目をちゃんと見て，**なぜワカンダを裏切ったのかを教えてほしいんだ。

> **!** 自動詞である look は，本来は直接目的語をとらないが，所有者上昇構文になることでそれが可能になっている。このセリフでは，「目をしっかり見る，まじまじと見る」といった意味で使われており，所有者上昇構文ではない形は look in my eyes だと考えられる。

Solidify Your Studies

The surfers thanked him repeatedly for the warning and **patted him on the back**.

（滋賀大学 2017）

サーファーたちは，警告してくれたことに何度も感謝し，**彼の背中を叩いた。**

> **❗** pat は「ポンと叩く」という意味なので，ここでは感謝の意を表して背中を叩いている。大学入試問題では「pat O + 前置詞 + the+ 身体部位」以外に pat one's shoulder や pat one's head の例も同じように見られた。

  「つかむ」系の動詞と，接触部位を表す前置詞を確認しながら wrap it up!

● I looked back when someone **pulled me by the hand**.
  誰かが**私の手を引っ張った**ので，私は背後を見た。

● The doctors **grabbed the patient under the shoulders** because they had to flip him and check his back.
  ひっくり返して背中を調べるため，医者たちは**患者の肩の下をつかんだ。**

28. 同族目的語構文
Congnate Object Construction
── 同じ意味の動詞と目的語で意味を深める表現 ──

 Just get out of this racket. Settle down with Winnie. **Live a happy life** somewhere. Wall Street: Money Never Sleeps 『ウォール・ストリート』 (2010) 〈01:35:06〉

もうこんな仕事からは手を引いて，ウィニーと落ち着いて，どこかで**幸せに暮らせよ。**

Linguistic Tips

通常，自動詞として扱われる動詞が，その動詞と同じような意味を持つ名詞句を目的語としてとり，ほかの他動詞構文と似たような振る舞うことがある。このような構文を「同族目的語構文」と呼ぶ。この構文の意味と統語的構造については，興味深い事実がたくさん指摘されており，多くの研究者が様々な見解を提示している。

まず，意味の点では，この構文の目的語名詞句内には形容詞を有することが多く，名詞句は動詞と塊のようになり，名詞句に含まれる形容詞は動詞句全体に及び副詞のように解釈される。たとえば，のセリフでは，自動詞 live が目的語 a happy life をとっているが，この場合 happy は副詞として解釈され，he lived happily. とほぼ同意を表す。一方で，ある研究者は，次の映画の例で見る fight the good fight のような動詞句は，good は副詞的意味を持たず，fight well と同意にはならないと述べている。

統語的構造の点ではのセリフにある目的語名詞句は一見目的語のように見えるが，通常の他動詞構文とは異なり，受動化された*A happy life was lived by him. は容認されない。しかしながら，(1)に示すように同族目的語以外の名詞句を目的語にとることができるような動詞 (dance) が現れる場合は，(1c) のように受動化が容認される。

(1) a. Jane **danced a jig**.　b. Jane **danced a merry dance**.
　　ジェーンは**ジグを踊った。**　　ジェーンは**陽気なダンスを踊った。**

　　c. **This merry dance has been danced** by millions of people.
　　多くの人が**この陽気なダンスを踊っている。**

以上のような奇妙な現象から，この構文の目的語は他動詞と同じように目的語として機能しているのか，それとも付加語であるのかなど，目的語内の形容詞の意味や動詞句内の統語的構造などは明らかになっておらず，より多くの用例の収集と説明が求められている。

More Movie Data

What they do know is Martha **died a violent death**.

Desperate Housewives『デスパレートな妻たち』(S1, E12)（2005）〈00:10:26〉

彼らがわかっていることは，マーサの**死は壮絶だった**ということです。

> ！ die は通常自動詞で用いられるが，名詞である death を目的語にとり，violent で修飾されている。この場合は，violent は副詞的な意味が弱く，述語補部のような役割をしている。

I thought I'd **fight the good fight**… protect the innocent and prosecute the guilty.

Any Day Now『チョコレートドーナツ』（2012）〈00:20:45〉

罪のない人を守って，悪い奴を訴えるために，**必死に戦お**うと思った。

> ！ 動詞 fight が目的語として名詞 fight をとり，慣用句のような表現で表している。

Mike's is always on me about doing the right thing, and now he's out there, **walking the walk**, and the least I owe him is to think about right and wrong once in a while.

Suits『スーツ』(S9, E7)（2019）〈00:13:41〉

マイクはいつも私に正しいことをやれと言っていた。彼は今まさに，その**言ったことを実行している**。彼が言うように私も，時には善悪の区別を考えないといけないということだ。

> ！ 自動詞 walk に目的語として the walk をとっている。ここでは，「言ったことを実行する」という意味のイディオムとして現れている。

Solidify Your Studies

She threw back her head and **laughed a cruel laugh**.

（成蹊大学 2014）

彼女は頭を後ろに投げ出し，**残酷な笑いを浮かべた**。

> ❗ laugh a cruel laugh で「残酷な笑いを浮かべる」である。同族目的語のバリエーションは大学入試でも多く見られる。

5-28 「ため息」と「笑い」に形容詞を付けて同意の動詞をより豊かにする表現で wrap it up!

- Mary **sighed a weary sigh** from her exhausting work.
  メアリーは激務で**疲れ切ったため息をついた**。

- Justin **laughed a hoarse laugh** and got out of the room.
  ジャスティンは，**シワガレたような声で笑って**，その部屋から出ていった。

29. JB-X DM-Y 構文

JB-X DM-Y Construction

── 相手の推論を否定しながら自分の主張につなげる表現 ──

 I'm saying, **just because other Negroes enjoy certain types of music, it doesn't mean I have to**. Nor do we all eat the same kind of food. Green Book『グリーンブック』(2018)〈00:51:11〉

私が言っているのは，**ほかの黒人が特定の音楽を好んでいるからといって，私がそうである必要はない**，ということだ。まして，私たち全員が同じような食事をとっているわけじゃない。

Linguistic Tips

　JB-X DM-Y 構文は〈Just because ... , (it) doesn't mean ...〉を雛型とする表現で，特に話しことばで使用される。主節の it が音声的に脱落し，that 節主語のように just because 節が主語位置に現れることもある。その意味としては「X が成立するからといって，Y が成立するわけではない」という推論否定（inference denial）を表し，その結果として「Y は誤りである」という推意を導く。

　JB-X DM-Y 構文の「構文」らしさは，推論を導く because 節が主節に先行するところにある。(1)の例を見てみよう。推論を意味する because 節は本来，主節の後ろに現れ，(1b)のように主節の前に置くと不適格となる。しかし，JB-X DM-Y 構文はこれにあてはまらないことから，通常の推論を意味する because 節とは異なる特徴があることがわかる。

(1) **a.** It has rained, because the ground is wet.

　　　　雨が降ったのでしょう。地面が濡れていますから。

　　b. * Because the ground is wet, it has rained.

　🎥のセリフについて考えてみよう。これは黒人の天才ピアニストであるドクによるセリフであるが，少し前にトニーから「黒人の歌手はみんなあんたの仲間だろ。」と投げかけられており，「同じ黒人であれば同じ音楽を好むに違いない」という推論を話し手が想定していることがわかる。この「黒人は皆同じ音楽を聴くだろう」という推論の根拠を Just because で特定しながら文頭に取り出し，「だからといって，私も同じ音楽を聴くとは限らない」とこの推論関係を否定することで，話し手の想定する推論が誤りであることを効果的に示しているのである。

　このように JB-X DM-Y 構文は聞き手が想定する推論を先読みし，その推論が間違っていることを伝えることで自身の主張に引き込む「呼び水」の機能を果たすため，自らの主張を訴える場面やプレゼンテーションにおいて非常に効果的に用いられる。

More Movie Data

Just because you cannot see something, does not mean it's not there...

Pirates of the Caribbean: Dead Men Tell No Tales 『パイレーツ・オブ・カリビアン　最後の海賊』(2017)〈01:00:12〉

何も見えないからといって，そこに何もないとは限らないわ。

> 呪いによって会うことができない父親について思いを馳せるヘンリーに，カリーナが自身の生い立ちや宿命を重ねているセリフである。目には見えないが，呪いを解く方法は必ず存在しているという強い気持ちが込められている。

Alright, um, now then, remember **just because you made the team last year… does not guarantee you a spot this year**.

Harry Potter and the Half-Blood Prince 『ハリー・ポッターと謎のプリンス』(2009)〈00:45:13〉

よし，それじゃあ，覚えておいてほしい。**去年チームに選ばれたからといって，今年も出場できるという保証はないからね。**

> クィディッチの試合に向けた練習で，ハリーが選手の気持ちを引き締めるシーンでのセリフである。「去年も出場したから今年も選ばれるだろう」という選手の気持ちの緩みを先読みしていることがわかる。主節の it が脱落するパターンの例。

Solidify Your Studies

Just because introverts are drained by too many external stimuli doesn't mean they don't want to hang out with other people.

（慶應大学 2021）

内向的な人が，過多な外部からの刺激にうんざりしてしまうからといって，人付き合いがしたくないわけではありません。

> 「内向的な人が人付き合いをしたくない」という推論的根拠となる「外部からの刺激にうんざりする」を just because を文頭に出して否定している。聞き手が想定する推論（内向的な人は人付き合いが苦手）を先読みし，その推論を否定しているのである。

5-29 相手が想定している推論を思い浮かべ，それを just because で否定することを意識して **wrap it up!**

● **Just because he is older doesn't mean he is smarter than me**.
彼の方が年上だからといって，私よりも賢いとは限らない。

● **Just because your heart feels heavy, it doesn't mean you are weak**.
心が重く感じるからといって，あなたが弱いわけじゃない。

201

使役動詞の分類
―― 『アメイジング・スパイダーマン 2』からの 3 使役動詞 ――

　使役動詞と聞くと，make や have や let などを思い浮かべる英語学習者がほとんどで
はないでしょうか。この囲み記事では，『アメイジング・スパイダーマン 2』(The Amazing
Spider-Man 2, 2014) からの例（**1-3**）で 3 種類の使役動詞を整理しましょう。

(1) **I'm already dying. Your blood can't <u>make me die</u> more.** 〈01:21:36〉
　　僕はどのみち死ぬ身だ。君の血液が適合しなくても，**死ぬ**ことに関しては全く変わりない
　　だろ。

(2) **You want me to come down there so you can <u>kill</u> me!** 〈02:12:10〉
　　私を**殺す**ために，私に目の前まで来てほしいのか！

(3) **You do <u>realize</u> you locked me in a prison that runs on electricity?**
　　　　　　　　　　　　　　　　　　　　　　　　　　　　　　　　〈01:14:29〉

　　　貴様は，電流留置所に俺様を閉じ込めたことを**忘れていねえ**だろうな。

（**1**）の make を始め，have, let, get, cause などは学校文法でもお馴染みの使役動詞です
が，厳密には分析的使役動詞もしくは迂言的使役動詞と呼ばれます。一方，（**2**）の kill の
ような使役動詞は，語彙的使役動詞と分類されます。その理由は，語彙の意味の中に「死
に至らしめる」(cause to die) という使役の意味が含まれているからです。ほかには，
open（開ける：cause to open), raise（上げる：cause to rise), stop（止める：cause
to stop）なども類例（cf. 非能格動詞と非対格動詞：pp. 152–153）です。さらに，（**3**）
のような変種もあり，形容詞に en-, -en, -ify, ize などの使役を表す接辞を付けて形態的に
派生していることから形態的使役動詞と呼ばれます。たとえば，enlarge（拡大する：cause
to be large), quicken（速める：cause to be quick), clarify（明確にする：cause to be
clear), realize（実現させる：cause to be real) などです。

　ちなみに，（**1**）と（**2**）には「死に至らしめる」(cause to die) という意味がありますが，
用法は微妙に異なります。（**1**）の make me die はこの用例のように死が迫っている文脈
でしか使えませんが，（**2**）の you can kill me には特にそのような文脈上の制約はありま
せん。使役動詞の分類についてうまく整理できたでしょうか？

6章

言語と文化

最後に本章では，社会事情を反映する文
化が言語にどのような影響を与えたか，
また談話や場面に応じてどのように表現
が使い分けられているのかについて，扱
います。

1. 三人称単数の人称代名詞 they

Singular "they"
─ジェンダー・ニュートラルな英語の一例─

 You can't blame **someone** for **their** lack of basic moral fiber.

The Grand Budapest Hotel『グランド・ブダペスト・ホテル』(2014)〈01:09:45〉

基本的な道徳的資質が欠けているからといって**誰か**を責めることはできないよね。

Linguistic Tips

　三人称複数の人称代名詞 they（their, them）は，指示対象となる人物の性別が特定できない場合に，単数の代名詞として用いることができる。具体的には，先行詞が someone, everyone, anyone などの不定代名詞の場合や，a person などの総称的な意味を表す単数形の名詞句の場合に，それらを受けて「（その）人」の意味を表す。🎥のセリフは前者の場合で，所有格の their が直前の someone を受けている。

　このような性別不特定の語句を人称代名詞で受ける場合，従来は三人称単数の he（his, him）が用いられていたが，特に 70 年代以降，男性を指し示す語が総称的に用いられるのはジェンダー・ニュートラルの観点から望ましくないとされ，その代わりとして they が使用されるようになった。かつては文法的に誤りであると批判されることもあったが，現代の標準英語においては広く一般的に受け入れられており，話しことば・書きことばを問わずフォーマルな場面でも用いられる。

　また，近年では性的マイノリティに対する社会的な理解が深まり，その流れの中でノンバイナリーな個人（自己の性認識が男女のどちらにも明確にはあてはまらない人）を指してこの they が用いられる場合も増えてきている。この動きを受けて，2019 年 9 月，『アメリカ英語辞典』で有名なメリアム・ウェブスター社は，自社の辞典における they の項目に "used to refer to a single person whose gender identity is nonbinary"（性認識がノンバイナリーな単数の人物を指して用いられる）という語義を新たに追加した。they は同社の 2019 年度「今年の単語」にも選出されている。

　なお，下記（1）が示すように，性別を区別することが有意義と思われる文脈では年代を問わず they ではなく he あるいは she が用いられる。

（1）That was the first time **someone** went to court to challenge **his or her** prescribed gender role.

On the Basis of Sex『ビリーブ 未来への大逆転』(2018)〈01:45:54〉

誰かが**彼または彼女に**一方的に課された性役割に異議を唱えようと裁判を起こしたのはその時が初めてでした。

More Movie Data

Gru: It's me! Gru.

Dru: And me! Dru. I hug **everybody** whether **they** like it or not.

Despicable Me 3『怪盗グルーのミニオン大脱走』(2017)〈00:43:12〉

グルー：俺だよ！　グルーだ。

ドルー：そして僕！　ドルーさ。僕は**みんな**をハグするよ。喜んでもらえるかどうか関係なくね。

> ！ everybody を they で受けている例である。everybody，everyone は意味的には複数であるが，文法的には単数扱いである点に注意してほしい。

How can **anyone** get lost in **their** own hometown?

The Reader『愛を読むひと』(2009)〈00:16:43〉

どうやったら**自分**の住む町で道に迷えるの？

> ！ anyone を their で受けている例である。

Now, when **a person** dies, **their** DND is recycled.

Æon Flux『イーオン・フラックス』(2005)〈00:57:47〉

今は**人**が死ぬと，**その** DNA が再利用されるんだ。

> ！ 総称的な a person を their で受けた例である。

Solidify Your Studies

Everyone will want to get some souvenirs, won't **they**?　（共通テスト 2021）

みんなお土産が欲しいのでしょうね。

> ❗ 主語が everyone の付加疑問文で，won't they で受けている例である。大学入試の共通テストでもジェンダーニュートラルな表現が好まれることがわかる。

  不定代名詞 everyone と総称的な意味を表す〈the ＋単数名詞〉を their で受けて **wrap it up!**

- **Everyone** has **their** own way of doing things.
  誰もが自分自身の物事のやり方を持っている（＝**誰にでも自分**自身の物事のやり方があるものだ）。

- A recent study shows that **the average person** checks **their** phone 262 times per day.
  最近のある研究によると，**平均的な人**は 1 日に 262 回も携帯電話をチェックするとのことだ。

2. 性差撤廃の一例

Toward Gender-free Occupational Names
―― ジェンダー・フリーな職業名への移行 ――

Jack: Greg is **a male nurse**.　Greg: That's right. Thank you, Jack.

Meet the Parents『ミート・ザ・ペアレンツ』(2000)〈00:54:51〉

ジャック：グレッグは**男のナース**だ。グレッグ：その通りだよ。ジャック，(嫌味を)ありがとうね。

Linguistic Tips

　日英語ともにジェンダー・フリーな職業名への動きが加速している。近年，日本語では「保母」という職業は「保育士」という男女が共用できる表現に変わった。また「助産婦」も「助産師」という性差を暗示しない新称に進化した。

　一方，「医師」は当初からジェンダー・フリーな職業名でありながら，伝統的に「女医（女性医師）」という名称はあるが，「男医（男性医師）」とはいわないことを考えると，「医師」は男性優占な職業だという意識はまだ完全には払拭されていないのかもしれない。🎥 のセリフの nurse という職業名も形態上，性差がない中立的な名前ではあるが，20世紀の後半までは「女性の職業」という意識が強かったようで，21世紀の当初はまだ a male nurse という表現を使う超保守的な考えの人もいたことがうかがえる。ジャックは娘婿のグレッグの本職である「ナース」は女の仕事だという頑固な考えを持っているために，このような上から目線の発言をしている。元婚約者のラリーも男がナースの業務をするのは正職ではなく，ボランティア活動だと決めつけるセリフを吐く。映画から20年以上が経過した現在は日英語ともに「看護師＝女性の仕事」という古い考えはなくなっているが，このような時代もあったことを示す好例である。

　このように20世紀後半まで遡ると，男女平等から程遠いとやり玉にあがった職業名が映画にも散見される。その中でも顕著な例の中に -man という接尾辞が付いたドイツ語由来の男性の仕事を暗示する職業名があり，anchorman ⇒ anchor, cameraman ⇒ photographer, chairman ⇒ chair, fireman ⇒ firefighter, policeman ⇒ police officer, spokesman ⇒ spokesperson のように，総じて現代では名実共に性差のない職業名に進化している。一方，「小さい」という意味も含意するフランス語由来で女性の仕事を明示する職業名（actress 女優, governess 女性家庭教師, hostess 女性の接待役, stewardess スチュワーデス, waitress ウェートレス）の -ess は女性の行為者を示す接尾辞であるが，性差のない表現（e.g. flight attendant）や元々は男性の行為者を表す -er や -or（e.g. actor, waiter）を伴う職業名に一本化される傾向にある。

More Movie Data

Mr. Martin: I'm still waiting on that drink. Are you the **stewardess**?

Dr. Shepherd: We're called **flight attendants** now.

Grey's Anatomy 『グレイズ・アナトミー』(S2, E10)（2005）〈00:05:38〉

マーチン氏：酒をいつまで待たせるんだ！　頼んだのは君だったかな，**スチュワーデス君**！

シェパード医師：今では私たちは**客室乗務員**と呼ばれています。

> ! 脳内出血で譫妄状態の患者の時代錯誤な職業名の使用に，医師がおどけて答えている。

What she is saying is she is not Guinevere, because she's an **actor**, okay?

So am I. Night at the Museum: Secret of the Tomb 『ナイトミュージアム　エジプト王の秘密』(2014)〈01:09:22〉

グィネヴィア本人ではなく，グィネヴィアを演じている**俳優**だと彼女は言っているのさ。僕も同じく俳優だ。

> ! 歴史上の人物ランスロットが「アーサー王」のミュージカルに乱入したシーンである。最近は女優も actress ではなく，actor と呼ばれることが多い。

Of all the **anchors**, you were, by far, the greatest reporter.

Morning Glory 『恋とニュースの作り方』(2010)〈00:13:16〉

報道番組の司会者は大勢いますが，あなたは群を抜いて最高のキャスターでした。

> ! この映画でジェンダー・フリーな anchor は 12 回使われる。伝説の初老キャスターのマイク・ポメロイのみが昔風の anchoman を使い，時代の違いを示している。

Solidify Your Studies

The **mail carrier** laid the packages on the steps so that she could ring the doorbell.

（津田塾大学 2019）

郵便配達員は，ドアベルを鳴らすために階段に荷物を置いた。

> ! 「郵便配達員」はかつて mailman と呼ばれたが，mail carrier というジェンダー・フリーな表現が選択されている。

  6-2 時代の流れに合わせた，ジェンダー・フリーな職業名で wrap it up!

- The **firefighters** put out the factory blaze in three hours.
  その**消防士たち**は工場の火災を 3 時間で鎮火させました。

- The **police officer** asked us to pull over to the side of the road.
  その**警察官**は私たちに道路わきに車を寄せて止まるように言った。

3. フレーム

Frame

──経験から得られる背景知識の枠組み──

Paul: That's called parkour. It's a French martial art to get you around and over stuff.

Jimmy: What are you, **Wikipedia**?

Cop Out『コップ・アウト　刑事（デカ）した奴ら』(2010)〈00:32:49〉

ポール：あれはパルクールと呼ばれるものだ。障害物を避けたり跳び越えたりするフランスの武術だ。

ジミー：何なんだお前，**ウィキペディア**か？

Linguistic Tips

　文化や社会が変わると，その背景知識の影響を受けることばも変わる場合がある。たとえば，「賄賂」を表す慣用表現である日本語の「袖の下」に対して，英語では money under the table という表現を使うことがある。日本では元々着物文化が，英語圏ではテーブル文化が関係していることは想像に難くない。ほかにも日本語では「相撲」を背景にした「横綱相撲」や「ガチンコ」「いなす」などの表現が日常会話でも使われる。一方，英語ではクリケット，野球，バスケットボール，アメリカンフットボールなどを背景とする表現が散見される。このような背景知識の枠組みを「フレーム」と呼び，以下のような共起関係を生み出す原動力にもなっている。

　（1）　**a. a healthy exercise**（健康に役立つ運動）**b. an organic shop**（オーガニック店）

（1）の主述関係は字義通りには「運動が健康的だ」「店が有機的だ」となり不自然になる。ところが，上記の意味で容認されるのは，各々「『運動』は身体に関わる」，「『店』は商品に関わる」というフレームが機能しているからである。このように，フレームの中でも「その語から想起される知識の総体」を「百科事典的意味」というが，「社会や時代に応じてフレームは変わる場合がある」ということにも注意しよう。たとえば，「彼は狸だ」は英語では He is as cunning as **a fox**.（彼は狐のように狡猾だ。）と表現される。前者が「狸＝腹黒い」の百科事典的意味を持つのは，日本社会には「狸は人を化かす」という昔話のフレームが根づいているからである。

　🐾のセリフについて考えてみよう。Wikipedia はフリーの多言語インターネット百科事典であり，ここでは「多くの情報・知識を持つもの」という百科事典的意味が喚起されている。従来であれば a living/walking dictionary（生き字引／歩く辞書）が担っていた役割が時代・テクノロジーの発展と共に変遷し，私たちのフレームも変わってきたと言えるであろう。

More Movie Data

Marty: You think this kid could fix my credit score?
Sam: Kid's a computer wiz, not **Harry Potter**.

NCIS: Los Angeles 『NCIS: LA 〜極秘潜入捜査班』 (S3, E2) (2011) 〈00:31:00〉

マーティー：この子は俺の信用スコアも変えられると思うか？

サム：コンピューターの天才であって，**魔法使い**じゃないぞ。

> **！** 魔法使いであるハリー・ポッターに関する百科事典的意味が喚起されている事例である。ここでは，直前の computer wiz と比較することで「理論の枠組みを超えた存在」が示唆されている。

Well, I mean, you're not "young" young. I'm young. You're kind of **on the back nine**.

Click 『もしも昨日が選べたら』 (2006) 〈01:35:38〉

というか，あなたはそんなに若いって感じではありません。僕は若いですけど，あなたは**人生の後半**に入っていますよね。

> **！** ゴルフコースの後半の 9 ホールを使って，相手を中年だと伝えているシーンである。この後，I'm just teeing off, baby.（これからティーショットを打つところさ。）とゴルフのフレーム表現が並ぶ。なお，数は多くないものの日本語にも「ニアピン」など，ゴルフ由来のフレーム表現が存在する。

Solidify Your Studies

I can no more swim than **a hammer**.

（日本大学 2016）

私は**金づち**と同様に泳げません。

> **！** いわゆる「クジラ構文」だが，than 以下には「ある命題が不可能なことが自明なもの」がくると言われている。ここでは「金づち」から想起される知識の総体に「泳げないもの」がフレームの中に含まれているので，「私」が泳げないことを描写する上で効果的に働くのである。

 「狐はずるい」「天使は優しい」，背景知識の枠組みで wrap it up!

- My father is **a sly old fox**, acting like he is not capable of doing housework.

  私の父は**したたかな年寄り**で，家事ができないふりをするのよ。

- **Be an angel** and bring me a glass of water. I'm really thirsty.

  いい子だからお水を 1 杯持ってきて。喉がカラカラなんだよ。

---

4. メトニミー（換喩）

Metonymy

── 「大きなカツラ」が「重要人物」を表すのはなぜ？ ──

Those are mostly for decoration, but once in a while, some **bigwig** comes, takes one of 'em out of here.

CSI: Crime Scene Investigation『CSI：科学捜査班』(S2, E22) (2002) 〈01:15:38〉

それら（＝ 500 ドルの蜂蜜ボトル）は主に飾りのために置いているだけですが，たまに**要人**が来て，ここからそのうちの 1 本を買っていきます。

Linguistic Tips

　人間はある事柄を指し示すために，それと関係する種々の要素を活用する言語運用を行っている。このような関係性を「隣接性」といい，それに基づく指示関係を「メトニミー」と呼ぶ。その代表的な区分例として，以下の (1) が挙げられる。

(1) **a.** 全体 − 部分　　例： open **the fridge** (= the door of the fridge)

　　　　　　　　　　　冷蔵庫（＝冷蔵庫のドア）を開ける

　　b. 容器 − 内容物　例： boil **the kettle** (= the water in the kettle)

　　　　　　　　　　　ヤカン（＝ヤカンの中の水）を沸かす

　　c. 製造者 − 製品　例： read a **Shakespeare** (= a book written by Shakespeare)

　　　　　　　　　　　シェイクスピア（＝シェイクスピアが書いた本）を読む

　　d. 原因 − 結果　　例： **go to bed** (= go to sleep)

　　　　　　　　　　　寝床に入る（＝眠りにつく）

　　e. 場所 − 機関　　例： **Hollywood** star (= American cinema industry)

　　　　　　　　　　　ハリウッド（＝アメリカ映画産業界）のスター

以上に基づくと，たとえば new **face**（新顔），short of **hands**（手が足りていない）では，特徴的「部分」でその人「全体」が示されており，「部分⇒全体」の流れではあるものの，(**1a**) タイプで捉えられる。**bald-head**（はげ頭の人），from **door** to **door**（1 軒 1 軒）なども同様である。他方，have a **Budweiser**（バドワイザーを飲む）や wear **Prada**（プラダを着る）であれば，(**1c**) タイプにあたる。なお，メトニミーは日本の食品名にも見られ，「たこ焼き」「串揚げ」は (**1a**)，「鍋を食べる」は (**1b**) タイプである。

　🎥 のセリフを見てみよう。bigwig は big（大きい）＋ wig（カツラ）から成り立つ。イギリスでは，弁護士や裁判官など地位や権威のある男性は特別なカツラをかぶり，「特に重要な人物は大きなカツラを着ける」という習慣があったことから，(**1a**) タイプの隣接性を通して「重要人物」を意味するようになったのである。

More Movie Data

All wings, line up behind me!

Star Wars: The Clone Wars 『スター・ウォーズ：クローン・ウォーズ』(S1, E3)（2008）〈00:12:43〉

全機，隊列を組んで俺の後ろに続け！

> ❗ 飛行機の最たる特徴部分である「主翼」でもって「戦闘機」全体を指し示す事例である。なお, propeller in the tail（（飛行機などの）後部のプロペラ）など, 尾翼は「尾；しっぽ」を表す tail で表現される（cf. 死喩：pp. 212–213）。

You got on **white Adidas**! Dude, everyone knows that the shoes is **Nikes**!

Friday Night Lights 『プライド　栄光への絆』（2004）〈00:04:22〉

白いアディダスを履いているからだ！　お前，みんな知っているんだぞ，靴は**ナイキ**だってな！

> ❗ 「製造者」との隣接性を通して「製品」を指し示す事例。buy a Ford（フォードを買う），watch Ghibli（ジブリを観る）なども同様である。他方，「生産地－製品」（もしくは「場所－結果」）の隣接性に基づくメトニミー表現もある。Bordeaux（ボルドー⇒ボルドー産のワイン）などがその一例である。

///// Solidify Your Studies /////

There are various opinions about which type of music is best for the mother and child. Should they listen to **Mozart** or **Bach**? （広島修道大学 2012）

母と子にとってどのような種類の音楽が良いのかについて，様々な意見があります。**モーツァルト**や**バッハ**を聴くべきでしょうか。

> ❗ 「制作者」との隣接性を通して「作品」を指し示す事例である。同じ音楽事例でも, listen to Prince（プリンスを聴く）など, 「歌手－楽曲」の隣接性の場合もある。

   6-4 「特徴的な部分⇒その部分を持つ全体」「場所⇒そこに存在する機関」で wrap it up!

- **Little Red Riding Hood** is a girl who sings cheerfully and enjoys the beauty of the world.

  赤ずきん（＝赤ずきんをかぶった人）は快活に歌い，世の中の美しいものを楽しむ少女です。

- **The White House** has to decide whether vaccinations will be absolutely necessary for federal employees.

  ホワイトハウス（＝アメリカ政権）は連邦政府の職員にワクチン接種が必須であるか決めなければなりません。

5. 死喩：姿・形を「投影」する言語活動

Dead Metaphor
──身体部位名詞の英単語活用術──

The foot of that mountain range starts about a mile up this way.
It's probably our best bet for caves.

Stargate: Atlantis『スターゲイト：アトランティス』(S2, E8)（2005）〈00:18:44〉

あの山岳地帯のふもとはここから上にだいたい 1 マイル続いている。ほぼ間違いなく洞穴に向かう最善の選択だろう。

Linguistic Tips

　一般に，「死喩」とは，日常表現の中で慣用化・固定化され，かつ，新奇なメタファーを生み出し難い比喩を指す。たとえば，以下の擬人化表現がその事例である。ここでは「人の姿・形を（時に位置や機能も）ほかのものに映し出す」という投影活動が営まれているものの，主に慣用的な表現にしか現れず，言語活動や思考において体系的な使われ方をしないという点で，種々の隠喩のメタファーの中でも孤立して存在する特異な比喩とみなされる。

- **a.** 頭：**head** of a page（ページの上部），beer **head**（ビールの泡）など
- **b.** 顔：**face** of a mountain（山の正面），**face** of a clock（時計の文字盤）など
- **c.** 目：**eye** of a needle（針の目），**eye** of a potato（ジャガイモの目；くぼみ）など
- **d.** 鼻：**nose** of a gun（銃口），**nose** of a plane（機首）など
- **e.** 口：**mouth** of a river（河口），**mouth** of a cave（洞窟の入り口）など
- **f.** 耳：**ear** of a pitcher / a teacup（水差し／ティーカップの取っ手）など
- **g.** 手・腕：long **hand**（時計の長針），**arm** of the sea（入り江）など
- **h.** 足・脚：**foot** of a pillar（柱の根元），**leg** of a chair（椅子の脚）など

したがって🎥のセリフでは，人間は「山の姿・形」に自身の「立ち姿」を投影していると言える。だからこそ，**head** of a mountain（山頂），**shoulder** of a mountain（山の肩；斜面），**breast** of a mountain（山腹）などと表現され得るのである。

　なお，このような擬人化事例には，姿・形「以外」の要素が加味される場合もある。その一例として，「スロットマシン」（［米］slot machine，［英］fruit machine）を意味する俗語表現 **one-armed bandit**（隻腕の悪党）を見てみよう。現在でこそボタン式のものが普及したものの，一昔前の映画では右側面に取り付けられたレバーだけで操る旧式のスロットマシンが頻繁に登場する。そこには，まさに，人が「片腕（one arm）」を上げた姿・形が投影されている一方，ギャンブルで勝てずに「お金を取られる」という認識が「盗賊（bandit）」となって現れているのである。

More Movie Data

You saw a chance to turn **the hands of the clock** back and get out of that damn chair.

Supernatural『スーパーナチュラル』(S5, E7)(2009)〈00:14:05〉

あんたは**時計の針**を戻して車椅子から出られる機会を見つけたんだ。

> **!** long hand（長針）と short hand（短針）を合わせて hands としている。手の形状と（指差す）機能が投影されている。そして，ここでは，「時計の針」でもって「時間」が指し示されている。したがって，上記の映画事例は，死喩とメトニミー（pp. 210–211）が同時に機能していると言える。

Rose, he was in **the tail section** of the plane. It broke off in mid-flight. I'm sorry, but everyone who was in the rear of the plane is gone.

Lost『Lost』(S1, E4)(2004)〈00:33:30〉

ローズ，ご主人は飛行機の**尾翼部分**にいました。その部分は飛行中にもげました。残念ですが，飛行機の後部にいた人たちは全員亡くなっています。

> **!** 飛行機を（翼を広げて飛行する）鳥の身体に見立て，その形状・位置の類似性から「尾翼」に「尾羽；しっぽ」が投影されている。

Solidify Your Studies

As winds increase, they spin around what is known as **the eye of the storm**.

（名城大学 2011）

風が強くなると，**台風の目**として知られる部分を中心に回転します。

> **❶** ここでの eye は「中心部分」を意味し，（開いている目から連想される）くぼみ・穴の形状が投影されている。

  「お腹で着陸」「カップの唇」，胴体を直接滑走路に接触させる時の姿と口を開けた時の形の類似で **wrap it up!**

- Because of the engine trouble, the pilot had to make an emergency **belly landing** on the ocean.

  エンジントラブルのため，パイロットは海面への緊急の**胴体着陸**をせざるを得ませんでした。

- The golfer almost got a hole-in-one, but the ball hit **the lip** of the cup and spun out.

  そのゴルファーはもう少しでホールインワンをとれそうだったが，ボールはカップの**縁**にあたってくるりと出ました。

6. 存在のメタファー

Ontological Metaphor

── 姿・形のないものを存在物として捉える比喩 ──

Clone: General, your droid is tracking an incoming ship. It matches the description of General Grievous' fighter. It's headed our way.

Fisto: **Keep out of sight** and stand by for further orders.

Star Wars: The Clone Wars『スター・ウォーズ：クローン・ウォーズ』(S1, E10)（2008）〈00:07:18〉

クローン：将軍，ドロイドが接近する船を探知しています。グリーヴァス将軍の戦闘機の特徴に一致します。こちらに向かっています。

フィスト：**見つからないようにしろ。**次の命令を待て。

Linguistic Tips

　日本語では「テロと戦う」というが，よく考えると，形がないものと戦うという表現は不思議ではないだろうか。英語でも同様に We need to **combat terrorism**. と表現される。このように，実際には姿や形がないものをあたかも存在するように捉える認知プロセスを「存在のメタファー」と呼び，(1) のように，言及し，数量化し，特徴的側面を識別することなどに役立てられている。

(1) a.〈言及〉Her **stinginess** is driving her husband crazy.

　　　　　　彼女の**ケチな性分**のせいで，夫は頭がおかしくなりそうである。

　　b.〈数量化〉I feel **a lot of anxiety** about my job-hunting.

　　　　　　　私は自分の就職活動について**多くの心配**をしています。

　　c.〈特徴的側面の識別〉**A wealthy life** has both **positive** and **negative sides**.

　　　　　　　　裕福な生活には，**プラス面**と**マイナス面**がある。

このような「存在化」は，目に見える境界線を持たないところにも「領域」として境界線を設けようとする「容器のメタファー」へと変貌する。その根底には，我々の肉体自体が1つの容器であり，その「容器−内容物」の空間性をほかの事物・事象に投射して「区分けする」という大脳の営みが関わる。(2) が実例である。

(2)〈領域〉I have never seen so many shooting stars **in {my hometown/ my life}**.

　　　　　{私の郷里で／人生の中で}，そんなに多くの流れ星を一度も見たことがありません。

🎥のセリフを考えてみよう。come into sight（視界に入る），go out of sight（視界から消える），be in the center of one's field of vision（よく見えている）などと同様，容器のメタファーを通して視界が空間化され，「相手の視界領域外で（out of sight）自身の位置を保つ（keep）」と概念化されているのである。

More Movie Data

I wish I had a choice, but my hands are tied with this **inflation**. Besides, there no longer appears to be **any credible threats**.

BlacKkKlansman『ブラック・クランズマン』(2018)〈01:59:56〉

選択肢があれば良いのだが，この**インフレ**でどうしようもない。加えて，もはや**現実味のある脅威**も消えている。

> **!** 「インフレ」「脅威」がいずれも存在物として捉えられている事例である。このような「存在のメタファー」を通して数量化（例：more inflation）や特徴的側面の識別（例：combat / deal with inflation）などが可能となる。

Flynn: **This job** seems to **involve an awful lot of running**.
Eve: You get used to it.

The Librarians『ライブラリアンズ　失われた秘宝』(S1, E10)(2015)〈00:13:05〉

フリン：**この仕事は実にたくさん走ることを含んでいる**ように思える（＝もう走れないよ）。
イヴ：慣れるわよ。

> **!** 「仕事」が容器，「走る」という活動がその内容物として捉えられている事例である。また，出来事が容器，活動がその内容物とみなされる場合もある（例：a lot of good running in the race）。

Solidify Your Studies

But, as soon as the orphanage **came into view**, all those feelings disappeared.

（甲南大学 2013）

しかし，孤児院が**見えてきた**途端，そんな思いは吹き飛んでしまった。

! 「孤児院」が内容物で，「視界」が容器として捉えられている事例である。

**6
章**

言語と文化

  視界も愛も「空間領域」，人や物がその「内容物」として捉えられる認識で **wrap it up!**

- When you turn around the next corner, Bran Castle will **come into view**.
  次の角を曲がると，ブラン城が**視界に入ってくる**でしょう。

- He cannot help but **fall in love** with any young woman he talks with.
  彼は，若い女性と話すと誰とでも**恋に落ちて**しまうのです。

---

7. 構造のメタファー
Structural Metaphor
── 目標領域に具体的な構造を与える比喩 ──

I'm going to a rock concert with **an old flame**, and I think there is a chance we may reconnect.　　　Young Adult『ヤング≒アダルト』(2011)〈00:39:49〉

昔付き合っていた恋人とロックコンサートに行くんだけど，よりを戻すことができるかもしれない機会だと思っているの。

Linguistic Tips

　人間とほかの動物との大きな違いの1つに，「抽象的な事物・事象」を理解することができるかどうかという点が挙げられる。ここでいう「抽象的」とは典型的には「(姿・形を) 見ることも触ることもできないもの」を指すが，その主たる事例が「死」であろう。人間は人生の終着点を認識しているからこそ，「時」を「貴重な限りある資源」としてみなしていると言える。そして，このような抽象物を私たちの理解にたぐり寄せる認知プロセスの1つが「構造のメタファー」である。具体的には，(1)のように，抽象的な目標領域を構造化するために，その根源領域として「(姿・形を) 見たり触ったりすることができる」具象物の特性が利用されている。

　(1) TIME IS MONEY メタファー (特性：「貴重な限りある資源」)

　　I {spent / wasted / invested} all my {money / time} trying to have the perfect body.

　　私は完璧なボディを手に入れようと，全ての {お金／時間} を {費やした／浪費した／投資した}。

他方，「時」は「お金」の観点から捉えられるだけではない。たとえば，TIME IS A RIVER メタファーが機能する時，「時」が持つ「直線；連続性」の特性が前景化されることになる (例：{The river / Time} runs fast. (｛その川／時｝ははやく流れる))。

🎥のセリフについて考えてみよう。ここでは，LOVE IS A FLAME メタファーが機能し，「愛」の一側面である情熱が「炎」で特徴づけられている。エルビス・プレスリーのヒット曲 "Burning Love" (燃え盛る愛) やバングルスのヒット曲 "Eternal Flame" (永遠の炎) など曲名や歌詞にも同メタファーがよく活用されている。他方，「愛」は「液体」の観点からも捉えられる。「愛を注ぐ」(例：pour out one's love on someone, shower someone with one's love)，「愛で満たす」(例：be filled with love) が如くである。ただし，顔までどっぷり浸っていくと，「愛に溺れて」(drowning in love) しまう事態に陥るかもしれない。

More Movie Data

Baelfire: We're getting married!

Mr. Gold: It's never going to last. Not while you **carry a torch** for Emma.

Once Upon a Time『ワンス・アポン・ア・タイム』(S2, E21)（2013）〈00:04:41〉

ベルファイア：（エマではない相手と）結婚する予定なんだ！

ミスター・ゴールド：決して長く続かないだろう。お前がエマに**愛の灯を燃やしている**間はな。

> **!** 「愛」が「炎」の視座から捉えられている事例である。このような LOVE IS A FLAME メ
> タファーを通して愛の一側面である情熱が「炎」で特徴づけられるのは，愛すること
> によって生じる体温の高まりに起因している。

We both have other plans, and being together is just messing everything up. We should just **go our separate ways**. Goodbye.

The Back-up Plan『カレには言えない私のケイカク』（2010）〈00:47:33〉

お互いが別々の計画を持っていて，一緒にいると全てがめちゃくちゃになるだけ。私たちは**別の道を行く**べきよ。さよなら。

> **!** 「愛」が「旅」の視座から捉えられている事例である。このような LOVE IS A JOURNEY
> メタファーが機能するほかの事例として，Our relationship is at {a crossroad / a dead-
> end} street.（私たちの関係は {岐路にある／袋小路だ}。）などが挙げられる。

Solidify Your Studies

Previous research had suggested that grammar-learning ability flourished in early childhood before **hitting a dead end** around age 5.

（宮城大学 2019）

これまでの研究では,文法学習能力は幼児期に開花し,5歳頃に**行き詰まる**ことが示唆されていた。

❶ grammar-learning ability という能力の成長が行き詰まった抽象的事象を「行き止まり」
という物理的な移動事象で比喩的に表現している。

「時は金なり」，貴重な限りある資源である「お金」を扱うのと同じように節約したり配分したりで **wrap it up!**

● The latest version of our software can **save** you **hours** of data entry.
　私たちの最新のソフトウェアを使えば，データ入力を**何時間も節約する**ことができます。

● Be sure to **budget enough time** to finish all your tasks before leaving the office.
　退社する前に全ての仕事を終えることができるように必ず**時間を配分し**なさい。

6
章

言語と文化

8. 方向づけのメタファー

Orientational Metaphor

── 方向性の空間認識を活用する比喩 ──

Why would she **give herself up to a jail sentence** to save him? I mean, what is her motivation?

The Company You Keep『ランナウェイ　逃亡者』(2012)〈01:33:29〉

なぜ彼女は彼を救うために**実刑判決に身を委ね**ようとする（＝自首して実刑判決を受け入れようとする）つもりなのか？　つまり，彼女の動機は何なのか？

Linguistic Tips

人間の基本的経験の1つに「上−下」「前−後」「中心−周辺」「中−外」といった方向性が挙げられる。こうした空間認識は，本来的に方向性を持たない具象的事物・事象（＝ 1a）や，姿・形のない抽象的事物・事象（＝ 1b）にも投射される。このような認知プロセスを「方向づけのメタファー」と呼び，後者の（1b）には「楽しい気持ちは上（up），悲しみは下（down）」という空間認識が機能している。なお，下記（1c）は教会外部の前後と教会内部の前後が逆転している事例であり，方向性の定義づけは環境によって異なり得ることを物語っている。

(1) a. The little girl found a fairy **in front of the old {tree / well}**.

　　　その少女は{**老木／古井戸**}の前で妖精を見つけた。

　　b. He is **feeling {up / down}** after entering university.

　　　大学入学後，彼は{**意気揚々としている／気持ちが沈んでいる**}。

　　c. When you go **in the front of a church**, you find yourself **in the back of it**.

　　　教会の正面の入り口に入ると，**教会の中の（祭壇から見た）後部**にいることがわかる。

🎥のセリフを考えてみよう。日本語の「上洛する」と「下洛する」という表現が京の都を中心にした往来を意味するように，下線部には「力のあることは上，力のないことは下」という空間認識が機能し，「力のある側（＝ a jail sentence）に自身を与える⇒無抵抗になる」という概念が内在している。それ故，give oneself up to {the police/the enemy} であれば，各々「力のある側の{警察／敵}に自身を与える⇒自首する／降伏する」の意に至る。実は，この「無抵抗」の概念が**give up**（…を諦める）に，また，「力のあることは上」の認識が It's (left) **up to you**. （それはあなた次第だ。）といった表現につながる。つまるところ，英語であれ日本語であれ，方向性の表現が使われている限り，そこには必ず何らかの形で本来の空間認識が生きているということである。

More Movie Data

Adriana: Aren't you gonna get married?

Gil: Well, everything's a little **up in the air** right now. I don't know what
is gonna happen. Midnight in Paris 『ミッドナイト・イン・パリ』（2011）〈01:12:39〉

アドリアーナ：結婚するんじゃないの？

ジル：うーん，今のところ全てがちょっと**宙に浮いていて（＝はっきりしていなくて）**。どう
なるかわからないんだ。

> ！ 「未知であることは上，既知であることは下」の空間認識に基づく事例。hang over（未
> 定である），pending（宙ぶらりん），be settled（落着する）なども同様である。

If I could just see them play live, at least I'd have the memory to carry
me through the long, empty years that lie **ahead**, like a road in Kansas.

Confessions of a Teenage Drama Queen 『彼女は夢見るドラマ・クイーン』（2004）〈00:28:10〉

彼らのライブ公演を見ることができたら，少なくとも，その記憶でもってカンザスの道路
のように**前途に**ある長く空しい人生を歩き通すことができるのに。

> ！ 「未来は前，過去は後ろ」の空間認識に基づく事例である。leave the past behind（過
> 去を捨て去る）なども同様であり，ここでは同時に Life Is A Journey（人生は旅である）
> という構造のメタファー（pp. 216–217）も機能している。

Solidify Your Studies

The plan to construct a new plant is still **up in the air**. （駒沢大学 2019）

新工場の建設計画はまだ**宙ぶらりん**のままです。

> ！ 入試問題の用例においても，up in the air は方向づけのメタファーが機能した意味で用
> いられる。メタファー表現は学校英語では見過ごされがちだが，この例が示す通り，単に
> メタファーとして認識されていないだけの可能性がある。

  「未来は前，過去は後ろ」，未来に進んだり過去に戻ったりする方
向性で **wrap it up!**

- As **time progresses**, the need for new border-crossing measures is
increasing.
  時が進むにつれて，新たな越境対策への必要性が高まっています。

- The samurai custom of harakiri **dates back to** the Heian period.
  腹切りという侍の慣習は，平安時代に**遡ります**。

9. 導管メタファー

Conduit Metaphor

── 「ことば」という容器に考えや意味を詰めて相手に送る比喩 ──

Jack: Actually, I'm not drinking these days.

Grandma Lynn: Well, that's your problem **in a nutshell**.

The Lovely Bones『ラブリーボーン』(2009)〈01:03:10〉

ジャック：実のところ，最近はお酒を飲んでいません。

リンおばあちゃん：じゃあ，それはあなたの問題ね，**簡単に言うと**。

Linguistic Tips

認知言語学では，「言語を使った情報のやりとり」の構造は，以下のように比喩的に捉えられる。

(1) **a.** 考え（あるいは意味）は物である。

　　b. 言語表現は容器である。

　　c. コミュニケーションは送ることである。

(1a-c) の３つの比喩を総称して「導管メタファー」と呼び，それぞれ複合的に関係し合っている。ケーブル（導管）を使って１台の PC から別の PC にデータを送るようなイメージである。具体的には，「話し手はことばという容器に考えや意味を詰め込んで聞き手に送る⇒それを受け取った聞き手はその内容物を容器から取り出す」という捉え方に基づいている。下記がその実例であり，(2a) では (1a, b) が，(2b) では (1c) が機能している。

(2) **a. Pack** more thought **into** fewer words when giving a speech.

　　演説をする時は，より少ないことばにより多くの考えを**盛り込む**ようにしなさい。

　　b. I think it isn't easy to **get** your ideas **across** to her.

　　その考えを彼女に**通じさせる**のは簡単なことではないと思う。

🎥のセリフについて考えてみよう。多くの情報量をまとめる際に，to make a long story short という表現を使うが，同じ文意において in a nutshell を使うこともできる。したがって，この表現は，言語表現の容器がまるで木の実の殻 (nutshell) のように小さいので，必然的に話し手がその中に詰め込むことができるように情報を精査し，端的に伝えるための表現であることが理解できよう。ちなみに，in a word, in brief, in short, in sum などの表現も「要するに，手短に言うと」という意味である。後続の名詞（形容詞の名詞用法）の指示物を容器のように捉えているので，前置詞の in が使われていると考えられる。

More Movie Data

I don't really know **how to put this**, and please don't take it the wrong way, but isn't everything in this museum supposed to be, you know… dead?　　　　　Night at the Museum『ナイトミュージアム』(2006)〈00:36:39〉

どう言うべきかよくわからないし，誤解しないでほしいのですが，この博物館の展示物の全てはそのようなはずではないのかと言いますか，その…，死んでいるはずですよね？

> ⚠ 「考え／意味は物である」「言語表現は容器である」のメタファーが生きている事例である。なお，下線部は how to put this into words の into words が省略された形である。同様のメタファーが機能している事例として to put it another way（別の言い方をすれば）などが挙げられる。

I'll send the Reverend Duchemin a singed copy of my book. **His word still carries weight**.　　　Parade's End『パレーズ・エンド』(S1, E1)(2012)〈000:37:58〉

ドゥーシューマン牧師に私のサイン本を贈ろう。**彼のことばは今もなお影響力がある。**

> ⚠ 「コミュニケーションは送ることである」のメタファーが生きている事例である。ことばの内容量が多くなれば必然的に「重く」なる認識が反映されている。同様のメタファーが機能している事例として His words carry little meanings.（彼の言葉はほとんど意味を運んでいない。）などが挙げられる。

Solidify Your Studies

How you **put your thoughts into words**, how you act and speak — this is a skill that goes far beyond language studies and English conversation classes.　　　　　　　　　　　　　　　　　（長浜バイオ大学 2020）

自分の考えをどう**ことばにする**か，どう行動するか，どう話すか，これは語学留学や英会話教室の枠をはるかに超えたスキルです。

🔔 「考えは物である」「言語表現は容器である」のメタファーが生きている事例である。

6-9 「言い換え」は「ほかの表現の容器に入れて」，「翻訳」は「別の言語の容器に入れて」で wrap it up!

- The unemployment rate went down; **in other words**, the economy improved.
  失業率が低下した。**言い換えれば**，経済が改善したということだ。

- Well, do you think you could **put that Japanese menu into English**?
  じゃあ，**その日本語のメニューを英語に翻訳する**ことができると思いますか？

10. **how come ... ? や why V ... ?**

How come ... ? / Why V ... ?
―― 話者の感情を込めて理由を尋ねる疑問文 ――

Carroll: **How come** these guys pit so much faster than we do?

Phill: They got a goddam NASCAR crew, that's **why**.

Ford v Ferrari『フォード vs フェラーリ』(2019)〈01:32:04〉

キャロル：**なぜ**やつらはあんなにピット作業が速いんだ？

フィル：ストックカー・レースのクルーを雇いやがった，それが**理由**さ。

Linguistic Tips

　英語で「なぜ…？」と理由や目的を尋ねるには，下記（**1a**）のような why...? の疑問文にすることがよく知られているが，（**1b, c**）のような文も存在する。のキャロルのセリフにもある how come...? の疑問文は，口語体で略式とされるが，のフィルの返答が why に置き換えている点からも，why と同様の機能を持つことがわかる。ただし（**1b, c**）においては，その統語的特徴や意味的特徴に注意が必要である。

（1）**a.** Why did you eat natto?　　　**b.** **How come** you ate natto?
あなたはなぜ納豆を食べたの？　　　　　あなたは**なぜ**納豆を食べたの？

　　c. **Why eat** natto?
なぜ納豆を**食べる**の？

　まず，（**1b**）のような how come...? の疑問文には，意外な事実や状況などに対する話者の「驚き」が含意される。の会話では，キャロルは対戦相手のスタッフの手際の良さに驚いて how come...? を用いており，一方（**1b**）の疑問文ならば，シンプルに理由を問う（**1a**）の文とは異なり，納豆を食べた相手に驚きながらその理由を尋ねる状況が想定される。さらにこの疑問文は，もとは how did/does it come that about S + V ...? の形だったものから派生して，how come (that) S +V ...? になったと考えられている。そのため，how come の後ろは平叙文の語順のままで，助動詞の do/does/did も生起せず，come も常に原形である。

　次に（**1c**）の疑問文では，why の直後に動詞の原形が続くことが特徴的である。この文においても，一般的な why の疑問文とは異なり，「驚き」「苛立ち」「相手への批判」といった話者の気持ちが表される。よって（**1c**）では，「納豆を食べるなんて，どうして？」といったニュアンスが出る。

　このような，話者の感情を含む疑問文の機能を知るには，会話の流れや，俳優の表情などが確認できる映画のセリフが大いに役立つ。

222

More Movie Data

Agent: **How come** nobody spotted it before?

Man: It's really not that surprising. This landscape's changing all the time.

Captain America: The First Avenger『キャプテン・アメリカ　ザ・ファースト・アベンジャー』(2011)〈00:01:25〉

捜査官：**なぜ**今まで誰も，これを見つけられなかったんだ？

男性：そんなに驚くことでもない。吹雪でこの辺りの景色はいつも変わるんだ。

> ! 雪原の下から巨大飛行機が見つかったと連絡を受けた捜査官は，案内役の男性にこれまでなぜ未発見だったかを尋ねている。それに対し「そんなに驚くことでもない」と返答しているので，how come の疑問文に「驚き」の含意を感じ取ったことがわかる。

Why drive when we can fly?

Edge of Tomorrow『オール・ユー・ニード・イズ・キル』(2014)〈01:04:29〉

空の移動ができるのに，**なぜ陸路で行くのよ**？

> ! 移動手段を考えている状況で幸運にも小型ヘリを見つけ，そのキーを探している最中に「車用に燃料だけ抜こう」と提案された話者は，「驚き」や「相手への批判」の感情を出しながら，ヘリコプターよりも車移動を優先する理由を相手に問うている。

Solidify Your Studies

Why consider infectious diseases "environmental" in origin? Because most, though certainly not all, are intimately connected with conditions in the physical environment.

（麻布大学 2014）

なぜ感染症が「環境」由来と**考えるのか**？　なぜなら，ほとんどの，もちろん全てではないが，感染症は物理的な環境に密接に関わっているのだ。

> 🔈 why V の形で理由を尋ねている。直後にその理由が述べられているが，理由を強調するために because 節が単独で現れている。このように why ... ? で尋ねられた疑問文の答えとして because 節が単独で用いられることがある。

> **6-10**   how come ...? や why V ...? が表す話者の感情を意識して wrap it up!
>
> ● **How come** you drive a big 50-year-old American car in the 2020s?
> 2020 年代に**なぜ** 50 年物の大きなアメ車に乗っているんですか？
>
> ● I can't believe it! **Why tell** a lie to your best friends?
> 信じられない！　**なんで**親友に対して嘘を**ついたりするんだ**？

223

11. 過去形を使った丁寧表現
Remote Past Tense
── 時制をずらして一歩距離を置くことで丁寧さを表す ──

Hi, I'm Zach Logan with the Sun-Times. Uh, sorry to ambush you like this. I **was just hoping** I could get a quick statement.

Chicago Fire『シカゴ・ファイア』(S6, E22) (2018)〈00:39:48〉

こんにちは。サンタイムズのザック・ローガンです。こんなところで待ち伏せしてすみません。簡単なコメントをいただければと**思っていたのですが。**

Linguistic Tips

　人に何かを依頼する時に使う表現には，直接的な伝え方から婉曲的な伝え方まで様々である。通常，大変なことや面倒なことを相手に頼む時には，遠慮した言い方が用いられるが，その際，日本語同様，英語でも過去の表現（過去進行形や単純過去形）を使うことが多い。たとえば以下のような言い回しである。

(1) a. I **was hoping** you might be able to lend me some money.
　　　　お金を貸していただけたらと**思っていたのですが。**

　　b. I **just wanted** to ask you if you could possibly come to our party on Friday.
　　　　金曜日のパーティーに，もしかして来ていただけないかと**おうかがいしたかったのですが。**

(1a) は過去進行形を使うことで，お金を貸してほしいのが「今」であっても，表面上は過去の形式にすることにより，「現在はそんな不作法なことは考えていない」という含みを残す。このように過去時制を用いて現在の時点に置かれている目線から一歩距離を置くことで，今述べているのは現在の態度ではなく過去に達した結論であることを相手に伝えることになる。このことから，相手にも断る余地を与えることになり，その分聞き手の意志決定を尊重した表現となる。ただし，(1b) でもわかるように，この類の丁寧表現は適正に使用しないと，「皮肉」や「脅迫」や「慇懃無礼」な意味を表し，逆効果になることがある。

　ここで🎥のセリフを見てみよう。記者のザックが，知人たちと酒場で過ごしていたボーデン大隊長のところへコメントを求めてやってきたシーンである。(1a) と同様，主節と従属節の両方で過去形の表現が使用されており，主節が進行形になることで，さらに一歩引いた感じを出している。また，ここでは強意語の just と共起することで，できる限り押しつけがましさをなくそうとしている話者の気持ちを表している。

More Movie Data

So we actually...We **were just wondering** if you'd come across a friend of ours.

Fantastic Beasts: The Crimes of Grindelwald 『ファンタスティック・ビーストと黒い魔法使いの誕生』(2018) 〈00:57:29〉

それで，実は…私たちの友人を見かけたことがおありなのかなと**思っておりました**。

> ❗ 友人の手がかりを求めて初対面の人物に尋ねているシーンである。不躾に響かないよう主節に過去進行形，従属節に過去形 would が使用されており，さらに強意語の just が共起している。

I **was just thinking** we could work closer together for the next 60 to 90 days before you started that. Suits 『スーツ』(S6, E6) (2016) 〈00:13:22〉

あなたがリフォームに着手する前に，2，3ヶ月ほど，もっと密に仕事ができないかと**考えていたところです**。

> ❗ 豪邸のリフォームに単独で着手しようとしている建築家のリサに対して，思いとどまるよう話者のルイスができる限り婉曲的に伝えているシーンである。上の例と同様に，主節の過去進行形に強意語の just が添えられており，従属節にも助動詞の過去形が使用されている。

Solidify Your Studies

I **was just wondering** what kind of present I should buy for my girlfriend. (専修大学 2016)

恋人にどんなプレゼントを贈ろうか**悩んでいたところです**。

❶ was just wondering ... という過去進行形を使い，目の前にいる店員に対して丁寧な表現をしている。

 現在の時点に置かれている目線から一歩距離を置くことで丁寧さを表す，過去形を使った丁寧表現で **wrap it up!**

- I'm sorry, but I **was hoping** you would help me with my homework.
  悪いけど，宿題を手伝っていただければと**思っていたんだ**。

- We **were just wondering** if you could join us for dinner tonight.
  今晩夕食をご一緒していただけないかと**思っていたのですが**。

12. 垣根ことばの機能を持つ条件節

If-clause Hedges

―― 枕詞のように添えられる if 節 ――

Thank you for your help, Rachel. I really appreciate it, but **if you don't mind**, I'd like to be alone.　Suits『スーツ』(S3, E15) (2014)〈00:22:42〉

助けてくれてありがとう，レイチェル。本当にありがとう。でも**もし良ければ**，1 人にさせてくれないかな。

Linguistic Tips

　私たちが普段コミュニケーションをとる際には，直接的もしくは断定的な物言いにならないよう「ちょっと」や「かもしれない」などのことばを添えることが多いが，日本語だけではなく英語にもクッションの役割をする表現がある。このような表現は「垣根ことば」と呼ばれており，一般的には I'm afraid や perhaps などが知られている。通常は婉曲的，あるいは丁寧な響きを与えたり，話者の控えめな気持ちを表したりする際に使われる。

(1) a. I'm **kind of** hoping to leave early today.

　　　今日，早退したいなあと**ちょっと**思っているんだけど

　　b. **If that's all right with you**, could you make room for me?

　　　よろしければ，席を詰めていただけませんか

　(1a) は典型的な垣根ことばの kind of を使うことによって，言いにくい内容を相手に間接的に伝えている。一方，(1b) は主節の could you 以下のみでも十分に丁寧であるが，条件節を枕詞のように添えることにより，さらに控えめな依頼の意味を効果的に作り上げている。

　ここでのセリフを見てみよう。ここは話者カトリーナが上司のジェシカから首を言い渡されたシーンである。心配して声をかけてくれた同僚のレイチェルに対して，1 人になりたいという気持ちをできる限り間接的に伝えようとしていることが，if 節の使用からわかる好例と言える。カトリーナのセリフにおいても，(1b) のように，条件節が枕詞のように用いられることで垣根表現的な効果を狙っている。

　以上の例からわかるように，日本語と同様に英語でも，形式上は語数が増えれば増えるほど間接的になるため，その分丁寧な表現となる傾向がある。したがって，比較的語数の多い条件節を用いる場合，聞き手に対してより丁寧な響きを与えることになる。

More Movie Data

I was way out of line the other night, and I know you care about me, and not just because you have an obligation to. So **if it's not too much trouble**, I would like to resume our sessions, please.

Suits『スーツ』(S7, E5)(2017)〈00:12:14〉

この前の夜は言い過ぎました。あなたが私のことを気にかけてくれているのはわかっています。義務感からそうしているわけではないことも。なので，**ご迷惑でなければ**，セラピーを再開してほしいと思います。

> **!** ひどいことばを投げかけた負い目から，垣根ことばの機能を持つ if 節を用いることで，セラピーの担当医にできるだけ下手に出て依頼が直截的に響かないよう配慮しているシーンである。

How did you come to buy it, **if I may ask**? The Grand Budapest.

The Grand Budapest Hotel『グランド・ブダペスト・ホテル』(2014)〈00:07:42〉

よろしければ，購入に至った経緯をお聞かせください。このグランド・ブダペストホテルを。

> **!** 上で見た例とは異なり文末に if 節が添えられているが，ここでも質問を直截的にぶつけないよう垣根ことばの機能を持つ当該節を用いることで，聞き手に対して不躾に響かないよう話者が配慮しているシーンである。

Solidify Your Studies

You don't have to stay in here with me, Papa, **if it bothers you**.

(神戸親和女子大学 2014)

パパ，**迷惑だったら**，ここで一緒にいなくていいよ。

> **!** if it botehrs you が垣根ことばとして働いている例である。文脈としてはこの後に父が It doesn't bother me. と答えてしまい，娘にたしなめられる。つまり，最初の if it botehrs you は娘としては不躾に響かないように配慮したことばだったのである。

  婉曲的な響きを与えて話者の控えめな気持ちを表す，垣根ことばの機能を持つ条件節で **wrap it up!**

● **If you have time**, I would like you to help me carry my luggage.
　お時間がありましたら，荷物を運ぶのを手伝っていただきたいのですが。

● Now **if you will excuse me**, I have to get back to work.
　では，**この辺で失礼させていただけましたらと思います**。仕事に戻らなければなりません。

13. 発話媒介行為

Perlocutionary Act: Idiomatic Phrases
── 特定の解釈を伴う慣用表現 ──

Bullshit. You came here to give yourself a way out. But **I wasn't born yesterday**, and I'm not giving it to you.

Suits『スーツ』(S4, E5) (2014) 〈00:05:28〉

くだらない。君がここへ来たのは自分自身に逃げ道を与えるためだろう。だが, **私を見くびらないでほしい**。私は君に逃げ道を与えるつもりはない。

Linguistic Tips

　「発話媒介行為」とは, 話者が発話をすることにより聞き手に真意や意図を伝えることで, 結果的に達成される行為のことである。通例, どのような行為が遂行されるかについては話し手の捉え方や場面によって異なる。一例として, 次の文を挙げる。

（1）Wow! **It's hot in here, isn't it**?

　　わ〜, ここは暑いですね？

上の文を発話した場合, 文字通りに解釈した結果, コートや衣類を脱ぐよう勧める行為をする人もいれば, 話し手の意図を汲んで部屋を涼しくするよう窓を開けるなどの行為をする人もいると考えられる。つまり, 発語媒介行為を大別すると「話し手が意図する行為」と, 「発話の結果として聞き手が遂行する行為」があり, この2つが常に一致するとは限らない。このように, 通常は発話の結果として特定の行為が慣習的に引き起こされるわけではないが, 中には常に特定の行動を誘発する慣用表現がある。のセリフを見てみよう。ここは, 和解を申し出た同僚のマイクに対して, 話者のハーヴィーが拒絶しているシーンである。下線の表現を用いることで, 「昨日, 生まれたのではない」という文字通りの解釈ではなく, 「私を見くびるな！」という意図を伝えており, 結果的に甘く見ていた同僚の考え方を改めさせることに成功している。

　本項目ではこのような慣用的な発話媒介行為に焦点をあてるが, 間接的に伝えて聞き手に行為を生じさせることから, 特に相手にとって好ましくない事柄を伝えるための手段として使用されることが多い。

（2）You will do that **over my dead body**!

　　私の死体を乗り越えてやれ！（＝絶対反対だ！）

　また, （1）と異なり文字通りの解釈をされる場合はまずないので, その含意を覚えておくとその場に応じた適切な行動や返答ができる。

228

More Movie Data

Come on! **What are you waiting for**? Huh? Come on! Let's do it!

Grey's Anatomy『グレイズ・アナトミー』(S16, E18)(2020)〈00:27:02〉

さぁ！**何を待っているんだ？**（＝ぐずぐずせずに早くしてよ）　え？　早くしよう！　やるぞ！

> ! 病院内に危険人物がいることを受けて，周囲に協力を呼び掛けているシーンである。下線部の慣用表現を通じて素早く応じるよう呼び掛けていることは伝わっているものの，指示に納得できないことから，周囲が硬直している。

Uh, you tell me. **How do I look**? Chicago Fire『シカゴ・ファイア』(S7, E3)(2018)〈00:00:57〉

正直に言って。**私はどんなふうに見えているの？**

> ! 話者のキッドが交際相手のケリーに対して，見た目の感想を求めているシーンである。文字通りにはどう見えるかを尋ねているが，この表現は文字通りの意味以外に「外見を褒めてほしい」場合に使うことが多い。次のセリフでは「息が止まるほど美しい」という誉めことばを引き出している。

Over my dead body!

Judy『ジュディ 虹の彼方に』(2019)〈00:11:53〉

私の死体を乗り越えてからやってよ（＝絶対にいやよ）！

> ! 元夫から子どもの親権を渡すよう言われたジュディが強く反対しているシーンである。

Solidify Your Studies

Who are you calling amateurs?

（上智大学 2019）

誰がシロウトだって？

> ! あるコメディの一節で，水鉄砲を持って入ってきた強盗が素人の強盗扱いされて返したセリフ。本人は立派な強盗だと思い込んでいるので，「自分がプロの強盗である」ことを暗に意味している表現である。

聞き手に対して常に特定の行動を誘発する慣用的な発話媒介行為で **wrap it up!**

- That was rude, Mike. **Who do you think you are**?

  マイク，さっきの態度は失礼よ。**自分を誰だと思っているの？**（＝傍若無人な言動は慎みなさい。）

- I hate to ask you like this, but **what is this chair doing here**?

  こんなこと聞きたくないんだけど，**この椅子はここで何をしているの？**（＝邪魔だから，どけてくれる？）

心理的距離を表す that
―― 馴染みのないものに使える指示代名詞 that ――

英語でも日本語でも指し示すものと物理的に距離がある時に，指示代名詞の that（あれ）を使用して That's a great looking car.（あれは素敵な車ですね。）と表現するのが一般的です。しかし，英語にはたとえ目の前にあっても，自分にとって馴染みのないものや心の距離を感じるものを指す際に that を使うことがあります。これを心理的距離を表す that といいます。

Coat, bag. What's that? Oh, I don't want that. I'm having lunch with Irv. The Devil Wears Prada『プラダを着た悪魔』(2006)〈00:51:36〉

コートとバッグを。**なんなの，それ？** あぁ，それもういらないわ。今からアーヴとランチだから。

上のセリフを見てみましょう。このシーンで話者のミランダは目の前のテーブルの上に置かれているステーキを that で指し示しています。このステーキはミランダが部下であるアンディに用意させていたものですが，もう「そんなもの」必要ないというミランダの心の距離感が表れていますよね。この心理的距離を表す that の用法は日本語の「あれ」にはありませんので，日本語訳をする場合には「これ」や「それ」のような指示代名詞に置き換える必要があります。

本作品ではほかにも，アンディを初めて見たナイジェルが Who's that? とエミリーに尋ねるシーンがあります〈00:04:58〉。ファッションに一切興味を持たないアンディの「地味でダサい」容姿は，世界を代表するファッション誌『Runway』の関係者にとってはまさしく「ふさわしくない存在」ですよね。そのアンディの真横に立ち，口の動きだけで Who's that?（誰，この（ダサい）子？）とエミリーに尋ねます。これを受けてエミリーは That I can't even talk about.（それについては，話す気にもならないわ。）というように話題化（pp. 112-113）を使って返答しているところも興味深いポイントです。

次に，『ラブ・アクチュアリー』(Love Actually)（2003）〈01:19:52〉からの例を紹介します。浮気相手にクリスマスプレゼントを贈るため，妻の目を盗んでジュエリーショップに立ち寄ったハリー。お目当てのアクセサリーを購入して早く立ち去りたいハリーをよそに，店員は時間をかけて「丁寧に」ラッピングを始めます。やきもきしている中でさらに店員が「棒状のもの」を取り出した時に，目の前にあるにもかかわらず that を用いて what that!?（なんだね，それは！？）と嘆きながら尋ねます。すると店員はのんきに It's a cinnamon stick, sir. と返答。気持ちの焦りと見慣れないものへの心の距離感がよく表れているシーンなので，ぜひ確認してみてください。

参考文献

> ★⇒当該項目の予備知識がほぼなくても読める文献
> ★★⇒当該項目に関して多少の予備知識を必要とする文献
> ★★★⇒当該項目に関して一定以上の予備知識を必要とする文献

1章　英文法と語法

1. ことばの選択制限について
①井上永幸・赤野一郎（編）（2019）『ウィズダム英和辞典　第4版』三省堂. ★
②南出康世（編）（2014）『ジーニアス英和辞典　第5版』大修館書店. ★
③野村恵造・花本金吾・林龍次郎（編）（2016）『オーレックス英和辞典　第2版新装版』旺文社. ★

2. 動詞 develop の意外な使い方
①小西友七（編）（1980）『英語基本動詞辞典』研究社. ★
②倉田誠・Craig Smith（2003）『基本動詞の最大公約数1』松柏社. ★
③寺澤芳雄（編）（1997）『英語語源辞典』研究社. ★

3. 固有名詞に冠詞が付く原理
①大西泰斗・ポール・マクベイ（2001）『ネイティブスピーカーの英文法』研究社. ★
②樋口昌幸（2009）『英語の冠詞：その使い方の原理を探る』（開拓社言語文化選書　第12巻）開拓社. ★

4. 代名詞の one
①Radford, Andrew（1981）*Transformational Syntax: A Student's Guide to Chomsky's Extended Standard Theory*, Cambridge University Press. ★★
②Quirk, R., S. Greenbaum, G. Leech and J. Svartivik（1985）*A Comprehensive Grammar of the English Language*, Longman. ★
③安井稔・中村順良（1984）『代用表現』研究社. ★

5. 節の代用を担う so / not
①Halliday, M. A. K and R. Hasan（1976）*Cohesion in English*, Longman. ★★
②小西友七（編）（1989）『英語基本形容詞・副詞辞典』研究社出版. ★
③安井稔・中村順良（1984）『代用表現』研究社. ★

6. be different {from / than / to} X の再考
①小西友七（編）（2006）『現代英語語法辞典』三省堂. ★
②倉田誠（2010）「different than 再考：映画データベースからの知見」『京都外国語大学 SELL』26, 43-54. ★★
③吉田正治（訳）（2007）『オックスフォード実例現代英語用法辞典　第3版』研究社. ★

7. no ＋比較級＋ than
①井上永幸・赤野一郎（編）（2019）『ウィズダム英和辞典　第4版』三省堂. ★
②南出康世（編）（2014）『ジーニアス英和辞典　第5版』大修館書店. ★
③三村仁彦（2010）「＜no ＋比較級＋ than＞の語法的特徴：より効果的な指導法を目指して」『映画英語教育学会紀要』15, 69-74. ★★

8. 様態副詞

①Ernst, Thomas（2002）*The Syntax of Adjuncts*, Cambridge University Press. ★★★
②Greenbaum, Sidney（1969）*Studies in English Adverbial Usage*, Longman. ★★
③松井夏津紀・影山太郎（2009）「副詞と二次述語」影山太郎（編）『形容詞・副詞の意味と構文』260-292, 大修館書店. ★

9. 文副詞

①Ernst, Thomas（2002）*The Syntax of Adjuncts*, Cambridge University Press. ★★★
②Greenbaum, Sidney（1969）*Studies in English Adverbial Usage*, Longman. ★★
③松井夏津紀・影山太郎（2009）「副詞と二次述語」影山太郎（編）『形容詞・副詞の意味と構文』260-292, 大修館書店. ★

10. フラット副詞

①Huddleston, R., and G. K. Pullum（2002）*The Cambridge Grammar of the English Language*, Cambridge University Press. ★
②Quirk, R., S. Greenbaum, G. Leech and J. Svartivik（1985）*A Comprehensive Grammar of the English Language*, Longman. ★

11. 分離不定詞

①西原哲雄・服部義弘・中野弘三・小野隆啓（編）（2015）『最新　英語学・言語学用語辞典』開拓社. ★
②Huddleston, R., and G. K. Pullum（2002）*The Cambridge Grammar of the English Language*, Cambridge University Press. ★★

12. have to と must

①柏野健次（2002）『英語助動詞の語法』研究社. ★
②Leech, Geoffrey N.（2004）*Meaning and the English Verb*. Third Edition, Longman. ★
③Westney, Paul（1995）*Modals and Periphrastics in English*, M. Niemeyer. ★

13. ought to

①Close, R. A.（1992）*A Teacher's Grammar*, Language Teaching Publications. ★
②Myhill, John（1997）"Should and Ought: The Rise of Individually-Oriented Modality in American English," *English Language and Linguistics* 1: 3-23. ★★
③Coates, Jennifer（1983）*The Semantics of the Modal Auxiliaries*, Croom Helm. ★★

14. BE X TO（1）: be to

①Leech, Geoffrey N.（2004）*Meaning and the English Verb*. Third Edition, Longman. ★
②Quirk, R., S. Greenbaum, G. Leech and J. Svartivik（1985）*A Comprehensive Grammar of the English Language*, Longman. ★
③Swan, Michael（2016）*Practical English Usage*. Fourth Edition, Oxford University Press. ★

15. BE X TO（2）: be going to と be about to

①Quirk, R., S. Greenbaum, G. Leech and J. Svartivik（1985）*A Comprehensive Grammar of the English Language*, Longman. ★
②小西友七（編）（2006）『現代英語語法辞典』三省堂. ★
③Leech, Geoffrey N.（2004）*Meaning and the English Verb*. Third Edition, Longman. ★

16. BE X TO（3）: be supposed to と be bound to

①Westney, Paul（1995）*Modals and Periphrastics in English*, M. Niemeyer. ★
②Yule, George（1999）*Explaining English Grammar*, Oxford University Press. ★
③Quirk, R., S. Greenbaum, G. Leech and J. Svartvick（1985）*A Comprehensive Grammar of the English Language*. Longman. ★

17. 現在形で表す未来
①吉田正治（1995）『英語教師のための英文法』研究社. ★★
②中村捷（2009）『実例解説英文法』開拓社. ★★

18. 現在進行形で表す未来
①久野暲・高見健一（2013）『謎解きの英文法：時の表現』くろしお出版. ★★
②Huddleston, R., and G. K. Pullum（2006）*A Student's Introduction to English Grammar*, Cambridge University Press. ★

19. 未来進行形
①和泉爾（編）（2022）『コーパス・クラウン総合英語』三省堂. ★
②安藤貞雄（2005）『現代英文法講義』開拓社. ★
③Huddleston, R., and G. K. Pullum（2002）*The Cambridge Grammar of the English Language*, Cambridge University Press. ★★

20. speaking of X の談話機能
①早瀬尚子（2017）「従属節からの語用論的標識化：発話動詞関連の懸垂分詞構文がたどる新たな構文への道」西原哲雄・田中真一・早瀬尚子・小野隆啓（編）『現代言語理論の最前線』231-248，開拓社. ★★
②倉田誠（2013）「談話辞 speaking of A の機能と用法を再考する」井村誠・倉田誠・藤枝善之・松田早恵・横山仁視（編）『映画英語教育学会西日本支部設立10周年記念論集』映画英語教育学会西日本支部. ★★
③山内昇（2020）「Speaking of which の構文化分析再考」『英語語法文法研究』27, 103-118. ★★

2 章　音声学

1. 標準米語と標準英語
①田辺洋二（2003）『これからの学校英語：現代の標準的英語・現代の標準的発音』早稲田大学出版部. ★★
②Celce-Mucia, M., D. M. Brinton, and J. M. Goodwin（1996）*Teaching Pronunciation: A Reference for Teachers of English to Speakers of Other Languages*, Cambridge University Press. ★★★
③Cook, Ann（2000）*American Accent Training*. Second Edition, Barron's Educational Series. ★★
④Prator, C. H., Jr., and B. W. Robinett（1985）*Manual of American English Pronunciation*. Fourth Edition, Holt, Rinehart, and Winston. ★★
⑤Hughes, A., P. Trudgill, and D. Watt（2005）*English Accents and Dialects: An Introduction to Social and Regional Varieties of English in the British Isles*. Fourth Edition, Routledge. ★★★
⑥Collins, B. and I. M. Mees（2008）*Practical Phonetics and Phonology: A Resource Book for Students*. Second Edition, Routledge. ★★

2. オーストラリア英語の特徴
①Wells, John Christopher（1982）*Accents of English 1: An Introduction*, Cambridge University Press. ★
②International Phonetic Association（1999）*Handbook of the International Phonetic Association: A Guide to the Use of the International Phonetic Alphabet*, Cambridge University Press. ★★
③Meier, Paul（2009）*Accents and Dialects for the Younger Actor*. Paul Meier Dialect Services. ★

3. リエゾン：音の連結
①Hagen, S. H. and P. E. Grogan（1992）*Sound Advantage: A Pronunciation Book*, Prentice Hall Regents. ★

②野中泉（2006）『英語舌のつくり方：じつはネイティブはこう発音していた！』研究社. ★

4. 同化：隣接した 2 音で第 3 の音を作る
①松坂ヒロシ（1986）『英語音声学入門』（英語・英文学入門シリーズ）研究社. ★★
②佐藤寧・佐藤努（1997）『現代の英語音声学』金星堂. ★★

5. 弾音化した t
①Wells, John Christopher（2008）*Longman Pronunciation Dictionary*. Third Edition, Pearson ESL. ★★
②Cook, Ann（2000）*American Accent Training*. Second Edition, Barron's Educational Series. ★★
③野中泉（2002）『やさしい英語のリスニング』語研. ★

6. 弱形
①Prator, C. H., Jr., and B. W. Robinett（1985）*Manual of American English Pronunciation*. Fourth Edition, Holt, Rinehart, and Winston. ★★
②野中泉（2006）『英語舌のつくり方：じつはネイティブはこう発音していた！』研究社. ★

7. 語尾の発音されない閉鎖音
①Hagen, S. H. and P. E. Grogan（1992）*Sound Advantage: A Pronunciation Book*, Prentice Hall Regents. ★
②野中泉（2002）『やさしい英語のリスニング』語研. ★

8. 助動詞 do の強調用法
①Biber, D., S. Johansson, G. Leech, S. Conrad, and E. Finegan（1999）*Longman Grammar of Spoken and Written English*, Longman. ★
②江川泰一郎（1991）『英文法解説　改訂三版』金子書房. ★
③小西友七（編）（1980）『英語基本動詞辞典』研究社. ★

9. 強意再帰代名詞
①Biber, D., S. Johansson, G. Leech, S. Conrad, and E. Finegan（1999）*Longman Grammar of Spoken and Written English*, Longman. ★
②Huddleston, R., and G. K. Pullum（2002）*The Cambridge Grammar of the English Language*, Cambridge University Press. ★
③Quirk, R., S. Greenbaum, G. Leech and J. Svartivik（1985）*A Comprehensive Grammar of the English Language*, Longman. ★

10. 対照強勢
①荒木一雄・安井稔（編）（1992）『現代英文法辞典』三省堂. ★★
②Quirk, R., S. Greenbaum, G. Leech and J. Svartivik（1985）*A Comprehensive Grammar of the English Language*, Longman. ★
③竹林滋（1996）『英語音声学』研究社. ★

11. 問い返し疑問文
①中島信夫（編）（2012）『語用論』（朝倉日英対照言語学シリーズ 7）朝倉書店. ★★
②Trask, Robert Lawrence（1993）*A Dictionary of Grammatical Terms in Linguistics*, Routledge. ★★

12. 擬音語
①窪薗晴夫（編）（2017）『オノマトペの謎：ピカチュウからモフモフまで』（岩波科学ライブラリー 261）岩波書店. ★
②Trask, Robert Lawrence（1996）*A Dictionary of Phonetics and Phonology*, Routledge. ★★

3 章　形態論と音韻論

1. 第 1 類接辞
①佐木崇康（1985）『語形成』（新英文法選書　第 2 巻）大修館書店. ★
②西川盛男（2006）『英語接辞研究』開拓社. ★
③Siegel, Dorothy Carla（1974）*Topics in English morphology*. Doctoral dissertation, MIT. [Published in 1979, Garland Press.] ★★★

2. 接尾辞とアクセント
①窪薗晴夫・溝越彰（1991）『英語の発音と英詩の韻律』（英語学入門講座　第 7 巻）英潮社. ★★
②Hewings, Martin（2004）*Pronunciation Practice Activities: A Resource Book for Teaching English Pronunciation*, Cambridge University Press. ★★

3. 自ら強勢を担う接尾辞
①窪薗晴夫・溝越彰（1991）『英語の発音と英詩の韻律』（英語学入門講座　第 7 巻）英潮社. ★★
②Hewings, Martin（2004）*Pronunciation Practice Activities: A Resource Book for Teaching English Pronunciation*, Cambridge University Press. ★★

4. 動詞に付く接頭辞
①Carlson, Greg and Thomas Roeper（1980）"Morphology and Subcategorization: Case and the Unmarked Complex Verb," *Lexical Grammar*, ed. by Teun Hoekstra, Harry van der Hust, and Michael Moortgat, 123-164, Foris. ★★
②影山太郎（編）（2001）『日英対照　動詞の意味と構文』大修館書店. ★
③Keyser, Samuel and Thomas Roeper（1992）"Re: The Abstract Clitic Hypothesis," *Linguistic Inquiry* 23, 89-125. ★★★
④Randall, Janet H.（1985）*Morphological Structure and Language Acquisition*, Garland. ★★

5. 複合語
①Yule, George（2020）*The Study of Language*. Seventh Edition, Cambridge University Press. ★
②西光義弘（1997）『英語学概論　増補版』くろしお出版. ★
③影山太郎（1999）『形態論と意味』くろしお出版. ★★

6. 混成語
①Yule, George（2020）*The Study of Language*. Seventh Edition, Cambridge University Press. ★
②西光義弘（1997）『英語学概論　増補版』くろしお出版. ★

7. 頭字語
①Yule, George（2020）*The Study of Language*. Seventh Edition, Cambridge University Press. ★
②西光義弘（1997）『英語学概論　増補版』くろしお出版. ★

8. 押韻反復
①荒木一雄・安井稔（編）（1992）『現代英文法辞典』三省堂. ★★
②大塚高信・中島文雄（監）（1987）『新英語学辞典』研究社. ★★

9. 語彙反復
①小谷早稚江（2012）「映画で見つける母語話者特有の英語表現と言語学的分析：Contrastive Focus Reduplication について」『最新言語理論を英語教育に活用する』開拓社. ★★
②Ghomeshi, J., R. Jackendoff, N. Rosen, and K. Russell.（2004）"Contrastive Focus Reduplication in English（The SALAD-salad Paper）," *Natural Language and Linguistic Theory* 22, 307-357. ★★★

10. 受動態の響きのある名詞
①窪薗晴夫・溝越彰（1991）『英語の発音と英詩の韻律』（英語学入門講座　第 7 巻）英潮社. ★★
②國廣哲彌・堀内克明（編）（1999）『プログレッシブ英語逆引き辞典』小学館. ★

11. ゼロ派生の転換による動詞
①影山太郎（編）（2011）『日英対照　名詞の意味と構造』大修館書店. ★
②影山太郎（編）（2009）『日英対照　形容詞・副詞の意味と構造』大修館書店. ★
③Huddleston, R., and G. K. Pullum（2002）*The Cambridge Grammar of the English Language*, Cambridge University Press. ★★

12. 逆成による名詞由来動詞
①大石強（1989）『形態論』（現代の英語学シリーズ　第 4 巻）開拓社. ★★
②影山太郎・由本陽子（1997）『語形成と概念構造』（日英語比較選書 第 8 巻）研究社. ★★

13. X+ 過去分詞形式の複合形容詞
①竝木崇康（1988）「複合語の日英対照：複合名詞・複合形容詞」『日本語学』7（5），68-78. ★★
②由本陽子（2009）「複合形容詞形成に見る語形成のモジュール性」由本陽子・岸本秀樹（編）『語彙の意味と文法』くろしお出版. ★★
③由本陽子・影山太郎（2009）「名詞を含む複合形容詞」影山太郎（編）『形容詞・副詞の意味と構文』223-257，大修館書店. ★★

4 章　統語論

1. 分裂文
①安藤貞雄・小野隆啓（1993）『生成文法用語辞典』大修館書店. ★★
②原口庄輔・中村捷・金子義明（編）（2016）『増補版　チョムスキー理論辞典』研究社. ★★
③田子内健介・足立公也（2005）『右方移動と焦点化』研究社. ★★
④Rochemont, Michael S.（1986）*Focus in Generative Grammar*, John Benjamins Publishing Company. ★★★

2. 擬似分裂文
①安藤貞雄・小野隆啓（1993）『生成文法用語辞典』大修館書店. ★★
②原口庄輔・中村捷・金子義明（編）（2016）『増補版　チョムスキー理論辞典』研究社. ★★
③Radford, Andrew（1997）*Syntactic Theory and the Structure of English: A Minimalist Approach*, Cambridge University Press. ★★
④田子内健介・足立公也（2005）『右方移動と焦点化』研究社. ★★

3. 様々な文型の受動文
①綿貫陽・マーク・ピーターセン（2011）『表現のための実践ロイヤル英文法』旺文社. ★
②安藤貞雄・小野隆啓（1993）『生成文法用語辞典』大修館書店. ★★
③Perlmutter, D. M., and P. M. Postal（1984）"The 1-Advancement Exclusiveness Law," *Studies in Relational Grammar*, 2, 81-125. University of Chicago Press. ★★★

4. 句動詞からの受動文
①綿貫陽・マーク・ピーターセン（2011）『表現のための実践ロイヤル英文法』旺文社. ★
②江川泰一郎（1991）『英文法解説』金子書房. ★
③安藤貞雄・小野隆啓（1993）『生成文法用語辞典』大修館書店. ★★
④原口庄輔・中村捷・金子義明（編）（2016）『増補版　チョムスキー理論辞典』研究社. ★★
⑤Perlmutter, D. M., and P. M. Postal（1984）"The 1-Advancement Exclusiveness Law," *Studies in Relational Grammar*, 2, 81-125. University of Chicago Press. ★★★

5. 中間構文
①西原哲雄・服部義弘・中野弘三・小野隆啓（編）（2015）『最新　英語学・言語学用語辞典』開拓社. ★
②原口庄輔・中村捷・金子義明（編）（2016）『増補版　チョムスキー理論辞典』研究社. ★★
③Keyser, Samuel J., and Thomas Roeper（1984）"On the Middle and Ergative Constructions in English," *Linguistic Inquiry* 15: 381-416. ★★★

6. tough（難易）構文
①Chomsky, Noam（1964）*Current Issues in Linguistic Theory*, Mouton. ★★★
②影山太郎（編）（2001）『日英対照　動詞の意味と構文』大修館書店. ★
③Lasnik, Howard and Robert Fiengo（1974）"Complement Object Deletion," *Linguistic Inquiry* 5, 535-571. ★★★

7. 遡及的動名詞構文
①有村兼彬（2008）「名詞表現における目的語解釈」『JELS 25』, 11-20. ★★
②Bolinger, Dwight（1975）*Aspects of Language*. Second Edition, Harcourt Brace College Publishers. ★★
③Safir, Kenneth（1991）"Evaluative Predicates and the Representation of Implicit Arguments," *Principles and Parameters in Comparative Grammar*, ed. by Freidin, Robert, 99-131, MIT Press. ★★★
④Dalrymple, Mary and Tracy Holloway King（2000）"Missing-Object Constructions: Lexical and Constructional Variation," *Proceedings of the LFG 2000 Conference*, ed. by Miriam, Butt and Tracy Holloway King, 82-103, CSLI Publications. ★★

8. 話題化
①西原哲雄・服部義弘・中野弘三・小野隆啓（編）（2015）『最新　英語学・言語学用語辞典』開拓社. ★
②原口庄輔・中村捷・金子義明（編）（2016）『増補版　チョムスキー理論辞典』研究社. ★★
③Rodman, Robert（1974）"On Left Dislocation," Papers in Linguistics 7: 437-466. ★★★
④Ross, John Robert（1967）*Constraints on Variables in Syntax*. Doctoral dissertation, MIT. [Reprinted as Ross John Robert（1986）Infinite Syntax!, Ablex Publishing Corporation.] ★★★

9. 転位
①西原哲雄・服部義弘・中野弘三・小野隆啓（編）（2015）『最新　英語学・言語学用語辞典』開拓社. ★
②原口庄輔・中村捷・金子義明（編）（2016）『増補版　チョムスキー理論辞典』研究社. ★★
③Rodman, Robert（1974）"On Left Dislocation," *Papers in Linguistics* 7: 437-466. ★★★
④Ross, John Robert（1967）*Constraints on Variables in Syntax*. Doctoral dissertation, MIT. [Reprinted as Ross John Robert（1986）*Infinite Syntax!*, Ablex Publishing Corporation.] ★★★

10. 重名詞句転移
①西原哲雄・服部義弘・中野弘三・小野隆啓（編）（2015）『最新　英語学・言語学用語辞典』開拓社. ★
②原口庄輔・中村捷・金子義明（編）（2016）『増補版　チョムスキー理論辞典』研究社. ★★
③Ross, John Robert（1967）*Constraints on Variables in Syntax.* Doctoral dissertation, MIT. [Reprinted as Ross John Robert（1986）*Infinite Syntax!*, Ablex Publishing Corporation.] ★★★

11. 名詞句からの外置
①西原哲雄・服部義弘・中野弘三・小野隆啓（編）（2015）『最新　英語学・言語学用語辞典』開拓社. ★
②原口庄輔・中村捷・金子義明（編）（2016）『増補版　チョムスキー理論辞典』研究社. ★★
③Ross, John Robert（1967）*Constraints on Variables in Syntax*. Doctoral dissertation, MIT. [Reprinted as Ross John Robert（1986）*Infinite Syntax!*, Ablex Publishing Corporation.] ★★★

12. 動詞句前置
①安藤貞雄・小野隆啓（1993）『生成文法用語辞典』大修館書店. ★★
②原口庄輔・中村捷・金子義明（編）（2016）『増補版　チョムスキー理論辞典』研究社. ★★

③Samko, Bern（2016）*Syntax & Information Structure: The Grammar of English Inversions*. Doctoral dissertation, University of California Santa Cruz. ★★★

13. though 移動
①安井稔（編）（1987）『例解　現代英文法事典』大修館書店. ★
②中島平三（編）（2001）『[最新] 英語構文事典』大修館書店. ★★
③Culicover, Peter W.（1982）*Though-Attraction*. Indiana University Linguistics Club. ★★

14. 主語補語倒置
①福地肇（1994）『談話の構造』（新英文法選書　第 10 巻）大修館書店. ★★
②豊永彰（2008）『英文法　ビフォー＆アフター』南雲堂. ★

15. 場所句倒置構文
①Bresnan, Joan W.（1994）"Locative Inversion and the Architecture of Universal Grammar," *Language* 70, 72-137. ★★
②Coopmans, P.（1989）"Where Stylistic and Syntactic Process Meet: Locative Inversion in English," *Language* 65, 728-751. ★★
③Huddleston, R., and G. K. Pullum（2002）*The Cambridge Grammar of the English Language*, Cambridge University Press. ★

16. 否定倒置構文
①Culicover, Peter W.（1981）*Negative Curiosities*, Indiana University Linguistics Club. ★★★
②Klima, Edward（1965）"Negation in English," *The Structure of Language*, ed. by Jerry Fodor and Jerrold Katz, 246-323, Prentice-Hal. ★★★

17. 間接疑問文削除
①Merchant, Jason（2001）*The Syntax of Silence: Sluicing, Islands, and the Theory of Ellipsis*, Oxford University Press. ★★★
②Ross, John Robert（1969）"Guess Who?," *CSL* 5, 252-286. ★★★

18. 多重 wh 疑問文
①西原哲雄・服部義弘・中野弘三・小野隆啓（編）（2015）『最新　英語学・言語学用語辞典』開拓社. ★
②原口庄輔・中村捷・金子義明（編）（2016）『増補版　チョムスキー理論辞典』研究社. ★★
③Chomsky, Noam（1973）"Conditions on Transformations," *A Festschrift for Morris Halle*, ed. by Anderson, Stephen Robert and Paul Kiparsky, 232-86, Holt, Rinehart and Winston. ★★★
④Kuno, Susumu and Jane Johnson Robinson（1972）"Multiple Wh Questions," *Linguistic Inquiry* 3: 463-487. ★★★

19. 随伴と前置詞残留
①Huddleston, R., and G. K. Pullum（2002）*The Cambridge Grammar of the English Language*, Cambridge University Press. ★★★
②田中智之・寺田寛（2009）『英語の構文』英潮社フェニックス. ★★

20. 前置詞＋関係代名詞＋to 不定詞
①Huddleston, R., and G. K. Pullum（2002）*The Cambridge Grammar of the English Language*, Cambridge University Press. ★★★
②中村捷・金子義明（編）（2002）『英語の主要構文』研究社. ★★★

21. 数量詞遊離
①Nakamura, Masaru（1983）"A Nontransformational Approach to Quantifier-Floating Phenomena," *Studies in English Linguistics* 11, 1-10. ★★★
②Sportiche, Dominique（1988）"A Theory of Floating Quantifiers and its Corollaries for

Constituent Structure," *Linguistic Inquiry* 19, 425-449. ★★★

22. 否定極性の long
①井上永幸・赤野一郎（編）（2019）『ウィズダム英和辞典　第4版』三省堂. ★
②Kayne, Richard S.（2021）"A Short Note on English long and the Why of Negative Polarity," *English Lingusitics* 37: 151-160. ★★
③Matushansky, Ora（2002）*Movement of Degree/Degree of movement*. Doctoral dissertation, MIT. ★★★

5章　意味論と構文文法論

1. Go+ -ing
①小西友七（編）（1980）『英語基本動詞辞典』研究社. ★
②木塚晴夫・ジェームス バーダマン（1997）『日本人学習者のための米語正誤チェック辞典』マクミランランゲージハウス. ★
③Swan, Michael（2016）*Practical English Usage*. Fourth Edition, Oxford University Press. ★

2. 変化を表す Go と Come
①Quirk, R., S. Greenbaum, G. Leech and J. Svartivik（1972）*A Grammar of Contemporary English,* Longman. ★
②Swan, Michael（2016）*Practical English Usage*. Fourth Edition, Oxford University Press. ★

3. 軽動詞構文
①井上永幸・赤野一郎（編）（2019）『ウィズダム英和辞典　第4版』三省堂. ★
②南出康世（編）（2014）『ジーニアス英和辞典　第5版』大修館書店. ★
③Swan, Michael（2016）*Practical English Usage*. Fourth Edition, Oxford University Press. ★

4. 2種類の心理動詞
①坂東美智子・松村宏美（2001）「心理動詞と心理形容詞」影山太郎（編）『動詞の意味と構文』69-97, 大修館書店. ★
②影山太郎（2009）「状態・属性を表す受身と過去分詞」影山太郎（編）『形容詞・副詞の意味と構文』120-151, 大修館書店. ★
③影山太郎（1996）『動詞意味論』くろしお出版. ★★

5. 非能格動詞と非対格動詞
①安藤貞雄・小野隆啓（1993）『生成文法用語辞典』大修館書店. ★★
②原口庄輔・中村捷・金子義明（編）（2016）『増補版　チョムスキー理論辞典』研究社. ★★
③藤田耕司・松本マスミ（2005）『語彙範疇（I）動詞』（英語学モノグラフシリーズ6）研究社. ★★
④Levin, Beth and Malka Rappaport Hovav（1995）*Unaccusativity: At the Syntax-Lexical Semantics Interface*. Linguistic Inquiry Monograph 26, MIT Press. ★★★
⑤Perlmutter, D. M., and P. M. Postal（1984）"The 1-Advancement Exclusiveness Law," *Studies in Relational Grammar* 2, 81-125, University of Chicago Press. ★★★

6. 目的語と to 不定詞をとる動詞
①原口庄輔・中村捷・金子義明（編）（2016）『増補版　チョムスキー理論辞典』研究社. ★★
②荒木一雄・小野隆啓（1991）『英語の輪郭：原理変数理論解説』（英語学入門講座　第1巻）英潮社. ★★
③Chomsky, Noam（1981）*Lectures on Government and Binding Theory*. Foris. ★★★

7. there 構文
①Burzio, Luigi（1986）*Italian Syntax: A Government-Binding Approach*, Reidel. ★★★
②Levin, Beth and Malka Rappaport Hovav（1995）*Unaccusativity: At the Syntax-Lexical*

Semantics Interface, MIT Press. ★★★
③Milsark, Gray L.（1974）*Existential Sentences in English*. Doctoral dissertation, MIT. ★★★
④Rochemont, Michael S., and Peter W. Culicover（1990）*English Focus Constructions and the Theory of Grammar*, Cambridge University Press. ★★★

8. 動能構文
①Beavers, John T.（2006）*Argument/Oblique Alternations and the Structure of Lexical Meaning*. Doctoral dissertation, Stanford University. ★★★
②Broccias, Cristiano.（2001）"Allative and Ablative at-Constructions", *CLS* 37: 1, 67-82. ★★
③Goldberg, Adele E.（1995）*A Construction Grammar Approach to Argument Structure*, University of Chicago Press. ★★

9. 二重目的語構文
①Green, Georgia M.（1974）*Semantics and Syntactic Regularity*, Indiana University Press. ★★
②岸本秀樹（2001）「二重目的語構文」影山太郎（編）『動詞の意味と構文』127-153, 大修館書店. ★
③Oehrle, Richard T.（1976）*The Grammatical Status of the English Dative Alternation*. Doctoral dissertation, MIT. ★★★

10. 与格構文
①Green, Georgia M.（1974）*Semantics and Syntactic Regularity*, Indiana University Press. ★★
②岸本秀樹（2001）「二重目的語構文」影山太郎（編）『動詞の意味と構文』127-153, 大修館書店. ★
③Oehrle, Richard T.（1976）*The Grammatical Status of the English Dative Alternation*. Doctoral dissertation, MIT. ★★★

11. 自動詞移動構文
①Levin, Beth（1993）*English Verb Classes and Alternations: A Preliminary Investigation*. University of Chicago Press. ★
②影山太郎（2001）『日英対照 形容詞・副詞の意味と構造』大修館書店. ★★
③米山三明（2009）『意味論から見る英語の構造：移動と状態変化の表現を巡って』開拓社. ★★

12. 動詞不変化詞構文
①Bolinger, Dwight.（1971）*The Phrasal Verb in English,* Harvard University Press. ★★
②O'Dowd, Elizabeth M.（1998）*Prepositions and Particles in English: A Discourse-Functional Account*, Oxford University Press. ★★★
③谷脇康子・當野能之（2009）「句動詞」影山太郎（編）『形容詞・副詞の意味と構文』293-324, 大修館書店. ★

13. 他動詞移動構文
①Goldberg, Adele E.（1995）A *Construction Grammar Approach to Argument Structure*, University of Chicago Press. ★★
②影山太郎（1996）『動詞意味論』くろしお出版. ★★

14. 使役構文
①井上永幸・赤野一郎（編）（2019）『ウィズダム英和辞典 第4版』三省堂. ★
②南出康世（編）（2014）『ジーニアス英和辞典 第5版』大修館書店. ★
③Swan, Michael（2016）*Practical English Usage*. Fourth Edition, Oxford University Press. ★

15. 使役結果構文
①中村捷・金子義明（2002）『英語の主要構文』研究社. ★★

16. 結果構文
①Goldberg, Adele E.（1995）*A Construction Grammar Approach to Argument Structure,* University

of Chicago Press. ★★

②影山太郎（2001）『日英対照 動詞の意味と構文』大修館書店. ★★

③Iwata, Seizi（2020）*English Resultatives: A force-recipient account*. John Benjamins. ★★★

17. one's way 構文

①Goldberg, Adele E.（1995）*A Construction Grammar Approach to Argument Structure*, University of Chicago Press. ★★

②高見健一・久野暲（2002）『日英語の自動詞構文』研究社. ★★

③岩田彩志（2012）『英語の仕組みと文法のからくり：語彙・構文アプローチ』開拓社. ★

18. time-away 構文

①Jackendoff, Ray（1997）"Twistin' the Night Away," *Language* 73, 534-559. ★★★

②高見健一（2007）「形式と意味のミスマッチ」『英語青年』2 月号，642-645. ★

③Yoshikawa, Yusuke（2008）"The Semantic function of *Away* occurring with 'Time'- Away Construction,"『英語語法文法研究』15, 155-171. ★★★

19. 穴あけ構文

①Levin, Beth and T. R. Rappaport（1988）"Lexical Subordination," *CLS* 24. ★★

②小野尚之（編）（2007）『結果構文研究の新視点』ひつじ書房. ★★

③貝森有祐（2014）「変化事象と創造事象における構文拡張の方向性に関する一考察：結果構文と穴あけ構文の分析を通して」『言語情報科学』12, 1-17. ★★

20. 描写述語

①Aarts, Bas（1995）"Secondary predicates in English," *The Verb in Contemporary English*, ed. by Aarts, Bas. and Charles F. Maeyer, 75-100, Cambridge University Press. ★★

②松井夏津紀・影山太郎（2009）「副詞と二次述語」影山太郎（編）『形容詞・副詞の意味と構文』260-292, 大修館書店. ★

③Winkler, Susanne（1997）*Focus and Secondary Predication*, Mouton de Gruyter. ★★★

21. 強意句

①影山太郎（2001）『日英対照 動詞の意味と構文』大修館書店. ★★

②安藤貞雄（2007）『英文法を探る』開拓社. ★

③吉川裕介・五十嵐海理（2011）「the hell out of 構文とイディオム性」『JELS』28, 183-189. ★★★

22. NPN 構文

① Jackendoff, Ray（2008）"Construction after Construction and Its Theoretical Challenges," *Language* 84, 8-28. ★★★

②平沢慎也（2019）『前置詞 by の意味を知っているとは何を知っていることなのか：多義論から多使用論へ』くろしお出版. ★★

23. 度量句

①Kageyama, Taro（2004）"All the Way Adjunct and the Syntax-Conceptual Structure Interface," *English Linguistics*, 21: 2, 265-293. ★★★

②松田佑治（2019）「学習英文法における「be 動詞＋度量句＋形容詞」型表現の体系化を巡って」『立命館言語文化研究』31 (2), 27-38. ★★

24. 場所の目的語

①Schlesinger, I. M.（1995）"On the Semantics of the Object," *The Verb in Contemporary English: Theory and Description*, ed. by Bas Aarts and Charles F. Meyer, Cambridge University Press. ★★

②Dixon, R. M. W.（2005）*A Semantic Approach to English Grammar*, Oxford University Press. ★★

25. 場所格交替

①Pinker, Steven（1989）*Learnability and cognition: The acquisition of argument structure*, MIT Press. ★★

②Iwata, Seizi（2008）*Locative Alternations: A Lexical Constructional Approach*, John Benjamins Pub Co. ★★★

③吉川裕介（2010）「動詞 pour はなぜ場所格交替できないのか」『英語語法文法研究』17, 53-66. ★★

26. 焦点化詞修飾

①田子内健介・足立公也（2005）『右方移動と焦点化』研究社. ★★

②Jackendoff, Ray（1972）*Semantic Interpretation in Generative Grammar*, MIT Press. ★★★

③Selkirk, Elisabeth（1995）"Sentence Prosody: Intonation, Stress, and Phrasing." *The Handbook of Phonological Theory*, Blackwell Publishers. ★★★

27. 身体部位所有者上昇構文

①Tenny, Carol（1994）*Aspectual roles and the syntax-semantics interface*, Kluwer Academic Publishers. ★★★

②Levin, Beth（1993）*English Verb Classes and Alternations: A Preliminary Investigation*, University of Chicago Press. ★★

③平沢慎也（2021）『実例が語る前置詞』くろしお出版. ★

28. 同族目的語構文

①Jones, Michael Allen（1988）"Cognate Objects and the Case-Filter," *Journal of Linguistics* 24, 89-110. ★★

②Poutsma, Hendrik（1926）*A Grammar of Late Modern English, The Sentence; For The Use of Continental, Especially Dutch Students*, Part II, Noordhoff. ★★

③Sweet, Henry（1990）*A New English Grammar: Logical and Historical*, Vol 2, Oxford University Press. ★★

④Visser, Theodoor F.（1963）*A Historical Syntax of the English Language*, E. J. Leiden. ★★

29. JB-X DM-Y 構文

①Hirose, Yukio（1991）"On a Certain Nominal Use of Because-Clauses: Just Because Because-Clauses Can Substitute for That-Clauses Does Not Mean That This Is Always Possible," *English Linguistics* 8, 16-33. ★★★

②Bender, Emily M. and Andreas Kathol（2001）"Constructional Effects of Just Because … Doesn't Mean … ," *BLS* 27, 13-25. ★★★

③吉川裕介・高橋寛（2018）「JB-X DM-Y 構文の構成性について」『JELS』35, 180-186. ★★

6 章　言語と文化

1. 三人称単数の人称代名詞 they

①井上永幸・赤野一郎（編）（2019）『ウィズダム英和辞典　第 4 版』三省堂. ★

②南出康世（編）（2014）『ジーニアス英和辞典　第 5 版』大修館書店. ★

③Huddleston, R., and G. K. Pullum（2002）*The Cambridge Grammar of the English Language*, Cambridge University Press. ★★

④Quirk, R., S. Greenbaum, G. Leech and J. Svartivik（1985）*A Comprehensive Grammar of the English Language*, Longman. ★★

2. 性差撤廃の一例

①遠藤織枝（2007）『ことばとジェンダーの未来図』明石書店. ★

②Tannen, Deborah（1986）*That's Not What I Meant!*, The Random House Publishing Group. ★★

③Tannen, Deborah（1996）*Gender and Discourse*, Oxford University Press. ★★

3. フレーム

①池上義彦・河上誓作（訳）（1993）『認知意味論：言語から見た人間の心』紀伊国屋書店. ★★ [原著：Lakoff, George（1987）*Women, Fire, and Dangerous Things: What Categories Reveal about the Mind*, University of Chicago Press.] ★★★

②Fillmore, Charles J.（1982）"Frame Semantics." Linguistic Society of Korea ed. by. *Linguistics in the Morning Calm*, 111-138, Hanshin. ★★★

4. メトニミー（換喩）

①渡部昇一・楠瀬淳三・下谷和幸（訳）（1986）『レトリックと人生』大修館書店. ★★ [原著：Lakoff, George, and Mark Johnson（1980）*Metaphors We Live by*, University of Chicago Press.] ★★

②瀬戸賢一（2005）『よくわかる比喩』研究社. ★★

③Langacker, Ronald W.（1999）*Grammar and Conceptualization*, 171-202, Mouton de Gruyter. ★★★

5. 死喩：姿・形を「投影」する言語活動

①渡部昇一・楠瀬淳三・下谷和幸（訳）（1986）『レトリックと人生』大修館書店. ★★ [原著：Lakoff, George, and Mark Johnson（1980）*Metaphors We Live by*, University of Chicago Press.] ★★

②上野義和・森山智浩・福森雅史・李潤玉（2006）『英語教師のための効果的語彙指導法：認知言語学的アプローチ』英宝社. ★★

6. 存在のメタファー

①渡部昇一・楠瀬淳三・下谷和幸（訳）（1986）『レトリックと人生』大修館書店. ★★ [原著：Lakoff, George, and Mark Johnson（1980）*Metaphors We Live by*, University of Chicago Press.] ★★

②Lakoff, George, and Mark Johnson（1999）*Philosophy in the Flesh: The Embodiment Mind and Its Challenge to Western Thought*, Basic Books. ★★★

7. 構造のメタファー

①渡部昇一・楠瀬淳三・下谷和幸（訳）（1986）『レトリックと人生』大修館書店. ★★ [原著：Lakoff, George, and Mark Johnson（1980）*Metaphors We Live by*, University of Chicago Press.] ★★

②Lakoff, George, and Mark Johnson（1999）*Philosophy in the Flesh: The Embodiment Mind and Its Challenge to Western Thought*, Basic Books. ★★★

8. 方向づけのメタファー

①渡部昇一・楠瀬淳三・下谷和幸（訳）（1986）『レトリックと人生』大修館書店. ★★ [原著：Lakoff, George, and Mark Johnson（1980）*Metaphors We Live by*, University of Chicago Press.] ★★

②Lakoff, George, and Mark Johnson（1999）*Philosophy in the Flesh: The Embodiment Mind and Its Challenge to Western Thought*, Basic Books. ★★★

9. 導管メタファー

①Reddy, Michael J.（1977）"The Conduit Metaphor: A Case of Frame Conflict in our Language about Language," *Metaphor and Thought*, ed. by A. Ortony, 284-324, Cambridge University Press. ★★

②渡部昇一・楠瀬淳三・下谷和幸（訳）（1986）『レトリックと人生』大修館書店. ★★ [原著：Lakoff, George, and Mark Johnson（1980）*Metaphors We Live by*, University of Chicago Press.] ★★

10. how come...? や why V...?

①Collins, Chris (1991) "Why and how come," *MIT Working Paper in Linguists 15: More Papers on Wh-Movement*, 31-45, MIT. ★★

②Freeman, Cecilia (1976) "A pragmatic analysis of tenseless why-questions," Papers from the 12th Regional Meeting. *CLS* 12, 208-219. ★★

③Zwicky A. M., and Zwicky, A. D. (1971) "How come and what for," *Working Papers in Linguistics* 8, 173-185, Ohio University. ★

11. 過去形を使った丁寧表現

①Brown, Penelope and Stephen C. Levinson (1987) *Politeness: Some Universals in Language Usage*, Cambridge University Press. ★★

②Larreya, Paul (2003) "Irrealis, Past Time Reference and Modality," *Modality in Contemporary English*, ed. by Facchinetti, R., M. Krug and F. Palmer, 21-46, Mouton de Gruyter. ★★

③Thomas, Jenny A. (1995) *Meaning in Interaction*, Longman. ★

12. 垣根ことばの機能を持つ条件節

①Brown, Penelope and Stephen C. Levinson (1987)*Politeness: Some Universals in Language Usage*, Cambridge University Press. ★★

②Thomas, Jenny A. (1995) *Meaning in Interaction*, Longman. ★

③Yule, George (1996) *Pragmatics*, Oxford University Press. ★

13. 発話媒介行為

①Kay, Paul and Charles J. Fillmore (1999) "Grammatical Construction and Linguistic Generalizations: the What's X doing Y? Construction," *Language* 75: 1, 1-33. ★★★

②山梨正明 (1986)『発話行為』(新英文法選書　第 12 巻) 大修館書店. ★

③Levinson, Stephen C. (1983) *Pragmatics*. Cambridge University Press. ★★

KUFS 映画・ドラマ英語データベース (一般非公開) (本書では「KUFS データベース」と表記)
「KUFS 映画・ドラマ英語データベース」(衛藤圭一代表)は，京都外国語大学・短期大学令和三年度教育メソッド・教育コンテンツ研究の学内競争的資金の助成を受けて協同研究者および研究協力者とともに構築したものである。構築にあたり，京都外国語大学・短期大学の教室内で使用することを想定し，関心を引くと考えられる次の知名度の高い映画を選んだ。「1. アカデミー賞受賞・ノミネート作品」「2. 国内興行収入ランキング入り作品」の採用データを精査した上で構築した。また，海外ドラマについても歴代アメリカドラマ視聴率ランキングにランクインした知名度の高いものを採用している。本データベースは 2000 年〜 2020 年度に公開された映画 342 本，9 種の海外ドラマ全シーズン 1,463 本で，データファイル数の合計は 1805 本である。述べ語数(トークン)は 1,388 万 6100，重複を除いた異なり語数(タイプ数)は 10 万 1500 である。

執筆者紹介
（◆は担当項目。LC = Linguistic Clapperboard）

編者

倉田　誠（くらた まこと）京都外国語大学教授（※詳細は奥付上部掲載）
◆ 1 章 2, 3, 6, 20, LC，3 章 10, 12, 13，4 章 14，5 章 19，6 章 2

編集委員（50 音順）
飯田泰弘（いいだ やすひろ）　岐阜大学准教授
◆ 3 章 1, LC，5 章 27，6 章 10
　　および，全映像とセリフ・タイムカウンターの確認

石原健志（いしはら たけし）　大阪星光学院中学・高等学校教諭
◆ 1 章 17, 18，4 章 19, 20
　　および，Solidify Your Studies 全項目の大学入試用例

福嶋剛司（ふくしま つよし）　北洋大学講師
◆ 1 章 19，3 章 11，4 章 13, 22, LC

吉川裕介（よしかわ ゆうすけ）　京都外国語大学准教授
◆ 5 章 11, 15, 16, 17, 18, 21, 22, 23, 24, 25, 29，6 章 LC

執筆者（50 音順）
植田尚樹（うえた なおき）　北洋大学講師
◆ 2 章 11, 12, LC

衛藤圭一（えとう けいいち）　京都外国語短期大学講師
◆ 1 章 12, 13, 14, 15, 16，5 章 LC，6 章 11, 12, 13

小谷早稚江（こたに さちえ）　帝塚山大学准教授
◆ 3 章 8, 9，4 章 1, 2, 3, 4, 12，5 章 5, 6, 26

田畑圭介（たばた けいすけ）　神戸親和女子大学教授
◆ 1 章 1，2 章 8, 9, 10，4 章 15，5 章 1, 3, 14

仁科恭徳（にしな やすのり）　神戸学院大学教授・英国オックスフォード大学客員教授
◆ 3 章 5, 6, 7

野中　泉（のなか いずみ）　東北医科薬科大学教授
◆ 2 章 1, 2, 3, 4, 5, 6, 7,　3 章 2, 3

平井大輔（ひらい だいすけ）　近畿大学教授
◆ 1 章 4, 5,　3 章 4,　4 章 6, 7, 16, 17, 21,　5 章 7, 28

松井夏津紀（まつい なつき）　京都外国語大学非常勤講師
◆ 1 章 8, 9, 10,　5 章 2, 4, 8, 9, 10, 12, 13, 20

三村仁彦（みむら ひとひこ）　京都外国語大学非常勤講師
◆ 1 章 7, 11,　4 章 5, 8, 9, 10, 11, 18,　6 章 1

森山智浩（もりやま ともひろ）　近畿大学准教授
◆ 6 章 3, 4, 5, 6, 7, 8, 9

制作協力

Joe Green　大阪星光学院教諭
◆英文校閲および，全項目のナレーター（アメリカ英語）

Felicity Greenland　京都外国語大学准教授
◆ 2 章 1 のナレーター（イギリス英語）

Jehan Cruz　京都外国語大学講師
◆ 2 章 2 のナレーター（オーストラリア英語）

※本書は p. i にも示したように『映画で学ぶ英語学』（くろしお出版，2011 年）を踏まえて執筆されたものであり，前書の執筆者にも厚く御礼申し上げる。

[編者紹介]

倉田 誠（くらた まこと）

1957年兵庫県生まれ。1980年京都外国語大学英米語学科卒業。1982年米国インディアナ大学大学院言語研究科修了。映像メディア英語教育学会（ATEM）初代会長。現在，京都外国語大学教授。『音読したい，映画の英語』（共著，スクリーンプレイ社），『暗唱したい，映画の映画』（共著，金星堂），『映画英語ワークショップ』（編集主幹，朝日出版社），『映画で学ぶ英語学』（編者，くろしお出版）のような映画英語に関する書籍をはじめ，多数執筆・出版。各地の教育委員会等で講演を行う。

映画でひもとく英語学

初版第1刷 ——— 2022年 11月 25日

編　者 ———— 倉田 誠

発行人 ———— 岡野秀夫

発行所 ———————— 株式会社 くろしお出版

〒102-0084　東京都千代田区二番町4-3
［電話］03-6261-2867　［WEB］www.9640.jp

印刷・製本　亜細亜印刷株式会社

音声　ボイス・プロ＆ビデオサポート

本文・装丁デザイン　仁井谷伴子

©Makoto Kurata, 2022
Printed in Japan

ISBN978-4-87424-917-8 C1082